本书是内蒙古自治区软科学研究计划项目"产学研战略联盟及其机制研究——以内蒙古自治区为例"（项目编号：20090812）的研究成果。

本书由内蒙古自治区教育厅公共管理一流培育学科建设经费资助出版。

产学研
战略联盟及其机制研究

Research on Industry University
Research Strategic Alliance
and Its Mechanism

金海和 等著

中国社会科学出版社

图书在版编目（CIP）数据

产学研战略联盟及其机制研究 / 金海和等著 . —北京：中国社会科学出版社，2024.4
ISBN 978-7-5227-3031-8

Ⅰ.①产… Ⅱ.①金… Ⅲ.①高等学校—产学合作—研究—中国 Ⅳ.①G640

中国国家版本馆 CIP 数据核字（2024）第 037551 号

出 版 人	赵剑英
责任编辑	许　琳
责任校对	苏　颖
责任印制	郝美娜

出　　版	中国社会科学出版社
社　　址	北京鼓楼西大街甲 158 号
邮　　编	100720
网　　址	http://www.csspw.cn
发 行 部	010-84083685
门 市 部	010-84029450
经　　销	新华书店及其他书店
印刷装订	北京君升印刷有限公司
版　　次	2024 年 4 月第 1 版
印　　次	2024 年 4 月第 1 次印刷
开　　本	710×1000　1/16
印　　张	16.75
字　　数	250 千字
定　　价	98.00 元

凡购买中国社会科学出版社图书，如有质量问题请与本社营销中心联系调换
电话：010-84083683
版权所有　侵权必究

目 录

前 言 ··· 1

第一章 产学研战略联盟 ·· 1
第一节 产学研与战略联盟 ·· 1
第二节 产学研战略联盟及其作用 ···································· 4
第三节 产学研战略联盟中的机制 ···································· 7
第四节 产学研战略联盟的发展趋势 ································ 10
第五节 中国产学研战略联盟的理论困惑与实践挑战 ········ 15

第二章 产学研战略联盟的理论基础 ································ 20
第一节 国家创新系统理论与技术创新理论 ····················· 20
第二节 系统论与集成理论 ·· 29
第三节 三螺旋理论与协同理论 ···································· 35
第四节 知识产权理论 ·· 41
第五节 博弈论与合作教育理论 ···································· 44

第三章 产学研战略联盟动力机制 ··································· 53
第一节 产学研战略联盟动力机制研究综述 ····················· 53
第二节 产学研战略联盟动力机制相关理论 ····················· 57
第三节 产学研战略联盟动力机制分类 ··························· 61

第四节　部分发达资本主义国家产学研战略联盟
　　　　　　　动力机制 ………………………………………… 65
　　　　第五节　中国产学研战略联盟动力机制建设 ……………… 69

第四章　产学研战略联盟构建模式 ………………………………… 73
　　　　第一节　产学研战略联盟主要构建模式研究综述 ………… 73
　　　　第二节　产学研战略联盟主要构建模式 ……………………… 76
　　　　第三节　产学研战略联盟构建模式的选择 …………………… 81
　　　　第四节　构建适合中国产学研战略联盟模式的探索 ……… 83

第五章　产学研战略联盟风险抵御机制 …………………………… 88
　　　　第一节　风险管理理论在产学研战略联盟中的应用 ……… 88
　　　　第二节　产学研战略联盟中的风险及其影响因素 ………… 94
　　　　第三节　产学研战略联盟风险抵御方法 …………………… 104
　　　　第四节　建设中国产学研战略联盟风险抵御机制的
　　　　　　　路径选择 ……………………………………………… 112

第六章　产学研战略联盟合作伙伴选择 …………………………… 120
　　　　第一节　影响产学研战略联盟合作伙伴选择的
　　　　　　　主要因素 ……………………………………………… 120
　　　　第二节　产学研战略联盟合作伙伴选择常用方法 ………… 127
　　　　第三节　中国产学研战略联盟合作伙伴选择的基本条件 …… 131

第七章　产学研战略联盟信任机制 ………………………………… 136
　　　　第一节　产学研战略联盟信任机制研究综述 ……………… 136
　　　　第二节　产学研战略联盟信任机制理论基础 ……………… 141
　　　　第三节　影响产学研战略联盟各主体之间信任的因素 …… 144
　　　　第四节　产学研战略联盟沟通机制 ………………………… 149
　　　　第五节　建设中国产学研战略联盟信任机制的路径选择 …… 154

第八章　产学研战略联盟的利益分配机制 …… 162
- 第一节　相关概念解释 …… 162
- 第二节　委托代理理论 …… 165
- 第三节　产学研战略联盟利益分配方式 …… 166
- 第四节　产学研战略联盟利益分配方式评价 …… 169
- 第五节　产学研战略联盟利益分配方法 …… 171
- 第六节　建设中国产学研战略联盟利益分配机制的策略选择 …… 175

第九章　产学研战略联盟绩效 …… 179
- 第一节　产学研战略联盟绩效研究综述 …… 179
- 第二节　产学研战略联盟绩效相关理论 …… 184
- 第三节　产学研战略联盟绩效基本影响因素 …… 189
- 第四节　产学研战略联盟绩效的理论模型 …… 196
- 第五节　产学研战略联盟绩效评价指标体系 …… 198
- 第六节　产学研战略联盟绩效比较实证分析 …… 202
- 第七节　对提高中国产学研战略联盟绩效的探索 …… 209

第十章　产学研战略联盟中政府的责任 …… 214
- 第一节　产学研战略联盟政策的演进历程 …… 214
- 第二节　相关理论概述 …… 218
- 第三节　产学研战略联盟对政府的需要 …… 222
- 第四节　部分发达资本主义国家产学研战略联盟中的政府责任 …… 224
- 第五节　中国政府在产学研战略联盟中的责任 …… 228

参考文献 …… 235

前　　言

一　研究背景

党的二十大报告明确指出，高质量发展是全面建设社会主义现代化国家的首要任务，同时指出，发展不平衡不充分问题仍然突出，推进高质量发展还有许多卡点"瓶颈"，科技创新能力还不强。我们在学习、思考和研究高质量发展的动力是什么，高质量发展的主体是什么，各主体之间以什么样的关系和活动方式促进高质量发展，卡点瓶颈在哪里？传统产学研战略联盟，以资本为驱动力，以利润为目的，以自身拥有的差异化优势资源为交易价码，以市场为平台，以法律为保障，以契约为准绳，企业、高校、科研机构等结成利益较为长远的联盟，可以弥补短板、降低风险、提高创新能力、质量和绩效。国有企业和集体企业占据市场的绝大部分份额，是国民经济的基础；国有高校占据着高等教育的绝大部分份额；国有科研机构和集体科研机构占据着各类研究项目的绝大部分份额。国有和集体企业、科研机构及高校承载着国民经济、科技研发、人才培养的重任。目前，我国政产学研相互之间的合作水平满足不了新时代中国特色社会主义高质量发展的要求，存在绩效不高、创新乏力、本土化差、动力不足、条块分割、合作不够、不易形成合力等问题。显然，直接把传统产学研战略联盟搬来套用收效甚微。本书在新时代中国特色社会主义制度情景下，围绕产学研战略联盟及其机制，进行系统的理论探索与实证研究。本书是在内蒙古自治区软科学研究计划项目"产学研战略联盟及其机制研究——以内蒙古自治区为例"（项目编号：20090812）研究成果基础上写作而成的。撰写工作由金海和教授带领部分公共管理专业硕士研究生完成。

二 研究意义

理论方面，研究成果丰富发展了中国产学研战略联盟理论和中国公共服务理论，促进了产学研战略联盟理论和公共服务理论本土化。政产学研合作生产供给公共产品，一直是中国公共产品生产供给的主要方式和途径，直接影响着新时代经济社会高质量发展。本书在新时代中国特色社会主义制度情景下，提出了中国产学研战略联盟发展过程中在理论方面碰到的四类主要困难和疑惑，围绕这些困难和疑惑，对产学研战略联盟相关机制展开了研究。中国产学研战略联盟以利益和责任为驱动力，以公共利益为最高利益，以对国家负责为最终责任，以优化配置资源、提高绩效、解决问题、满足人民需要为合作目标，以自身拥有的差异化优势资源为条件，以中国特色社会主义市场为平台，以法律为保障，以联盟协议为准绳，根据国家发展需要，相关企业、高校、科研机构等结成产学研战略联盟。

实践方面，为解决目前中国产学研战略联盟发展过程中碰到的卡点瓶颈问题提供方法论；为政府、企业、高校、科研机构有效合作、高效生产供给公共产品提供新途径。本书在新时代中国特色社会主义制度情景下，提出了中国产学研战略联盟在具体实践过程中存在的八个方面的主要问题，针对这些问题，对产学研战略联盟相关机制进行了研究。在具体实践中，中国产学研战略联盟可以弥补短板、互补资源、降低风险和成本、提高创新能力、质量和绩效；同时，有利于健全新型举国体制，有利于国家重大建设任务的高质量完成，例如：重大基础设施建设、重大科技攻关、重大民生工程等。

学科方面，有助于加快公共管理学科本土化，促进公共管理学科的快速成长与发展。研究通过学科交叉，开辟了公共管理学科一个新的研究方向。项目承担之时，是内蒙古大学公共管理学科发展爬坡之际,专业、学位点、师资队伍及相关条件急需发展和改善,通过这项研究活动提升了公共管理学科水平。促进学科发展的意义是重大的、长远的,可以为后续的科学研究、人才培养、社会服务提供必要保障,为公共管理学科长足的发展提供有力支撑。

三 研究内容

全书共分十章,各章节安排及简要内容介绍如下。

第一章,产学研战略联盟。

给出产学研战略联盟的本质、作用、机制与发展趋势;指出理论急需本土化;提出中国产学研战略联盟发展过程中,在理论方面碰到的四类困惑和实践中存在的问题。第一节在对产学研、战略联盟等概念进行解释的基础上,进行研究综述。第二节对产学研战略联盟的提出进行追述性解释,阐明产学研战略联盟的本质和作用。第三节结构性阐明产学研战略联盟中涉及的相关机制,并给出机制建设的体制条件。第四节梳理部分发达资本主义国家产学研战略联盟的发展过程,探索其未来的发展趋势。追溯中国产学研战略联盟的发展历程,探索中国产学研战略联盟未来的发展趋势。第五节提出中国产学研战略联盟发展过程中,在理论方面碰到的四类困惑,具体实践中存在的八个方面主要问题。

第二章,产学研战略联盟的理论基础。

在党的十八大、十九大、二十大精神指引下,讨论与产学研战略联盟相关的基础理论,阐明基础理论在产学研战略联盟实践中的应用。第一节讨论国家创新系统理论与技术创新理论及其应用。第二节讨论系统论与集成理论及其应用。第三节讨论三螺旋理论与协同理论及其应用。第四节讨论知识产权理论及其应用。第五节讨论博弈论与合作教育理论及其应用。

第三章,产学研战略联盟动力机制。

从中国的实际情况出发,结合相关理论指导,借鉴部分发达资本主义国家先进经验,在对产学研战略联盟动力机制进行剖析的基础上，提出中国产学研战略联盟动力机制建设路径。第一节综述国内外产学研战略联盟动力机制研究及其成果。第二节讨论交易成本理论和资源依赖理论及其在产学研战略联盟动力机制中的应用。第三节对产学研战略联盟动力机制进行分类。第四节分析美国、英国、日本等发达资本主义国家产学研战略联盟动力机制，归纳学习借鉴的内容。第五节从完善产学研战略联盟外部环境条件和激发并保护产学研战略联盟内部主体的动力两个方面提出中国产学研战略联盟动力机制建设路径。

第四章，产学研战略联盟构建模式。

对产学研战略联盟主要构建模式与模式选择进行系统的梳理，分类提出构建适应中国产学研战略联盟发展的模式。第一节综述国内外产学研战略联盟主要构建模式研究及成果。第二节分类阐明产学研战略联盟主要构建模式。第三节分析影响产学研战略联盟构建模式选择的因素，提出产学研战略联盟构建模式的选择策略。第四节给出适应中国产学研战略联盟发展的五类构建模式。

第五章，产学研战略联盟风险抵御机制。

在风险管理相关理论的支撑下，对产学研战略联盟中的风险、影响因素、抵御方法进行深入分析，阐明政府在产学研战略联盟风险抵御中的作用，给出建设中国产学研战略联盟风险抵御机制的路径选择。第一节研究与风险管理相关的理论。第二节探讨产学研战略联盟中可能遭遇的主要风险，分析影响产学研战略联盟的主要因素。第三节研究给出抵御产学研战略联盟风险的方法论。第四节阐明政府在产学研战略联盟风险抵御中所发挥的作用。提出中国产学研战略联盟风险抵御机制建设的路径。

第六章，产学研战略联盟合作伙伴选择。

分析影响合作伙伴选择的主要因素，梳理伙伴选择的常用方法，提出中国产学研战略联盟合作伙伴选择的基本条件。第一节分析影响产学研战略联盟合作伙伴选择的主要因素。第二节给出产学研战略联盟合作伙伴选择的常用方法。第三节从六个方面提出中国产学研战略联盟合作伙伴选择的基本条件。

第七章，产学研战略联盟信任机制。

分析影响产学研战略联盟各主体之间信任的主要因素，深入研究沟通机制，提出中国产学研战略联盟信任机制的建设路径。第一节综述国内外产学研战略联盟信任机制研究及成果。第二节阐述与产学研战略联盟信任机制相关的理论。第三节分析影响产学研战略联盟各主体之间信任的因素。第四节明确沟通在产学研战略联盟中的重要意义，探明沟通的属性，阐明产学研战略联盟的沟通机制。第五节在借鉴部分发达资本主义国家产学研战略联盟信任机制建设的基础上，提出中国产学研战略联盟信任机制的建设路径。

第八章，产学研战略联盟利益分配机制。

解释相关概念，阐明委托代理理论，深入研究产学研战略联盟利益分配方式、分配方式评价及分配方法，提出中国产学研战略联盟利益分配方法的策略选择。第一节阐明利益和产学研战略联盟利益、产学研战略联盟主体利益、产学研战略联盟中的激励、产学研联盟利益分配机制等相关概念。第二节阐明委托代理理论及其在产学研战略联盟利益分配中的应用。第三节研究产学研战略联盟利益分配方式、适用条件及分类。第四节对产学研战略联盟利益分配主要方式进行评价。第五节梳理归纳八种用于产学研战略联盟利益分配的具体方法及其模型。第六节依据主体之间合作紧密程度对合作模式进行分类，给出不同模式下中国产学研战略联盟利益分配方法的策略选择。

第九章，产学研战略联盟绩效。

综述已有研究及其成果，梳理相关理论，深入分析影响产学研战略联盟绩效的基本因素，构建产学研战略联盟绩效的理论模型，提出相应的评价方法，并进行实证研究，给出提高中国产学研战略联盟绩效的建议。第一节围绕产学研战略联盟绩效评价、产学研战略联盟绩效影响因素、提高产学研战略联盟绩效等主题，对已有研究进行综述。第二节阐明投入产出理论、绩效管理理论、价值共创理论及其在产学研战略联盟绩效研究中的应用。第三节以政产学研合作进行科技攻关为例，研究分析产学研战略联盟不同阶段对绩效产生重要影响的因素。第四节以高校主导的产学研战略联盟为范例，构建产学研战略联盟绩效的理论模型，为产学研战略联盟绩效研究提供分析框架。第五节在第四节研究的基础上，研究给出在考虑隐性绩效条件下产学研战略联盟绩效的评价方法。第六节选取以高校主导的产学研战略联盟为范例，以北京市作为中心城市，以天津市、河北省、内蒙古自治区和山西省为周边省、市、区，以此作为对照组进行比较研究，揭示政府和市场对产学研战略联盟绩效的影响，分析归纳产学研战略联盟绩效中存在的问题。第七节剖析产学研战略联盟绩效中存在问题的原因，给出提高中国产学研战略联盟绩效的建议。

第十章，产学研战略联盟中政府的责任。

梳理产学研战略联盟政策的演进历程，分析产学研战略联盟对政府的需要，阐明中国各级政府在产学研战略联盟中的责任。第一节追溯美国、日本和中国有关产学研战略联盟政策的演进历程。第二节阐明利益相关者理论、市场失灵理论、政府责任理论及其在产学研战略联盟中的应用。第三节分析产学研战略联盟的构建与有效运行对政府的需要。第四节梳理美国、日本、德国等国政府在产学研战略联盟中所负的责任，归纳需要借鉴的内容。第五节分别从中央政府和地方政府角度探讨中国政府在产学研战略联盟中的责任。

四 研究与撰写过程

在课题研究及本书写作过程中，研究团队始终坚持马克思列宁主义、毛泽东思想、邓小平理论、"三个代表"重要思想和科学发展观，始终以习近平新时代中国特色社会主义思想为指导。研究活动以提高中国发展质量为目的，以问题为导向，以卡点瓶颈为重点，以本土化为突破口，运用管理学、经济学、社会学、政治学等相关学科的基本理论，从中国的实际情况出发，围绕产学研战略联盟及其机制这一主题展开研究。研究活动从传统产学研的基本概念、基本理论到中国产学研战略联盟遇到的理论困惑和实践挑战，从部分发达资本主义国家产学研战略联盟的发展趋势到中国产学研战略联盟的发展趋势，从西方发达资本主义国家提出的相关理论到这些理论如何应用到中国产学研战略联盟中，从部分发达资本主义国家产学研战略联盟动力机制到中国产学研战略联盟如何获取动力，从传统产学研战略联盟构建模式到中国产学研战略联盟如何选择构建适应自身发展的模式，从传统产学研战略联盟风险防范到中国产学研战略联盟如何建设风险抵御机制及政府在风险抵御中的作用，从传统产学研战略联盟合作伙伴选择到中国产学研战略联盟在构建过程中合作伙伴选择的基本条件，从发达资本主义国家产学研战略联盟的信任机制到中国产学研战略联盟如何建设信任机制，从传统产学研战略联盟利益分配到中国产学研战略联盟如何建设有利于提升联盟动力的利益分配机制，从中国现有的产学研战略联盟绩效的实证研究到中国产学研战略联盟如何提高绩效，从产学研战略联盟政策演进到中国产学研战略联盟建设中中央政府和地方政府的责任，进行了深入的探索、分析、研究。同时，查阅了大量相关文献，梳理借鉴了部分发达资本主义国家的相关经验。然后撰写成书。

全书以第一章提出的中国产学研战略联盟在理论和实践中存在的问题为主线，以产学研战略联盟相关机制建设为抓手，以部分发达资本主义国家产学研战略联盟发展经验为借鉴，以解决中国产学研战略联盟发展中存在的问题为目的。除了第二章，其余每一章前面几节的研究内容都是为最后一节的研究内容服务的。书中安排了一章探讨产学研战略联盟中政府的责任，市场在产学研战略联盟中发挥的作用，特别是与市场在资源配置中起决定性作用的相关内容，随不同的论题融入到相关内容中。根据研究需要，采用了定性分析法、定量分析法、案例分析法及定性分析与定量分析相结合的分析方法。在研究过程中，特别注意到党和国家的相关政策要求。研究实事求是，理论联系实际，力求解决问题。

本书的具体撰写分工如下：前言，金海和；第一章，金海和；第二章，金海和、梁宵、黄亚茹、刘连雪；第三章，金海和；第四章，金海和；第五章，刘连雪、金海和；第六章，金海和；第七章，黄亚茹、金海和；第八章，许静、金海和；第九章，梁宵、金海和；第十章，梁宵、金海和；摘要，金海和。本书由金海和教授确定书的题目和各章节的题目以及写作思路，最后由金海和教授通读、修改、定稿。公共管理专业硕士研究生梁宵、许静、黄亚茹、刘连雪等同学参加了研究和写作工作。其间，公共管理专业博士生方远，硕士生夏振卿、冯薪月、梁媛媛、王旭泽、高苡程等同学也参与了课题的讨论，收集了大量的参考文献并进行了梳理，成书时又按出版要求整理了书稿，规范脚注和参考文献，阅读排查错别字。王旭泽同学编排了全书的电子版。受作者水平所限，书中疏漏和不当之处在所难免，欢迎各位业内专家和广大读者批评与赐教。

五 致谢

本书的完成得到了各方面的大力支持。内蒙古自治区科技厅从立项资助到研究过程，给予了高度重视、指导和帮助。内蒙古自治区教育厅通过公共管理一流培育学科建设经费提供了出版资助。内蒙古大学为研究活动提供了良好的环境与条件。内蒙古大学公共管理学院为本书出版提供了多方面支持，王瑞雪老师协助办理出版手续付出了辛勤劳动。在此一并表示感谢。书中引用和参考了大量文献，是我们研究的起点与基础，在此，对所有相关专家学者表示衷心感谢。书稿的出版得到了中国社会科学出版社的大力支持，责任编辑许琳女士为书稿的编辑付出了辛勤劳动，在此表示深深谢意。

第一章 产学研战略联盟

第一节 产学研与战略联盟

一 产学研及产学研研究综述

(一) 产学研

对于产学研的概念表述比较多,随着产学研实践活动的不断深入,产学研的概念不断丰富和完善,逐步趋于定型。1989 年,Borys 和 Jemison 认为,产学合作呈现一种跨组织关系,相对于传统组织结构,这种跨组织关系使得产学合作的目标比较多元化,产学合作具有独特性和混合性,可以提高技术创新的有效性。[1] 1990 年,Cohen 认为,"学"主要是指公共研究机构,包括高校和政府管辖的研究机构,"产"则指企业,产学合作即为企业和公共研究机构的合作。[2] 2000 年,Carayannis 等认为,产学研合作的目的是要达到最大程度的知识共享,需要高超的管理技能和组织设计能力来设计一种灵活的跨组织知识界面。[3] "产学研"

---

[1] Bryan Borys and David B. Jemison, "Hybrid Arrangements as Strategic Alliances: Theoretical Issues in Organizational Combinations", *The Academy of Management Review*, Vol. 14, No. 2, 1989.

[2] Cohen W M and Levinthal D A., "Adsorptive capacity: A new perspective on learning", *Administrative Science Quarterly*, Vol. 35, No. 1, 1990.

[3] Carayannis E G and Alexander J, eds., "Leveraging knowledge, learning, and innovation in forming strategic government-university-industry (GUI) R&D partnerships in the US, Germany and France", *Technovation*, Vol. 20, No. 9, 2000.

一词最早出现于 1981 年日本通产省《下一代产业基础技术研究开发制度》中，核心是要保证企业与高校之间的相互协作与优势互补。① 2013 年，胡天佑认为，"产"指的是产业或企业生产活动，"学"指的是高校、学术界或者学习活动，"研"指的是研究机构或者科学研究的具体活动。② 2013 年，陈云提出产学研合作的"主辅体范式"，即产学研合作中主要有企业、高校、科研机构三个主体，同时又有政府、中介机构、金融机构三个辅体，各部分之间相辅相成，相互合作。③ 2015 年，杨宗仁提出从静态和动态两个维度界定"产学研"之内涵，从宏观和微观两个层面剖析"产学研合作"之定义的理论。④ 显然，尽管角度不同，学者们都认为产学研合作指的是企业、高校、科研机构之间的知识创新与经济创造活动。

（二）国外产学研研究综述

1906 年，赫尔曼·施奈德提出了"合作教育"（Cooperative Education），建议高校与企业合作，用"工学交替"的方式培养工程技术人才。⑤ 1983 年，由澳大利亚、加拿大、荷兰、菲律宾、英国和美国等共同发起成立了"世界合作教育协会"。2003 年，世界合作教育协会将"合作教育"改为"与工作相结合的学习"。2010 年，Joseph A. Raelin 提出，采取"三重螺旋"的运行模式来加强高校、企业、政府之间的相互作用会出现"双赢"甚至"三赢"。⑥ 2018 年，Etzkowitz 指出，产学研合作是高校除了教学和研究之外的第三使命，高校、产业、政府三方在发挥各自独特作用的同时加强多重互动，是提高国家创新系统整体绩效的重要条件。⑦

---

① 王海花、谢富纪、胡兴华：《企业外部知识网络视角下的区域产学研合作创新》，《工业技术经济》2012 年第 7 期。
② 胡天佑：《产学研结合相关概念辨析》，《高校教育管理》2013 年第 4 期。
③ 陈云：《产学研合作相关概念辨析及范式构建》，《科学学研究》2012 年第 8 期。
④ 杨宗仁：《产学研合作的定义、渊源及合作模式演进研究》，《生产力研究》2015 年第 8 期。
⑤ [美] 约翰·S. 布鲁贝克：《高等教育哲学》，王承绪等译，浙江教育出版社 1988 年版。
⑥ Joseph A. Ruling, "Work-based learning: Valuing practice as an educational event", *New Directions for Teaching and Learning*, No. 124, 2010.
⑦ Etzkowita H., *The triplehelix: university-industry-government innovation in action*, London and New York: Routledge, 2018. 3.

(三) 国内产学研研究综述

1992年，国家经济贸易委员会、教育部、中国科学院联合开启"产学研联合工程"，标志着产学研合作在中国正式推行。1994年，姜照华和李桂霞较为详细地归纳总结了产学研合作的十五种类型以及相关模式。[①] 2005年，刘富春和曾宪军从产学研合作的多维视角提出了产学研合作的分类。[②] 2014年，薛克雷等建立了产学研协同创新中有关信任程度的演化博弈模型。[③] 2023年，宁靓等人认为，产学研协同融合主体沟通合作的行为过程、良好的交互环境和稳定持续的合作关系，对科技成果转化绩效具有正向影响。[④]

二 战略联盟及战略联盟研究综述

(一) 战略联盟

学者们从不同视角给出了对于战略联盟概念的描述。以Williamson的交易成本理论为基础，战略联盟被看作是介于具有层级结构的企业与市场之间的一种形式。[⑤] 以资源基础理论以及组织学习理论为基础，Teece认为，战略联盟是两个或更多的公司为了获取对方的资源、学习对方的知识和技术而进行合作，以此获取竞争优势、更好地实现公司目标。[⑥] 以博弈论为基础，Taylor和Jonker等人认为，企业在产业集群中进行动态博弈，在竞争合作之间进行选择，而战略联盟就是企业进行博

[①] 姜照华、李桂霞:《产学研联合：科技向生产力的直接转化》,《科学学研究》1994年第1期。
[②] 刘富春、曾宪军:《产学研合作的类别浅析》,《经济师》,2005年第7期。
[③] 薛克雷、潘郁、叶斌等:《产学研协同创新信任关系的演化博弈分析》,《科技管理研究》2014年第21期。
[④] 宁靓、岳琳、王水莲:《产学研协同融合与科技成果转化绩效——合作关系认知的调节作用》,《科技管理研究》2023年第1期。
[⑤] Williamson, O. E., *Markets and Hierarchies: Analysis and Antitrust Implications*, New York: The Free Press.
[⑥] Teece, "Competition, Corporation and Innovation", *Journal of Economic Behavior and Organization*, 1992.

弈后选择合作的结果。① 因此，战略联盟是指两个参与主体或两个以上参与主体拥有共同战略利益和目标的组织，主体通过各种契约构建资源共享、优势互补、风险共担、分工合作、责任与利益高度匹配的组织。

（二）战略联盟研究综述

战略联盟最早由美国 DEC 总裁 J. Hopland 以及管理学家 R. Nigel 提出。1985 年，迈克尔·波特在《竞争优势》中认为，联盟是指企业之间进行长期合作，它超越了正常的市场交易但又未达到合并的程度，联盟的方式包括技术许可生产、供应协定、营销协定和合资企业；联盟无需扩大企业规模而可以扩展企业市场边界。② 1988 年，Salahuddin 认为，战略联盟是企业保持自身独立性的同时，为追求共同的战略目标而走在一起合作创造更大价值的特殊关系。③ 1992 年，Teece 认为，战略联盟是两个或两个以上的伙伴企业为实现资源共享、优势互补等战略目标，而进行以承诺和信任为特征的合作活动。④ 2016 年，曹霞等认为，战略联盟是汇集了资金、技术等资源，坚持优势互补、风险共担、利益共享和合作共赢，共同攻克关键共性技术的联合体。⑤

第二节 产学研战略联盟及其作用

一 产学研战略联盟的提出

产学研战略联盟是战略联盟中的一类，主要是由企业、高校、科研机构构成，在中国，大型产学研战略联盟的主体中包括政府，即由政府、企业、高校、科研机构等构成。2016 年，在《管理科学技术名词》

---

① Taylor PD and Jonker LB., "Evolutionarily Stable Strategy and Game Dynamics", *Mathematical Biosciences*, Vol. 40, 1978.
② [美] 迈克尔·波特：《竞争优势》，夏忠华主译，中国财政经济出版社 1988 年版。
③ Salahuddin, "Strategic Alliance", *Business&Economic Review*, 1988.
④ Teece, "Competition, Corporation and Innovation", *Journal of Economic Behavior and Organization*, 1992.
⑤ 曹霞、于娟、张路蓬：《不同联盟规模下产学研联盟稳定性影响因素及演化研究》，《管理评论》2016 年第 2 期。

(第一版）中，公布了产学研战略联盟（strategic alliance of industry college institute）。产学研战略联盟指产学研合作双方保持长期的、稳定的、互惠的、共生的协作关系。

二 产学研战略联盟的本质

产学研合作成功的标准是产学研各参与主体共享创造知识的能力以及知识流动与扩散的能力，显然，是各参与主体知识的"异质"和"互补"导致了一般的产学研合作向产学研战略联盟发展。[1] 进入以知识为基础的经济时代，市场环境的不确定性和复杂性越来越强，许多企业发现，自身的内部知识与技术开发往往不能快速地响应外部环境变化，从战略联盟伙伴中获得特殊知识是更有效的方法。[2] 企业往往很难从市场上买到一项特定的知识，因为知识常常是隐性的和很难定价的[3]。因此，产学研战略联盟的方式从传统的资源互补风险共担型转向了学习型。产学研战略联盟伙伴之间以知识的双向和多向流动为基本特征，更重视学习的效果和知识的创新，以增强自身创新能力。产学研战略联盟本质任务是转移、应用和创造知识。Nonaka 和 Takeuchi 认为，产学研战略联盟使企业、高校、科研机构具备的不同类型知识集合在一起，使得部分生产所需的隐含知识得以积聚，知识创造过程是先形成组织的创造力，进而获得企业绩效和竞争优势。[4]

三 产学研战略联盟的作用

在中国，高质量发展是全面建设社会主义现代化国家的首要任务，高质量发展需要世界一流的国家科研机构、世界一流的大学、世界一流

---

[1] 吕海军、甘志霞：《我国军民两用高技术产业创新的现状问题及政策建议》，《科技进步与对策》2005 年第 11 期。

[2] Gregory E. Osland and Attila Yaprak, "Learning through strategic alliances: processes and factors that enhance marketing effectiveness", *European Journal of Marketing*, No. 3, 1995.

[3] Mowery D C, Oxley J E and Silverman BS., "Strategic alliances and interfirm knowledge transfer", *Strategic Management Journal*. 1996.

[4] Nonaka I, Takeuchi H, *The knowledge creating company: how Japanese companies create the dynamics of innovation*, New York; Oxford; London. 1995.

的企业，更需要企业、高校、科研机构的有效合作。根据党和国家的任务和目标，推动产学研深度融合，构建高质量产学研战略联盟，是开辟发展新领域新赛道，不断塑造发展新动能新优势，提升国家创新体系整体效能的重要途径和有效方法。

（一）增强发展动力

通过产学研战略联盟可以增强中国经济发展动力。随着中国市场经济的发展和科技水平的不断提高，企业、高校和科研机构在竞争中不断认识到自身的短板，单纯依靠自身力量无法解决动力不足等问题，通过产学研战略联盟可以找到新的发展动力。产学研战略联盟能够推动市场合理有效地配置资源，取长补短、资源互补，避免重复建设，提高资源利用率；同时，能够把中国的制度优势充分发挥出来，进而转化为强大的经济发展动力。

（二）提高企业的核心竞争力

产学研战略联盟能够提升企业的核心竞争力。首先，技术创新能力是企业的核心竞争力，产学研战略联盟有助于提升企业可持续技术创新能力，提高科技成果转化率，培养独特的竞争优势。其次是有助于提升企业的市场快速反应能力。产学研战略联盟比单一企业更容易及时准确地掌握市场信息，特别是消费者的需求，有助于企业识别市场风险，发现市场机会，做出正确的决策。再次是有助于企业获得互补性资源，降低成本，提高绩效，进一步提升核心竞争力。特别是，对于没有能力自设研究平台的中小微企业，显得尤为重要。另外，产学研战略联盟有助于加强企业主导的产学研深度融合，强化目标导向，提高科技成果转化和产业化水平。

（三）提升自立自强的科技水平

产学研战略联盟是国家创新体系的基本组织模式，是实现科技实力向生产力转化的基本途径，是高质量发展的基本保证。产学研战略联盟有利于持续推进关键核心技术攻关，促进科技成果转移转化；有利于国家重大科技项目有效实施和顺利完成，增强自主创新能力。产学研战略联盟能够促进企业、高校、科研机构开展新技术、新产品的研发，把科技成果产业化，增强技术创新能力和产品竞争力。通过产学研战略联盟有助于打造具有自主知识产权的产品品牌，促进特色产业和重点领域的集成创新。产学研战略联盟有助于提高中国科技自主创新能力，提升自立自强的科技水平，加速国家科技创新的进程。

（四）培养聚集高素质人才

产学研战略联盟把企业、高校和科研机构有机地结合起来，充分挖掘、利用各类优质教育资源，使教育与劳动生产紧密结合，使理论学习与实践活动紧密结合，在培养造就大批德才兼备的高素质人才的过程中发挥着重要作用。产学研战略联盟有助于加快建设中国特色、世界一流的大学和优势学科，加快建设世界重要人才中心和创新高地，形成人才国际竞争的比较优势。

产学研战略联盟在宏观层面能够推动经济增长方式由要素驱动向创新驱动转变，在微观层面实现企业、高校和科研机构等产学研主体的深度融合，形成创新合力，有利于中国实施人才强国战略、创新驱动发展战略。

第三节　产学研战略联盟中的机制

推进产学研战略联盟机制建设，必须有科学而相对稳定的体制。在新时代的中国，需要政府提供相对定型的政策，完善的法律法规，易于构建的平台，及时准确的信息，战略联盟的大方向。

一　产学研战略联盟动力机制

产学研战略联盟动力机制是指通过利益驱动、优势互补、政策推进、发展需求等因素，激励高校、科研机构与企业产生结盟意愿，提高结盟兴趣，巩固联盟发展的有关政策、制度和运作方式。产学研战略联盟各主体的合作动力源于合作领域内目标和利益的一致性，通过联盟将联盟各主体捆绑在一起，并通过优势互补实现共同发展的目标。

二 产学研战略联盟风险抵御机制

产学研战略联盟风险抵御机制是指企业、高校、科研机构的管理者、决策者等利益相关主体，通过法律、政策和制度，整合各种资源，在风险发生的不同阶段采取的控制风险的各种手段、措施的综合。风险抵御机制意在提高产学研战略联盟的风险应对能力，是战略联盟有效预防、处理、控制风险的基础。产学研战略联盟充满了风险因素，影响着联盟的可持续发展，必须构建科学、完善、合理的风险抵御机制。

三 产学研战略联盟合作伙伴选择机制

产学研战略联盟合作伙伴选择机制是指企业、高校、科研机构的决策者，按照国家法律和相关制度，通过科学合理的选择流程，在合作伙伴选择的不同阶段采取的各种方法、措施的综合。在构建产学研战略联盟过程中，如何选择正确的合作伙伴是一个重要议题，合作伙伴选择的正确与否直接决定着产学研战略联盟的成败。选择企业作为联盟对象时，主要考虑：企业的核心能力及特色的优势资源、企业的诚信、研发能力、市场营销能力、企业财务状况、企业文化、对产学研战略联盟的态度等。选择高校、科研机构作为联盟伙伴时，要考虑高校、科研机构的科技优势资源和技术特色、创新团队、科研成果积累与研发现状、产学研战略联盟经历和效果等。

四 产学研战略联盟信任机制

产学研战略联盟信任机制是指企业、高校、科研机构的决策者、管理者和工作人员等利益相关主体，通过建立健全科学合理的沟通机制，在信任危机发生前及发生后的不同阶段采取的各种预防和处理方法、措施的综合。健全的信任机制可以提高产学研战略联盟信任危机的应对能力，是战略联盟有效预防、处理、控制信任危机的基础。引发信任危机的原因多而复杂，造成的危害不言而喻。信任机制中，良好的制度和有效的沟通机制是关键。

五 产学研战略联盟绩效机制

产学研战略联盟绩效机制是指企业、高校、科研机构的管理者,通过科学合理的绩效评价机制,对产学研战略联盟的不同阶段进行绩效评价,及时发现影响绩效的原因和存在的问题,采取的各种预防和解决办法、措施的综合。产学研战略联盟绩效是衡量联盟水平的重要指标,各主体必须高度重视。目前,产学研战略联盟的绩效评价主要有投入产出模型和定性评价两种方法。

六 产学研战略联盟利益分配机制

产学研联盟利益分配机制是指联盟各成员作为利益主体对联盟运行过程中或者在联盟解体时所形成的利益进行分配的一整套制度或契约安排,是产学研战略联盟治理机制中的重要组成部分。产学研战略联盟利益分配遵守的原则是资源整合、利益共享、风险共担,利益共享是指根据设计好的利益分配契约进行利益分配。合理的利益分配契约对联盟起到推动作用。不同的利益分配方式会产生不同的激励效果。

七 产学研战略联盟激励机制

产学研战略联盟激励机制是指企业、高校、科研机构的决策者、管理者等利益相关主体,依据相关法律、制度和政策,在产学研战略联盟发展的不同阶段,为提高主体工作的积极性、创造性采取的各种方法、措施的综合。健全的激励机制可以增强产学研战略联盟的发展动力。

八 产学研战略联盟矛盾化解机制

产学研战略联盟矛盾化解机制是指企业、高校、科研机构的决策者、管理者,通过建立契约和沟通机制,在矛盾发生前及发生后的不同阶段采取的各种预防和处理方法、措施的综合。健全的矛盾化解机制可以增强产学研战略联盟的矛盾应对化解能力,是战略联盟有效预防、处理、控制矛盾冲突的基础。引发矛盾冲突的原因来自多方面,如果发生，必须及时化解，不能拖而不决。矛盾化解机制的主要依据是契约，然后是有效的沟通机制。

第四节 产学研战略联盟的发展趋势

产学研战略联盟发展趋势的判断依据应该是，未来的需求、现在发挥的作用和过去从中得到的好处。这是一个宏大而复杂的课题，需要完备的相关领域信息和数据，构建必要的数学模型，根据变量反复测算，才能推演出比较准确的趋势判断结果。由于条件所限，本书仅从宏观角度，进行定性分析，给出对于产学研战略联盟发展趋势的基本判断。

一 部分发达资本主义国家产学研战略联盟的发展趋势

（一）德国产学研战略联盟的发展趋势

德国的产学研战略联盟有许多特点。有超过1/3的企业愿意将高校和科研机构纳入其研发创新活动中。大多数中小企业通过成立行业联盟或建立创新集群共同开展研发活动。许多高校设立了创新创业中心、产学研孵化器、创新技术平台、科技创新园区等，能够得到当地企业、科研机构和社会力量的支持。有不少产学研战略联盟是由个人或群体自行联系促成，主体之间存在着较为紧密的非正式关系，实践形式灵活多样。政府通过政策促进、规范产学研战略联盟实践活动。2010年，德国内阁通过了《2020高科技战略》；2014年，颁布了《新高科技战略：为德国创新》，强调要加强高校周边的产学研战略联盟；2018年，出台了"高科技战略2025"，强调产学研一体化，高校、企业和社会力量都应该成为科技创新的参与者。

德国产学研战略联盟未来发展趋势。政府将继续成为产学研战略联盟发展的推动者，特别是在科技创新领域，从科技政策的制定到科技创新的实施，再到科研成果的产业化，政府将更加及时准确地提供政策保障。市场需求依然是拉动产学研战略联盟未来发展的主要动力，市场需求什么，什么就是重点领域，什么就是产学研战略联盟的未来目标。体制机制将更加灵活、更加便利、更加适应产学研战略联盟的发展。产学研战略联盟由国内走向国际，交流与合作变得更加开放，更加着眼于促进德国企业、高校、研究机构在欧盟乃至全球范围的技术研发和技术转移等方面的开放合作，集聚国际高端领军人才和团队。

(二) 日本产学研战略联盟的发展趋势

日本的产学研战略联盟有四个特点。一是政府发挥着主导作用。1995年，日本政府出台了《科学技术基本法》，该法案把产学研合作确立为一项基本国策；2002年，通过了《知识产权基本法》，明确了国家、公共团体、高校和企业的责任，制定了有关知识财产创造、保护及应用的推进计划，并成立专门机构进行落实。对产权界定、产权保护的日益重视，解决了企业与高校合作的大部分后顾之忧，使得产学研结合更加高效、规范、稳定。二是社会积极响应。例如，日本学术振兴会（JSPS）和各类研究小组等非正式组织的成立，许多高校成立了产学研合作中心。三是研究成果市场化。成果市场化解决了内在激励问题，成果权利化解决了分配问题。四是课题解决模式。课题解决是日本产学研合作的一种方式创新，能更好地协调各主体之间的关系，提高合作效率。

日本产学研战略联盟未来发展趋势。政府将继续主导产学研战略联盟的发展，从法律法规、政策保障、资金投入、平台建设、国际合作等方面进一步推动产学研战略联盟的发展。但是，政府的过度干预、法规的过量增长，可能会阻碍产学研战略联盟的发展。市场需求仍然是拉动产学研战略联盟未来发展的主要动力，市场需求的变化，将是影响产学研战略联盟发展的主要因素，市场需求及其变化将是确定产学研战略联盟未来目标的依据。企业与高校的合作将深度融合，形式会灵活多样，特别是中小企业和高校，中小企业将会产生更高的合作热情，将会通过产学研战略联盟的项目合作，吸引、聚集国际高端科技人才。

(三) 美国产学研战略联盟的发展趋势

美国的产学研战略联盟有四个特点。一是市场主导。二是政府政策引导。科技政策的引导促进了美国高校的科研活动面向产业领域。三是法律保障。以法律为工具落实政府对产学研合作的支持政策。例如，1980年，《贝尔·多尔法案》规定，高校、非营利机构和小企业在联邦政府经费资助下的发明拥有权仍然归其自己，允许国家实验室将联邦政府拥有的专利租赁给企业和高校，鼓励企业投入时间和资源开发并将其技术商品化；1980年，《技术创新法》指出，联邦政府对国家投入的研发成果负有推广转化的责任，要求政府部门推动联邦政府支持的技术向地方政府和企业推广转化，将科技成果转化列为政府部门的职责，成为政府部门的一项任务；1988年，《综合贸易和竞争法》提出，把加强科技成果转化作为提高企业竞争力的一项主要措施。四是科技园。大型企业把科技园作为自己的创新源泉进行投资建设，政府通过优惠政策和导向性投资，增强科技园的生存能力、创新能力和竞争能力。科技园使科技成果生产走向规模化和低成本化，使企业、高校、科研机构之间的界限变得越来越模糊。科技园以研究型大学为依托，创新中心主要扶持高校创办各种高技术开发公司，加快高校科研成果向产品转化；同时，支持企业对那些具备应用前景并能在较短时间内开发出高技术产品的科研项目进行强化研究。创新中心一般由 NSF 资助。

美国产学研战略联盟未来发展趋势。市场将一如既往主导着产学研战略联盟的发展，美国在全球各领域竞争所引发的需求将成为推动产学研战略联盟发展的主要动力。政府将继续成为产学研战略联盟发展的促进者，特别是涉及国家利益的竞争领域，政府将及时准确地提供政策引导和支持。法律将继续成为产学研战略联盟发展的坚定守护者，产学研战略联盟的形成与发展是一个纷繁复杂而又多变的过程，法律将在维护公平正义方面继续发挥不可替代的作用，将继续利用产学研战略联盟，吸引、聚集全球优秀科技人才。

二 中国产学研战略联盟的发展趋势

首先简要梳理中国产学研战略联盟发展的历程，然后结合新时代中国特色社会主义的目标和任务，探讨中国产学研战略联盟的发展趋势。

(一) 萌芽阶段 (20 世纪 50—70 年代)

中国一直把教育与生产劳动相结合作为教育方针的重要内容。计划经济时期，政府在特定的领域内推动产学研开展合作，合作具有明确的政治和经济指向性及计划性，合作方式简便，责任明确，对推动重大项目的研究、建设发挥了重要作用。由于参与主体分属政府不同部门管辖，在合作过程中，只接受上级指令，根据任务分工，独立开展工作，联系较少，合作目标单一。

(二) 转型阶段 (20 世纪 70 年代末至 80 年代)

随着经济体制改革，企业经营自主权不断扩大，企业活力不断增强，发展目标也逐渐从任务完成型向利润最大化转变，产学研合作逐步由政府推动型过渡为相关主体利益驱使型。中小企业产生了较大的技术需求，科技体制改革使高校、科研机构逐步走向市场，技术供需交易频繁，产学研合作比较活跃。

(三) 发展阶段 (20 世纪 90 年代至 20 世纪末)

随着改革开放的不断深入，经济和技术的迅猛发展，产学研合作进入了市场拉动与科技驱动联合发展的新阶段。1992 年，国家实施《产学研联合开发工程》，应用高新技术发展传统产业，增强了企业自主创新能力，促进了科技成果转化和高新技术产业化。产学研合作得到了进一步发展。

(四) 跨越阶段 (21 世纪以来)

随着经济、技术的长足发展，市场的不断成熟，政府及时有效的政策和大力资金支持，产学研合作逐渐走向深度融合，开始出现由企业、高校、科研机构形成的产学研战略联盟。2006 年，国务院相关部委和相关行业组织联合成立了推进产学研合作工作协调领导小组，共同推进产学研合作工作。2007 年，中国产学研合作促进会正式成立，为政府、企业、高校、科研机构进行交流合作提供了便利。党的十八大以来，党和国家对产学研合作的重视程度提高到前所未有的高度。2012 年，胡锦涛在中国共产党第十八次全国代表大会上的报告中提出，"着力构建以企业为主体、市场为导向、产学研相结合的技术创新体系"①。2012年，政府工作报告提出，"引导科研机构、高等院校的科研力量为企业技术创新服务，更好地实现产学研有机结合，提高科技成果转化和产业化水平"②。2017年，习近平在《决胜全面建成小康社会 夺取新时代中国特色社会主义伟大胜利——在中国共产党第十九次全国代表大会上的报告》中提出，"深化科技体制改革，建立以企业为主体、市场为导向、产学研深度融合的技术创新体系"③。2017年，政府工作报告提出，"开展知识产权综合管理改革试点，完善知识产权创造、保护和运用体系"④。2022年，党的二十大报告提出，"加强企业主导的产学研深度融合，强化目标导向，提高科技成果转化和产业化水平"⑤。2022年，政府工作报告提出，"强化企业创新主体地位，持续推进关键核心技术攻关，深化产学研用结合，促进科技成果转移转化。加强知识产权保护和运用"⑥。

（五）未来发展趋势

产学研战略联盟作为推动经济、技术乃至社会发展的有效组织形式，在中国得到普遍推广和应用，在理论和实践方面都将迎来更大的发展，在新时代中国特色社会主义高质量发展中发挥不可替代的重要作用。政府将进一步主导产学研战略联盟。市场将在产学研战略联盟形成与发展中更加有效地配置资源。相关法律将更加完善，知识财产创造、保护及应用将进入新的高度，法律将更加适应产学研战略联盟可持续发

---

① 人民网：《胡锦涛在中国共产党第十八次全国代表大会上的报告》2012年11月8日，http：//politics.people.com.cn/n/2012/1118/c1001-19612670.html，2012年11月18日。

② 中国政府网：《2012年国务院政府工作报告》2012年3月5日，https：//www.gov.cn/test/2012-03/15/content_ 2067314.htm，2012年3月15日。

③ 中国政府网：《习近平：决胜全面建成小康社会 夺取新时代中国特色社会主义伟大胜利——在中国共产党第十九次全国代表大会上的报告》2017年10月18日，https：//www.gov.cn/zhuanti/2017-10/27/content_ 5234876.htm，2017年10月18日。

④ 中国政府网：《2017年政府工作报告》2017年3月5日，https：//www.gov.cn/guowuyuan/2017zfgzbg.htm，2017年3月5日。

⑤ 人民网：《高举中国特色社会主义伟大旗帜 为全面建设社会主义现代化国家而团结奋斗》2022年10月16日，http：//cpc.people.com.cn/20th/n1/2022/1026/c448334-32551867.html，2022年10月26日。

⑥ 中国政府网：《2022年政府工作报告》，2022年3月5日，https：//www.gov.cn/premier/2022-03/12/content_ 5678750.htm，2022年3月12日。

展。企业通过产学研战略联盟，会大幅度提高绩效，增强创新能力，提升竞争力，特别是国有企业，其体制机制会更加适应产学研战略联盟的形成与发展。高校通过产学研战略联盟，将逐步提高人才培养质量、科学研究和技术开发水平、创新能力和社会服务能力。科研机构通过产学研战略联盟，体制机制将更加完善而灵活，科技攻关能力获得大幅提升。国有企业、高校、科研机构通过产学研战略联盟，会使经营和发展理念发生很大改变，由不愿意合作转为积极主动合作。产学研战略联盟逐渐由国内走向国际，逐渐由单一项目走向某一领域甚至全面合作。通过产学研战略联盟及其相关平台、相关政策，可以逐渐聚集全球优秀人才。

第五节　中国产学研战略联盟的理论困惑与实践挑战

本节主要是梳理、讨论、归纳中国产学研战略联盟在发展过程中在理论方面碰到的困难和疑惑、在实践过程中存在的问题。

一　中国产学研战略联盟的理论困惑

对于产学研战略联盟相关理论，例如，国家创新系统理论、技术创新理论、系统论、集成理论、三螺旋理论、协同理论、知识产权理论、博弈论、合作教育理论等，国内外学者从不同视角进行了研究，成果丰硕，在产学研战略联盟实践中发挥着重要的指导作用。由于理论产生、发展、应用的环境和条件不同，其在发展、应用中碰到的困难和问题也不同。

理论困惑之一：现有相关理论是国外学者在特定的经济政治制度下，针对特定时期出现的现象和问题进行研究归纳出来的，即使理论的后续发展，也都有环境条件假设。所以，现有产学研战略联盟相关理论并不能无条件地应用于解决任何国家的任何时期所遇到的任何问题。实践表明，现有产学研战略联盟相关理论产生于自由竞争的市场经济环境下，由此提出的相关理论无法准确有效地解释、解决新时代中国特色社会主义市场经济背景下，产学研及其战略联盟活动所碰到的现象和问题。例如，三螺旋理论强调高校、企业、政府三者同等重要，关系平等，有一方存在短板，将影响整个三螺旋系统的稳定性。如何把三螺旋理论应用于政府主导的产学研战略联盟中，是一个比较难的问题。

理论困惑之二：中国在产学研战略联盟相关理论的研究过程中缺乏理论创新、进展比较缓慢、本土化水平低，适应不了指导实践要求。因此，中国急需要本土化的理论。

理论困惑之三：产学研战略联盟本土化理论产生、发展受一些体制机制的限制，没有足够的创新，很难突破。例如，国有企业、高校、科研机构产权均属国家，同一行业治理结构相同，政策相同，经营理念和行为趋同，缺乏特色，缺乏互补性，缺乏竞争优势，缺乏合作动力。

理论困惑之四：产学研战略联盟理论发展严重滞后于实践。

二 中国产学研战略联盟的实践挑战

（一）联盟目标难以形成和保持

在产学研战略联盟形成和发展过程中，参与主体能否达成一致的目标是关键。如果参与主体无法达成一致目标，联盟就不可能形成；产学研战略联盟各主体形成一致目标后，因市场环境、制度环境等条件变化引发联盟目标扭曲或分裂，联盟很快瓦解，所以，达成并保持一致的联盟目标非常重要。

现实中，由于企业、高校、科研机构等参与主体真实的需求主导着合作的动机，能达成同时满足各参与主体需求的目标是困难的，能达成长期同时满足各参与主体需求的可持续性的战略目标更加困难。

对于已经形成的产学研战略联盟，需要通过契约长期保持联盟目标的一致性，契约建立在完善的法律基础上。现实中，对违约的合作伙伴很难按照契约进行响应的处罚，战略目标难以长期保持一致。

（二）合作动力不足

由于参与主体属性不同，合作动机不同，合作的动力来源不同，合作动力的强弱也不同。普遍来说，在国有企业、高校、科研机构中，企业合作动力最强，科研机构合作动力较强，高校合作动力一般。私有企业合作动力强于国有企业，私有科研机构合作动力强于国有研究机构。显然，私有企业合作动力最强，国有高校合作动力最弱。私有企业面临的是生死存亡的市场竞争，国有高校面临的是体制内同类高校发展快慢的竞争。

体制问题是国有企业、高校、科研机构合作动力不足的主要原因，国有企业、高校、科研机构内部存在的机制问题是合作动力不足的直接原因。政府必须花大力气解决相关体制机制问题，解决产学研战略联盟动力不足问题。

产学研战略联盟是企业、高校、研究机构在战略层面上的长期合作，国有企业、高校、研究机构的合作动力很大程度上取决于领导和领导班子成员的认识、觉悟和责任心，必须有切实有效的约束机制，保障国有企业、高校、研究机构的合作动力不受领导和领导班子成员更替的影响。

（三）合作模式缺乏灵活性和稳定性

产学研战略联盟是产学研合作的高级形式，是以契约的方式建立的较为稳固的长期合作关系，合作而不合并，系统而复杂，选择适合联盟发展的合作模式很重要。从中国已有的产学研战略联盟可以发现，有不少产学研战略联盟缺乏灵活性和稳定性。产学研合作初期，合作模式缺乏灵活性，更缺乏创新性，习惯于套用已有合作模式，选择的合作模式不一定能适应合作发展的需要。形成战略联盟后，在战略联盟的实际运作中，才发现选择的合作模式不适应联盟发展的需要，必须调整合作模式，合作模式缺乏稳定性。

（四）风险抵御机制不健全

对于现有的产学研战略联盟，其风险抵御机制大部分都不够健全，由此引发诸多问题。一是风险识别和评估缺乏机制保障。因参与主体的主观性和片面性，导致对风险识别和评估产生偏差，某些风险被低估或忽视。二是利益分配缺乏机制保障，知识产权纠纷频发。三是知识流失和竞争风险缺乏机制保障。例如，高校、科研机构与企业合作结成产学研战略联盟，可能面临知识流失的风险和来自企业的竞争风险。四是信息缺乏机制保障，导致风险误识误判。五是技术风险缺乏机制保障。六是风险分担缺乏机制保障。

(五) 合作伙伴关系缺乏稳定性

对于国有企业、高校、科研机构，是否寻求合作，是否在合作的基础上构建战略联盟，取决于各参与主体领导班子成员的认识和决心，认识取决于领导班子成员的知识水平、阅历和对竞争态势的理解，决心取决于领导班子成员的任期和责任心。对于已经形成的产学研战略联盟，由于参与主体领导班子换届，新领导班子是否能一如既往地合作，都是问题。或许解散，或许另找合作伙伴构建新的产学研战略联盟，或许保持现有的产学研战略联盟而减少投入。显然，产学研战略联盟合作伙伴关系是不稳定的，导致合作没有可持续性。私营企业或私营研究机构与国有企业、高校、科研机构中的任何主体合作形成的产学研战略联盟，都会遇到合作伙伴关系不稳定的问题。另外，国有企业、科研机构的改革或改制也会带来合作伙伴关系不稳定。

(六) 互信关系难以形成和保持

首先，在产学研战略联盟形成和发展过程中，部分参与主体信任意识淡薄，常常停留在情绪偏好上，导致信任关系难以建立，战略联盟难以形成。

其次，产学研战略联盟缺乏有效的沟通机制，对合作伙伴行为误解误判，导致互信关系下降甚至丧失。

再次，产学研战略联盟的利益分配机制不完善，常常引发矛盾，互信关系难以保持。

最后，相关法律法规全而不细，缺乏针对性，导致合作伙伴履约水平太低，甚至出现了钻法律空子侵害其他合作伙伴的利益的行为。

(七) 利益分配难以适应合作的需要

产学研战略联盟需要公平合理地进行利益分配，以适应合作的需要，但在现实中，很难做到。首先，信用体系不完善，履约守约意识淡薄，需要全社会努力，逐步适应合作的需要。其次，联盟之初契约签订不严格，没有详细地明确各自的责任、权利和义务，没有详细地明确利益分配、风险共担的细则，没有详细地明确对违约行为造成后果的处理细则和处罚细则，没有详细明确契约条款之外的不可预见情况发生时的应对细则。再次，契约履行缺乏有效监管，司法滞后，违约者受不到处罚，在合作过程中，对各参与主体的约束难以实现。最后，没有理顺国家、集体、个人之间的利益关系，相关法律法规没有详细明确的细则。在实践中，处理利益分配纠纷问题依据不足，调解困难。另外，利益分配受到了合作成果评价体系不健全的影响。

（八）绩效提升受到限制

已经形成的产学研战略联盟，绩效普遍偏低，绩效提升受到很多因素的影响和限制。首先，相关法律法规需要进一步完善，司法力度需要加大。其次，政策需要灵活、及时、准确，包括新政策的出台和旧政策的废止，绩效应该成为资金投放的重要依据。再次，市场的作用还没有充分地发挥出来，市场对资源配置起着决定性作用。最后，参与合作的主体能力有限、绩效目标不清、内部机制不完善、合作观念不良等直接限制了绩效的提升。另外，对于国有企业、高校、研究机构参与形成的产学研战略联盟，其领导班子的认识、态度、责任心直接影响着联盟绩效。

第二章 产学研战略联盟的理论基础

第一节 国家创新系统理论与技术创新理论

一 国家创新系统理论

(一) 国家创新系统理论的提出

国家创新系统发源于经济理论、创新理论。1841 年，F. List 在《政治经济学的国家系统》中第一次提出了"国家系统"的概念。[①] 1912 年，约瑟夫·熊彼特在《经济发展理论》中认为，创新是建立一种新的生产函数，把一种从来没有过的关于生产要素和生产条件的新组合引入生产体系，[②] 并于 1942 年，在《资本主义、社会主义和民主》中，重点强调了创新在产业发展中不可替代的作用，并创立了以创新为基础的基本理论体系。[③] 1987 年，英国著名学者克里斯托夫·弗里曼在《技术政策与经济绩效》中指出，国家创新系统是一个网络系统，这个网络系统由公共部门和私营部门中的各种机构组成，这些机构通过各种活动和相互作用实现了新产品和新技术的开发、引进、调整和扩散。书

[①] F. List, S. Colwell, *National system of political economy*, JB Lippincott&Company, 1856.
[②] [美] 约瑟夫·熊彼特：《经济发展理论》，何畏、易家祥等译，商务印书馆 1990 年版。
[③] [美] 约瑟夫·熊彼特：《资本主义、社会主义和民主主义》，绛枫译，商务印书馆 1970 年版。

中还对经济绩效的影响因素进行了全面系统的分析，肯定了创新是经济发展的动力源泉，指出创新不是静态的、孤立的，而是由包括国家系统、社会系统、文化系统在内的各个系统协同作用的结果。他认为技术创新不仅仅是个别技术的改变，而是技术经济范式的转变，这种技术经济范式，依赖于国家创新系统对技术创新资源的集成能力、集聚效率和适应性效率。[①] 1990年，迈克尔·波特在《国家竞争优势》中，提出了国家竞争力钻石理论，认为决定一个国家产业竞争力的关键是这个国家能否提供一个有效的竞争性环境、能否推动创新，政府追求的主要目标是为国内企业创造一个适宜的鼓励创新的环境。[②] 1992年，伦德瓦尔出版了《国家创新系统：走向创新和互动学习的理论》一书，认为技术创新是一个客户和生产者之间相互学习的过程，国家创新系统中包括五个子系统和一个过程。[③] 1994年，Patel P. 等人提出，国家创新系统是决定一个国家技术学习方向和速度的国家制度、激励结构和竞争力。他们认为国家创新系统主要由五个部分组成：企业、高校、科研机构、政府部门和教育部门，以及连接这些部门的激励机制。这里的激励主要是指市场作用之外的激励，比如，政府对基础研究和教育的资助，或是政府在创新之后的短期垄断利润与相互模仿的竞争压力之间确立一种平衡。[④] 1997年，经济合作与发展组织（OECD）对国家创新系统进行了阐述，其主要观点如下，国家创新系统的核心内容和关键目标是实现科学技术知识在一个国家内部的循环流动，在这个意义上，所有有助于促进这种科学技术知识循环流动的主体、环境、机制等因素，都可以包括到国家创新系统之内。

尽管不同学者所给出的定义各有不同，但是有两点是公认的，第

[①] [英]克里斯托夫·弗里曼：《技术政策与经济绩效：日本国家创新系统的经验》，张宇轩译，东南大学出版社2008年版。

[②] [美]迈克尔·波特：《国家竞争优势》，李明轩、邱如美译，中信出版社2007年版。

[③] Lundvall, *National Innovation Systems: towards a theory of Innovation and Interactive Learning*, Pinter, London, 1992.

[④] Patel P and K. Pavitt, "National innovation system: why they are important, and how they might be measured and compared", *Economics of Innovation and New Technology*, Vol. 3, No. 1, 1994.

一，国家创新系统的最终目标是使创新资源能够合理配置于各个主体，激发各主体的技术创新动力；第二，国家创新系统是创新主体和要素之间彼此联系和相互作用的网络系统，即政府、企业、高校和科研机构与环境、制度、机制等要素紧密结合的网络系统。

（二）国家创新系统的结构

国家创新系统的主要构成要素是参与国家创新活动，以及对国家创新活动产生影响的主体。经济合作与发展组织（OECD）提出，国家创新系统的构成要素包含：第一，创新行为主体，即直接参与创新或对创新活动产生影响的主体，如政府、企业、高校、科研机构和中介组织；第二，创新活动行为主体内部的运行机制；第三，创新活动各类参与主体之间的联系与作用；第四，对创新活动具有直接影响的外部机制，包括法律、政策等；第五，创新主体所处的市场环境。2017 年，柳卸林通过研究指出，企业、高校、科研机构、政府和其他支撑机构等要素以及这些要素之间的联系是国家创新系统的构成要素。[①] 此外，还有一些学者将国家创新系统的构成要素分为主体要素、功能要素和环境要素三大块：主体要素是指政府、企业、高校、科研机构、中介组织等；功能要素是指包括科技创新、知识创造、产品和工艺创新以及制度和管理创新等；环境要素是指保障创新活动持续健康运行的体制、机制等。

本书将国家创新系统的结构分为创新活动主体与创新环境因素两大部分。

1. 创新活动主体

国家创新系统的创新活动主体主要包括政府、企业、高校、科研机构、中介机构等，它们在国家创新系统中扮演着不同的角色，有着不同的地位。其中，政府在国家创新系统中处于核心地位，作为创新主体，政府能够直接参与创新活动，通过制定创新战略、发起创新项目和给予资金投入等方式，引导和推动创新活动的发展，更重要的是，由于其承担着法律和政策的制定职能，在国家创新系统中，政府还是创新环境的

---

① 柳卸林、高雨辰、丁雪辰：《寻找创新驱动发展的新理论思维——基于新熊彼特增长理论的思考》，《管理世界》2017 年第 12 期。

主要和直接塑造者。企业是创新活动的最活跃参与者，积极参与到知识的创造、扩散和应用的各个阶段，不仅是创新的主体也是创新技术应用的主体，在创新主体之间关系的联结和促进知识的循环流动方面发挥着至关重要的作用。高校和科研机构知识创造和人才培育的主战场，不同之处在于，前者主要偏重于进行人才的培养和知识的传播，而后者主要进行科学研究和技术研发。中介机构是创新主体联系与互动的重要纽带，在创新活动中主要发挥辅助和支持作用，确保创新活动的顺利进行，其主要功能为促进成果转化，开展技术评估工作、创新资源配置、提供创新决策和管理咨询等专业化服务，目标是实现国家创新系统中创新要素的优化组合。

2. 创新环境因素

国家创新系统的创新环境因素主要包括：创新资源、机制、政策以及基础设施，一个国家的创新环境会对创新主体的创新活动行为产生明显的促进或抑制作用。其中，创新资源是指创新投入所需要的财力和物力资源、人力资源、信息资源等构成的集合。创新机制是确保国家创新系统良好运行的相关规则、管理手段、运行程序等，宏观层面包括国家创新系统的市场运行机制、政府调控机制；微观层面包括激励机制、竞争机制、评价机制和监督机制等，其作用在于协调各创新主体之间的关系，调动创新主体的积极性，合理配置创新资源和要素等。创新政策是指国家为了促进科技创新活动，在宏观和微观层面制定的法律、法规、措施等，对国家创新系统的建设、完善和运行具有决定性的影响。基础设施是国家创新系统建设和发展的基础，可以分为硬件和软件两个方面。硬件包括基础设施、通信基础设施、国家实验室等，软件包括人才培养和技术培训、知识扩散机制等，基础设施为创新活动开展和创新能力提升提供了基础性的保障。

（三）国家创新系统的功能

1. 克服市场失灵

创新和技术进步是生产、分配和应用各种知识的行为者之间互动的结果。国家的创新活动在很大程度上取决于这些行为者在创新系统中的相互作用。知识具有公共物品的性质，又是一个多层次的体系，在市场机制的调节下，会出现知识供给不足的现象，尤其是在基础研究、公益性知识等方面很容易出现市场失灵问题。在尚未构建国家创新系统之前，通常由政府投资或中介机构来弥补知识方面的市场失灵问题，这种传统的解决办法虽然能够发挥一定作用，但是存在一定的缺陷，例如，由政府支持基础研究会导致基础研究与社会需求脱节的问题。构建国家创新系统既可以发挥市场机制在竞争性领域的驱动作用，又可以克服在非竞争性领域的市场失灵问题。在国家创新系统中，政府、企业、高校和科研机构等主体可以在有序的规则下进行知识的交流和交换，实现创新。

2. 防范政府失灵

创新活动中的政府失灵是指政府在配置经济资源时，由于政府的创新政策可能导致其他创新主体动机的扭曲。国家创新系统把政府、企业、高校和科研机构联结为一个有机整体，创新是建立在分工基础上的彼此合作、相互协调的行为。其中，企业及其创新能力是该系统的核心环节，企业通过联系外部的知识组织创新和生产，政府、高校和科研机构以平等的身份存在于合作与竞争的网络之中，国家创新系统对政府行为提供了约束规则，同时也为国家在技术创新中发挥独特作用提供了重要的制度保障。企业的中心地位和其他主体对政府的多元约束可以抑制政府对创新的过度干预，有效防范政府对创新活动的不良影响。

3. 缓解系统失灵

系统失灵是由于创新系统中的各行为者之间缺乏协调，公共部门的基础研究和产业部门的应用研究出现脱节，成果转化机制和信息机制不健全，企业的技术吸收能力薄弱等因素，导致国家创新能力贫乏的现象。系统失灵必定会阻碍技术创新和开发，建设国家创新系统可以通过制度和政策缓解系统失灵。国家创新系统本身是一个强调系统化的社会工程，它维护市场机制，同时也主张发挥政府的主导作用；它强调企业是创新的主体，但也为大学和科研机构在系统中发挥作用提供保障。

（四）国家创新系统的运行机制

国家创新系统是一个由组织和制度构成的网络系统。任何系统的运行都离不开各要素的功能及功能耦合。因此，国家创新系统的运行机制实际上就是各要素相互作用的过程，各要素相互作用的效果将直接决定系统的运行效率。根据 OECD 的研究结论和发达国家创新系统的运行经验，国家创新系统一方面要依靠以市场调节为基础的运行机制，另一方面应充分发挥政府的宏观调控作用，通过政策、法律法规等杠杆，实现国家创新系统的有效运行。

1. 市场运行机制

1992 年，伦德瓦尔在《创新是一个相互作用的过程：从用户与生产者的相互作用到国家创新体制》中对国家创新系统的微观基础进行了分析，他指出，在市场的基础上，创新活动才得以展开，这里的市场并非新古典经济学家推崇的"纯粹市场"，他认为在纯粹的市场中，生产者和用户相分离，人们进行资源配置所依靠的信息十分有限，不利于形成良好的创新环境。国家创新系统的市场运行机制，不仅能够以更优化的方式配置创新资源，还能以价格信号引导创新。[1] 市场竞争为创新主体带来压力和动力，促使其开展创新活动。有组织的市场体系可以使独立的创新主体之间展开合作，实现技术和信息在不同主体和不同领域之间的流通，推动创新成果的产业化。

2. 政府调控机制

创新是一个有着较长周期的过程，伴随着较高的风险和不确定性，市场中的创新主体几乎都是以自身需求为出发点进行创新，具有一定的盲目性、重复性和排他性，因此仅依靠市场机制对国家创新系统中的创新行为进行调节，会出现创新资源配置低效的问题，在公共卫生、公共安全和基础研究等领域极易出现市场失灵现象，因此需要政府发挥作用，有效的政府调控机制可以确保基础研究稳步向前，为某些重点产业关键技术的开发提供明确目标，还可以引导企业创新活动的发展。

---

[1] ［丹麦］伦德瓦尔：《创新是一个相互作用的过程：从用户与生产者的相互作用到国家创新体制》，多西、弗里曼、纳尔逊、西尔弗伯格、苏蒂合编：《技术进步与经济理论》，钟学义、沈利生等译，经济科学出版社 1992 年版。

(五) 国家创新系统理论对本研究的适用性

国家创新系统理论强调产学研战略联盟是创新产生的基础条件。① 在主体上，产学研战略联盟同国家创新系统一致，包括政府、企业、高校和科研机构，产学研战略联盟的活动过程包括知识或技术创新、成果中试、成果转化和成果的产业化等，符合国家创新系统知识创新、技术创新、知识传播和知识应用的要求。国家创新系统对主体间关系的建立和协调、运行及其功能实现过程中的机构和制度的设立等，能够为产学研战略联盟提供一定的理论指导，促进产学研战略联盟法规政策、动力机制、风险抵御机制、绩效机制等的建立和完善。

二 技术创新理论

(一) 技术创新理论的演进

1. 熊彼特的技术创新理论

现代意义上的创新理论是熊彼特在其所著的《经济发展理论》中提出的，他所界定的创新是一种广义的创新，既包括技术创新，又包括市场创新和组织创新。1934 年，美国哈佛大学出版社出版了以德文修订本为依据的英译本，熊彼特的创新理论得以广泛传播，但在当时资本主义经济危机背景下，凯恩斯主义经济学成为西方资本主义国家的"官方经济学"和主导理论。直到 20 世纪 50 年代以后，全球经济飞速发展，以微电子为核心的技术革命逐步兴起，促进了全球经济的结构性调整，学术界开始对这一经济现象进行研究，发现传统的研究方法已经无法解释此现象，这种巨型的经济增长除了劳动力和资本外，还需要更强大的动力作支撑，于是学者们关注到技术因素，探究了技术发展与经济增长之间的关系，得出了合理的结论。自此以后，熊彼特的创新理论得到广泛关注，西方学者也对此进行了深入的研究，这些研究进一步拓展了技术创新理论。

2. 新古典学派技术创新理论

1950 年，熊彼特去世以后，学术界以熊彼特界定的创新概念为

---

① 刘娜娜、王效俐、韩海彬：《高校科技创新与高技术产业创新耦合协调发展的时空特征及驱动机制研究》，《科学学与科学技术管理》2015 年第 10 期。

出发点进行深化研究，分化为两个支流：其一侧重于产品和工艺创新研究，形成技术创新理论；其二以组织变革和制度创新为研究对象进行研究，形成制度创新理论。新古典学派技术创新理论的代表人物是索洛，1957年索洛（Robert M. Solow）在其发表的《技术进步与总生产函数》一文中提出，经济增长不光取决于资本和劳动生产率的增长，还与技术水平的提高直接相关。另外，索洛还强调在技术创新导致的经济增长中，政府发挥着不可忽视的作用，技术创新作为促进经济增长的要素，在具有积极作用的同时，也一定同其他要素一样具有弊端，例如，技术创新具有非独占性、高收益性、外部性等市场失灵的特征，需要政府来进行调控。[①] 具体来讲，当技术创新出现供需矛盾，或者资源配置低效时，需要政府发挥有形的手的作用，通过金融、税收等手段进行调控，使技术创新得以顺利进行。

3. 新熊彼特学派技术创新理论

20世纪60年代以后，新熊彼特学派的学者们对技术创新进行更深入的探索，他们继承了熊彼特理论中关于技术创新和技术进步在经济发展中的作用机制，企业家在推动技术创新与发展过程中扮演着重要角色，但也有与传统的熊彼特理论不同的地方。新熊彼特学派的技术创新理论充实了技术创新这一因素，使它更加具体化和复杂化，相关学者主要有埃德温·曼斯菲尔德、莫尔顿·卡曼和南希·施瓦茨等。该学派认为技术创新要与包括企业规模、市场结构等在内的众多因素相互联系、相互作用才能实现经济增长的目标。在这些因素相互作用的前提下，技术的创新与扩散，以及它们对于经济增长的作用机制、路径和效果等，是新熊彼特学派技术创新理论研究的侧重点。

新熊彼特学派的主要特点是研究了企业规模对技术创新的影响机理。除企业规模外，新熊彼特学派还对市场结构因素进行了重点研究。1970年Kamien M I和Schwartz N L在《最大创新活动的竞争程度》中将竞争强度、垄断强度两个因素分别与企业规模相结合，探索其对于技

---

① Robert M, *Solow*: *Growth Theory*: *An Exposition*, Oxford: Clarendon Press, 1970.

术创新的影响,研究结果表明,竞争强度与技术创新强度呈正比,竞争越激烈,技术创新的强度越大;垄断强度与技术创新的持久性呈正比,垄断能力越强,表明对市场的控制能力越强,相应的技术创新也就越持久。[①] 总之,新熊彼特学派认为除去完全竞争和完全垄断这两类极端理想的市场结构,正常的市场结构是位于竞争与垄断之间的,这类市场结构对于技术创新的影响是最为明显的。

除了对市场结构、企业规模与技术创新之间关系的研究外,新熊彼特学派也率先提出了技术推广和技术扩散的相关理论,代表人物是 Mansfield E。他于 1961 年在《技术变革和模仿速度》一文中侧重分析了新技术在同一部门不同企业间推广的速度和影响技术推广的因素,提出影响新技术采用的三个基本因素和四个补充因素。[②] Mansfield E 的理论是对熊彼特理论的补充和发展,填补了熊彼特理论中关于技术创新与技术模仿关系的理论空白,也一定程度上形成了技术推广理论,虽然其理论尚不完善,前提条件过于复杂,不适用于指导现实生产,但却为其后的理论发展提供了一定支持。

4. 制度创新学派的技术创新理论

技术创新理论的制度创新学派起始于 20 世纪 70 年代,该学派着重强调了制度因素在创新方面的重要作用,这一学派有两位著名代表人物,分别是兰斯·戴维斯和道格拉斯·诺斯。制度创新学派认为,技术创新活动对收益会产生影响,集中体现在个人收益和社会收益两方面,而不同个体的技术创新活动最终会导致个人收益与社会收益的差异性增加,即市场制度的失灵,此时需要制定能够保障个人利益的产权制度,提高人们的创新积极性,保持技术创新的持续性,提高整体收益。该学派对于制度确立的外部条件进行了系统的分析,明确提出了制度对于创新的重要作用,认为好的制度能够对技术创新起催化

[①] Kamien M I, Schwartz N L, "Market Structure and Innovation", *The Economic Journal*, Vol. 92, No. 368, 1982.

[②] Mansfield E., *Industrial research and technological innovation: An econometric analysis*, New York: Norton Press, 1968

作用，促进技术创新的发展，而不合理的制度会对技术创新起遏制作用，降低人们对技术创新的积极性和主动性，影响技术创新的效率和效果。不仅如此，技术创新对于制度也具有一定程度的影响，例如技术创新可以增加制度设定后所产生的潜在利润，也可以降低改变原有制度的变更成本。①

（二）技术创新理论对本研究的适用性

技术创新理论对于产学研战略联盟及其机制研究有着重要的理论价值。技术创新理论对于创新主体的界定，对动态化、集成化和综合化的创新过程的描述，及对创新过程中复杂的内部反馈和交互机制的处理方式，都为产学研战略联盟及其机制研究奠定了理论基础。技术创新理论的重点在于如何处理好创新主体之间，以及创新主体与内外部环境之间的关系，使新思想能够转变成有实际应用价值的产品和技术，最终通过社会化阶段实现成果的产业化。产学研战略联盟是使联盟产生的技术通过市场实现其经济价值的一种活动。产学研战略联盟的活动过程是生产要素和生产条件重新组合以产生新技术的过程，也是新技术和知识扩散的过程。由此看来，产学研战略联盟过程与技术创新理论相契合，是技术创新理论的实际运用。同时，技术创新理论十分重视技术创新过程中的影响因素，这对产学研战略联盟识别、分析和利用相关影响因素有着一定的理论指导意义。

第二节 系统论与集成理论

一 系统论

（一）系统论的提出

"系统"一词，来源于希腊文，是由多部分组成为整体的意思，或者说是各要素在一段关系中处于相互联系状态的集合，从而构成某种

---

① ［美］诺斯：《经济史中的结构与变迁》，陈郁、罗华平等译，上海三联书店、上海人民出版社1994年版。

整体性和统一性。随着人类社会的发展，科学技术活动也日益大型化、复杂化，这些变化使得人们逐渐运用系统思想去分析、处理问题，经过不断总结和概括，形成了系统方法。但是，系统这一概念的广泛应用以及对其含义的逐步具体化，应该说是在20世纪40年代以后才开始发展起来的。WEBSTER大辞典对它的定义是："系统是有组织的和被组织化了的整体；结合着的整体所形成的各种概念和原理的综合；由有规则的相互作用、相互依存的形式组成的诸要素集合等。"有些学者认为："系统是由相互作用和相互依赖的若干组成部分按一定规律结合而成的且具有特定功能的有机整体。"

1932年，贝塔朗菲（L. Von. Bertalanffy）发表了"抗体系统论"，提出了系统论的思想；1937年，提出了一般系统论原理；[①] 他给系统下的定义是"处于相互联系中的并与环境发生关系的各要素的复合体"。该定义主要强调了两个方面：一是系统是由相互联系的各要素构成的，可以是任何事物或者组织；二是系统作为一个整体，它不是独立的，是与外部环境发生关系的，即它自身的存在和发展离不开外部环境。

（二）系统论的主要内容

1. 系统的特征

整体性。系统论认为，整体性是所有系统最典型的基本特征。系统论的基本思想方法就是把所研究的对象当作一个系统，从整体出发分析系统的结构和功能，研究系统、要素和环境三者的相互关系，揭示事物间相互作用的规律和本质，并以优化系统的观点看问题。

涌现性。任何系统都是一个有机整体，它不是各要素的简单组合，每个要素都有其特定的位置，并与其他要素彼此影响，整体所发挥的功能是各要素在孤立状态下无法达到的，具有单个要素所没有的特性，即为系统的整体涌现性。要素之间通过相互关联、相互作用、相互制约、相互激发而产生涌现现象，达到整体最优状态。

开放性。系统也可以与外界环境发生能量、信息和物质等的交流。

---

① [美]贝塔朗菲：《一般系统论》，秋同、袁嘉新译，社会科学文献出版社1987年版。

任何系统都处在一定的环境之中，整体功能的最优状态离不开内部结构的优化及其与外部环境的信息交流。① 现实的系统始终依赖于环境，外界环境与内部环境之间存在着物质、能量、信息的交换与流通。因此，可以说系统都是动态的开放系统。

2. 系统论的主要组成部分

任何一个系统都必须具备三部分，即系统的各子系统及其属性、系统的环境及其界限、系统的输入和输出。

系统的子系统及其属性。当系统的组分数量足够多，难以甚至无法按照同一方式进行整合和管理时，就必须对它们进行分组管理，这些被分组集结在一起并具有完备功能的要素组成了子系统。由此，我们可以将系统划分为若干子系统，子系统是组分的一种形式，是由要素组成的，具有系统性、隶属性和关联性。

系统的环境及其界限。系统之外一切同系统有关联的事物的总和，称为系统的外部环境，简称环境。一方面，所有系统都是依靠一定的外界环境运行的，系统要从环境中选择自身所需要的资源和条件，再给以必要的加工改造，才能确立起来优质的子系统或要素；另一方面，系统对环境也有塑造作用。绝大多数系统并非静止不动地存在于环境之中，而是不断地发生变化，从而对环境产生影响。系统有内部和外部之分，把系统与它的外部环境划分开来的东西，即为系统的边界。环境是系统边界以外的存在，子系统及其相互关系是边界以内的存在。对于物质系统来说，划分系统与环境的界限相对明确，可以很清晰地对需求与目标作出指示；抽象系统界限的划分和确定主要取决于决策者的主观意识。

系统的输入和输出。任何系统总是或多或少地要与它周围的环境进行某种物质、能量或信息的交换。系统的输入和输出来自系统内部与外界环境之间的交换过程。外界环境给系统一个输入，系统内部对外来资源进行高效处理和变换，提供一个输出，再返回到外界环境，通过这样的过程实现开放系统的物质、信息、能量互动。

---

① Abonaccorsi, Apiccalugadu, "A theoretical framework for the evaluation of university-industrrelationships", *R&D Management*, Vol. 24, No. 4, 1994.

(三) 系统论在本研究中的应用

以系统论来解读产学研战略联盟，我们可以发现产学研战略联盟就是一个复杂的系统。如果将产学研战略联盟比作一个整体、一个系统来看待，其中的各主体就是子系统，不同主体之间是平等的，要明确各主体在产学研战略联盟中的定位及作用，研究产学研战略联盟中的各个主体间是如何相互作用的，探讨如何将产学研战略联盟的合作能力达到最优。在这一系统中，政府、企业、高校、科研机构、中介组织等构成了系统，要想提高产学研战略联盟的合作能力，实现"1+1+1>3"的效应，就需要各主体在充分发挥自身功能的同时，以系统论的整体聚合思维，按照资源共享、优势互补、风险共担的原则加强多重互动，实现各类要素在一个平台上的深度融合。只有这样，才能使各联盟主体在创新平台中实现资源自由流动，形成开放式合作模式，逐步提升合作水平和整体绩效。因此，产学研战略联盟中合作活动的复杂性决定了我们必须以系统论为支撑来优化其内部结构以及更好地实现与外部环境信息、能量的交换。参与主体在内外部因素的作用下，不断提升自身的竞争力，从而最大程度实现其整体功能最优，而这一切都必须依托科学合理的产学研战略联盟合作机制才能够完成。因此，系统论为寻求合适的新产学研合作模式提供了强有力的理论依据。[①]

二 集成理论

(一) 集成的概念及内涵

集大成之说自古已有，其意是指将某类事物的各方精华集中起来以达到相当完备的程度。可以将集成的一般意义理解为聚集、集合、综合。《现代汉语词典》将集成解释为同类著作的汇集；英语中，集成（Integration）即为融和、综合、成为整体、一体化等。我们在对广泛存在于自然、社会活动中集成现象进行分析的基础上，将集成概念的内涵概括性地描述为：集成是将两个或两个以上的集成要素（单元、子系

---

① 翟美荣、郑文范、马康：《系统论与过程论双重视角下产学研合作机制探析》，《科技管理研究》2013年第11期。

统）集合成为一个有机整体的行为和过程，所形成的集成体（集成系统）不是集成单元之间的简单叠加，而是按照一定的集成方式和模式进行构造和组合，其目的在于更大程度地提高集成体的整体功能，以实现其整体功能倍增或涌现的集成目标。[①] 因此，从本质上讲，集成的目的在于提高由多要素组合而成的系统的整体功能，在此基础上形成方法论，用以指导集成行为和过程中出现的经济和社会组织中的大量综合性问题。

（二）集成理论的基本范畴

1. 集成理论的基本要素

集成理论的基本要素包括集成单元、集成模式和集成环境。

集成单元。集成单元是指构成集成体的基本单位，或称基本条件。[②] 不同集成体中集成单元的性质和特征是不同的，因此也决定了不同的集成体功能各异。集成单元是构造集成理论的基础，对集成单元的深入分析可以从其内在性质和外部特征两方面展开。我们把反映集成单元内在性质的因素称为质参量，把反映集成单元外部特征的因素称为象参量。质、象参量的相互作用是集成单元存在和发展的根本动力，也是集成关系形成和发展的内在依据。

集成理论的基本模式。集成理论的基本模式，是集成单元之间通过交互作用相互联系的方式。既反映集成单元之间物质、信息的关系，也反映集成单元之间的能量输送关系。集成体中存在互补型集成、互动型集成和互惠型集成三种关系。互补型集成关系是集成单元之间以优劣势互补为基础形成的集成关系，当某一集成单元的优势恰恰是另一集成单元的劣势时，或者对方的优势正好能弥补自身劣势时，互补则成为集成单元形成集成体的重要条件。互动型集成关系是集成单元充分发挥自身功能，完成各自分工，通过组合形成一个有机整体。互惠型集成是集成单元经过资源整合重组，相互促进，从各方面不断完善自身，以供给与

[①] 海峰、李必强、冯艳飞：《集成论的基本范畴》，《中国软科学》2001年1期。
[②] 孙淑生、李必强：《试论集成论的基本范畴与基本原理》，《科技进步与对策》2003年第10期。

需求为主要方式建立的集成关系,以实现集成体的功能倍增涌现。

集成环境。集成界面是集成单元与外部环境之间进行物质、信息、能量交换的媒介或场所,具有较为清晰的边界。集成环境的变化会引起集成单元间的作用方式的改变,甚至影响到集成体的整体功能。例如,社会组织的生存发展与国家政策的引导密不可分。

2. 集成理论的基本原理

相容性原理。集成理论的相容性原理反映的是集成单元间内在联系性的基本规律,受质参量的影响颇深。集成单元的相容程度是集成体能否相容的关键,而集成单元内在性质和功能又是由质参量来决定的。因此,质参量的相容性决定了集成单元的相容性。

界面选择原理。在集成体中,集成界面承担着信息传递、物质交流、能量输送等作用,关系到集成体的生存和发展。集成单元获取信息的方式是通过集成界面与外界接触,从而实现与外界的相互交流和信息传递。没有集成体内外部的信息传输,集成单元之间的关系就难以维系。

功能倍增原理。集成的功能倍增原理是指集成单元在形成集成体的过程中,通过相互作用、聚合所产生集成体功能倍增或涌现(突现)的基本规律,通常具有功能互补、整合重组等几种表现形式。如产学研战略联盟对于合作伙伴的选择可以以匹配的方式实现主体间功能互补,所呈现的功能大于整体之和,最终实现集成的功能大幅增强。

(三)集成理论在本研究中的应用

企业内部的技术、产品、功能、过程、管理等的集成,属于微观层面的集成;国家之间政治、经济、军事等往来,属于宏观层面的集成;而产业集群、联盟则属于中观层面的集成。[1] 集成是实现产学研战略联盟信息共享的组织形式之一。产学研战略联盟是基于一定的创新需求、根据共同的目标而组成的,通过信息、资源的共享来实现集成。其中,优势互补是条件,相互信任是基础,互惠互利是关键,组织管理是保

---

[1] 吴秋明、李必强:《集成管理学——现代企业管理一门新兴的学科》,《企业管理》2004年第5期。

障，共同发展是目标。集成有助于实现对产学研战略联盟的高效管理，真正达到资源共享、优势互补，实现真正意义上的联盟。为了保持联盟的竞争力，必须不断地缩短产品开发研制时间、改进产品质量、降低生产成本、缩短产品成果转化周期、提高整体绩效。然而，要达到这些目标，仅仅依靠某个主体自身的力量是远远不够的，要通过管理要素之间的选择搭配和优化，按照一定的集成理念进行构造和组合，把联盟内部和外部资源有效地整合起来，明确各参与主体之间的影响和依赖关系，构建合适的沟通和协调平台，全面实现产学研战略联盟合作活动的整体目标。

第三节　三螺旋理论与协同理论

一　三螺旋理论

（一）三螺旋理论的提出

三螺旋理论有时被称为三螺旋模型。三螺旋（Triple Helix）最早被运用于生物学领域中，用于阐述基因、生物体组织和环境三者之间的相互关系。1995 年，亨瑞·埃茨科瓦茨（Henry Etzkowitz）在深入研究斯坦福大学与硅谷科技园、麻省理工学院与波士顿 128 号公路高技术园区关系的基础上，首先提出了三螺旋理论，用以描述高校、企业、政府三个主体在区域创新过程中的相互作用机制；同年，埃茨科瓦茨与勒特·雷德斯道夫（Loet Leydesdorff）编写了著作《大学和全球知识经济：大学、产业、政府关系的三螺旋》，并发表了《三螺旋——大学、产业、政府关系：以知识为基础的经济发展的实验室》一文，标志着三螺旋理论的诞生。[1]

长期以来，人们使用线性创新模型来解释技术创新活动的过程。在线性创新模型的解释下，技术等同于科学理论的应用化，这个过程被描

---

[1]　［美］亨利·埃兹科维茨、勒特·雷德斯道夫：《大学和全球知识经济：大学、产业、政府关系的三螺旋》，夏道源等译，江西教育出版社 1999 年版。

述为科学研究→技术发明→研究与开发→生产制造→产品市场销售。[①] 对该模型的批评主要集中于它过于简化了实际创新过程,难以全面反映当代创新的复杂特征。2006 年,Hong 等人提出了链式创新模型,认为高校不是盲目生产知识,公司也不是被动接受知识,创新过程具有非单一的起点和方向,是一个复杂的非线性过程。[②] 链式创新模型引起了学者们的关注,但仍然在解释力上具有局限性。当代创新活动日益复杂,有多种起点和途径,其影响也无处不在,不分前后、相互交织,既有网络节点又有辐射作用区域,已远远超出了线性模型和链式模型所能概括和解释的范围。[③]

同时,当代高校所肩负使命发生了重要变化,在教学和研究之外,又增加了社会服务职能:不仅为社会培养知识丰富的人才、创新人才,向外界输送科研成果,升级改造现有企业,增加区域的知识积累和竞争优势,同时促进参与区域中新公司和新企业的形成与发展。高校成为与政府和企业同等重要的社会主要机构。随着知识经济的到来,知识创新与新技术的应用在推动经济发展方面的作用日益凸显,高校、企业、政府间的互动频繁且复杂。三螺旋理论便应运而生。

(二) 三螺旋理论的主要内容

三螺旋理论认为,政府、企业和高校在合作过程中,可以通过组织之间结构性和制度性的协调机制,形成有效互动,进而高效率、高效能地对科技资源进行运用,推动知识生产、应用和传播,最终实现创新系统的演化和升级,三个主体像三条线环绕在一起,推动创新螺旋不断上升。在三螺旋理论中,三方之间进行互动,每个主体又都不同程度上扮演其他两者的角色。例如,高校将知识资本化,在学术研究中,鼓励学者成立新的技术公司,发挥企业的作用;企业为了提高员工的工作技

[①] 方卫华:《创新研究的三螺旋模型:概念、结构和公共政策含义》,《自然辩证法研究》2003 年第 11 期。

[②] Paul Hong、Jungsik Jeong, "Supply chain management practices of SMEs: from a business growth perspective", *Journal of Enterprise Information Management*, Vol. 19, No. 3, 2006.

[③] 周春彦、亨利·埃茨科威兹:《三螺旋创新模式的理论探讨》,《东北大学学报》(社会科学版) 2008 年第 4 期。

能，对员工进行培训，通过建立企业内部的教育机构等促进知识共享与转移，与高校的功能相似；政府则提供公共研究基金，如同一个创业投资家，不断推进创新活动的开展。

三螺旋理论的优势在于，能用理论概括和解释在当代国家创新实践活动中，三个主体的互动过程。例如 Park 等提出了利用多种计量技术和多重指标测度社会经济系统知识基础的三螺旋模型，并用其考察了韩国和荷兰的创新系统现状。[1] Leydesdorff 等通过研究经济变化、技术创新与制度控制，建立了广义三螺旋模型并提出了协调效应的测度指标，并结合国际间的高校、企业、政府合作研究的关系，考察了日本国内和国际两个维度的三螺旋创新情况。[2][3] Shin 等利用三螺旋模型分析了沙特阿拉伯学者的科研生产力等。[4]

通过学者们的共同努力和多年的发展，三螺旋理论与方法不断被充实和完善，国内外相关文献不断积累，成为创新研究主流理论之一。

（三）三螺旋理论在本研究中的应用

三螺旋理论是依据系统中三个主体在一个动态过程中的相互协调，促进各主体形成合力，进而打破传统边界，形成新的合作模式，实现系统的整体创新。基于三螺旋理论，高校、企业、政府三方力量相互作用，又呈螺旋状紧紧缠绕在一起，不断上升，推动知识生产、转化与应用，所以，三螺旋理论在产学研战略联盟中具有适用性。现实中，对于产学研战略联盟的理解多是局限在企业、高校和科研机构之间。事实上，"产学研"这个名词在当前更多作为一个历史名词被继承下来，其

---

[1] Park H W, Hong H D and Leydesdorff L., "A comparison of the knowledge-based innovation systems in the economies of South Korea and the Netherlands using Triple Helix indicators", *Scientometrics*, Vol. 65, No. 1, 2005.

[2] Leydesdorff L and Fritsch M, "Measuring the knowledge base of regional innovation systems in Germany in terms of a Triple Helix dynamics", *Research policy*, Vol. 35, No. 10, 2006.

[3] Leydesdorff L and Sun Y., "National and international dimensions of the Triple Helix in Japan: University-industry-government versus international coauthorship relations", *Journal of the American Society for Information Science and Technology*, Vol. 60, No. 4, 2009.

[4] Shin J C, Lee S J and Kim Y., "Knowledge-based innovation and collaboration: a triple-helix approach in Saudi Arabia", *Scientometrics*, Vol. 90, No. 1, 2012.

概念不断扩展，政府、中介、金融等更多主体已深深融入了产学研战略联盟的发展过程。

三螺旋理论不仅关注产学之间的合作，同时也重视政府等其他主体的作用，强调高校、企业、政府三方在共同目标下的密切合作、相互作用，形成三种力量相互交叉影响、螺旋上升的"三重螺旋"新关系，各自彰显自身的能力。三螺旋理论弥补了传统产学研合作理论的不足。

二 协同理论

（一）协同理论的提出

协同理论也称协同学（Synergetics），源于现代物理学，是系统科学的重要分支理论。1971年，赫尔曼·哈肯（Hermann Haken）受激光理论的启发创立了协同理论，协同理论以信息论、控制论、突变论和耗散结构理论中的部分内容为理论基础，用子系统或大量粒子间协调同步作用，阐明了开放系统形成新的有序结构的原因和条件，揭示了各种系统和运动现象从无序向有序转变的共同规律。哈肯通过研究发现，尽管所考察的事物千差万别，但其有序结构的形成过程与不同条件下激光的形成都遵从相同的数学方程，哈肯认为各种非平衡系统有序结构的转变都为某一个相同的原理所支配，这些不同领域中的复杂现象都有一个共同的特点：一个非平衡系统是由大量子系统所构成的，在一定的条件下，子系统之间通过非线性耦合相互作用产生协同现象和相干效应，使系统形成有一定功能的自组织结构，在宏观上便产生了时间、空间或时空的有序结构。[1] 虽然不同的学科、领域所研究的是不同的非平衡运动或是状态，不同子系统的性质也千差万别，但其宏观结构上的质变行为，即由旧结构突变为新结构的机理却是类似或相同的。[2] 哈肯的研究使得这一理论迅速在自然科学和社会科学中传播和发展起来。

---

[1] Haken H, Wunderlin A and Yigitbasi S., "An introduction to synergetics", *Open Systems & Information Dynamics*, Vol. 3, No. 1, 1995.

[2] Dynamics of Synergetic Systems: Proceedings of the International Symposium on Synergetics, Bielefeld, Fed. Rep. of Germany, September 24-29, 1979, Springer Science & Business Media, 2012.

透过协同理论，学者们发现联盟运行是否良好不是单个主体作用的结果，其过程具有较强的复杂性和系统性，应该是多个主体相互协同作用的结果，同时受到一个更大的复杂系统的制约，例如，社会经济水平是科技成果成功转化的经济基础，国家政策条件、社会文化环境等均影响着联盟内外知识转移的意愿[1][2]，社会资本也会显著影响技术创新的绩效[3]。协同理论与创新知识的相结合，为学者们提供了新的认识工具。

（二）协同理论的主要内容

协同理论认为，在整体条件下，不同系统的特点和性质是各异的，但是不同的系统间并不是孤立的、封闭的，而是相互制约、相互作用的。各个系统的特征和属性不同，但是各个系统间存在着相互影响、相互协同的关系。总体上来说，协同理论是研究由大量子系统组成的复杂系统在系统宏观状态发生质的改变的转折点附近，支配系统协同作用的一般原理。协同理论主要包括三点：协同效应、役使理论、自组织原理。

1. 协同效应

协同作用能使系统从无序变为有序，从混沌中产生特定的稳定结构。协同作用是系统从无序转变为有序的内部驱力，它产生于子系统间，系统外来能量的作用或物质的聚集态达到某种临界值之时。协同作用产生协同效应，它是指复杂开放系统中大量单位组织（子系统）相互作用而产生的集体效应或整体效应。协同效应广泛存在于现实的社会系统和自然系统中。

2. 役使理论

役使理论指出，在系统从无序向有序演化的过程中，参数的变化速

---

[1] O'Gorman C, Byrne O and Pandya D., "How scientists commercialise new knowledge via entrepreneurship", *The Journal of Technology Transfer*, Vol. 33, No. 1, 2008.

[2] Caldera A and Debande O., "Performance of Spanish universities in technology transfer: An empirical analysis", *Research policy*, Vol. 39, No. 9, 2010.

[3] 张廷：《社会资本视角下的地方高校协同创新研究》，博士学位论文，华中科技大学，2013。

度是不一样的，根据其变化的快慢可以将参数变量分为"快变量"和"慢变量"。当系统处于从无序变化为有序的临界区域时，两种变量会产生不同的作用。"快变量"虽然在临界过程中此起彼伏、活跃异常，但它们变化很快，当系统还没有发生状态变化时，"快变量"对系统施加的影响就已经消失或变化了，因而其对系统产生的影响不大，对系统演变过程并不起主导作用，处于次要地位。而对于"慢变量"而言，其变化速度比较缓慢，通过和"快变量"竞争并取胜，成为支配和主宰系统演化的序参量。这种序参量是由子系统的竞争与协同作用产生的，同时这种序参量又支配着各个子系统，二者形成一种相互作用的关系。在整个系统之中，子系统伺服于序参量、序参量协同合作形成的有序宏观结构。序参量通过对子系统的支配或役使作用，主宰着系统整体演化的过程。

3. 自组织原理

自组织原理认为一个可以与外界环境进行物质和能量交换的系统，会自动形成一个复杂性更高、功能性更完善的新系统。自组织是相对于他组织而言的，他组织的组织指令和组织能力来自系统外部，而自组织更加强调内在性和自身性特点。

（三）协同理论在本研究中的应用

随着协同理论的深入发展，一些学者开始将协同理论引入技术创新的研究领域中。在20世纪中期以前，大部分国家的创新系统中，高校主要致力于高等教育和基础研究，大企业积极地采取创新性的活动将科学研究成果应用于商品化产品中。然而随着技术的不断进步，单一主体或单一要素的创新已经无法满足国家、区域以及企业发展的需要，企业愈来愈强调产品和流程的持续创新，要求企业专注于内部的核心技术研究，把基础研究及早期阶段的研发剥离给其他的合作研发机构，促使企业采取更加开放的创新策略，多主体、多要素的合作创新成为技术创新的首选，企业与高校结成创新联盟呈现出巨大的研究潜力与良好的发展前景。学者们开始把协同理论引入产学研战略联盟研究中。

产学研战略联盟作为相互合作的高级自组织形式，具有明显的自发性、局域性、涌现性、可变性和进化性。高校、企业、科研机构等各参与主体是已经形成的自组织，各自能否进行有效管理，各主体是否能履约守约，直接影响着联盟的绩效和目标的实现。联盟系统能否取得协同效应，取决于参与各主体之间的协同水平。如果参与主体能够履约守约、相互协调配合，共同围绕产学研战略联盟的目标努力，产学研战略联盟就会产生良好的协同效应。相反，如果不能履约守约、常常失信违约、冲突频发，产学研战略联盟就会增加内耗，联盟系统功能失效，陷入混乱，最终导致产学研战略联盟瓦解。

协同理论比较适用于大型产学研战略联盟，在设计大型产学研战略联盟管理制度、选择构建模式时，一方面需要通过契约来明确规制各主体之间的关系，特别是利益分配关系和风险分担关系，减少内耗，充分发挥各自功能；另一方面从协同理论的角度看，产学研战略联盟需要不断地与外界进行物质、能量和信息交换，借助协同系统外部的力量来弥补自身的不足，确保系统具有生存和发展所需要良好的外部环境。

第四节　知识产权理论

产权经济学理论认为，产权制度是经济运行的基础，有什么样的产权制度，就会有什么样的组织、技术和效率。自由的产权交易对寻求高效率的组织体制是必不可少的。传统产权理论主要指的是物质资本产权理论。财产权是物质资本产权的初始表现形式，但是物质资本产权却是一个更加广泛的概念。正是基于财产权利基础上的物质资本产权构成了现代经济增长和现代企业制度的基础，并成为现代市场经济的基础制度。通过对交易成本的讨论，产权理论认为企业是具有较低交易成本的组织。企业的产权组织形式不同，相应的经济效率就不同。[1]

---

[1]　车卡佳：《高校高新技术企业的发展模式研究》，博士学位论文，华中科技大学．2004。

一 知识产权理论的提出

知识产权指一切来自知识活动领域的权利,最早在 17 世纪中叶由法国学者卡普佐夫(Gapzov)提出,后来比利时法学家皮卡第(Picardie)较为完整地提出了知识产权理论,认为知识产权是一种特殊的权利,它根本不同于人们对物的所有权,他把一切基于智力成果而产生的权利统称为知识产权。1967 年《世界知识产权组织公约》签订以后,该词逐渐为国际社会普遍使用,中国于 1980 年加入了该组织。

知识产权由 Intellectual Property 翻译而来,指在智力创造活动中,智力成果所有人对其所创作的智力劳动成果依法所享有的专有权利,也有学者将其译为知识财产权、知识所有权、精神产权、无形财产权、智慧财产权等。中国台湾地区的不少学者常使用智慧财产权这一术语。在民事权利制度体系中,知识产权是与传统财产所有权相区别而存在的。在知识产权相关语境中,其原意为知识(财产)所有权或智慧(财产)所有权。知识产权有别于物,不可能通过先占取得财产的所有权,为了证明知识产权的合理性,必须重新提出财产权的依据。

为了解决这个问题,学者们在很大程度上借助了英国约翰·洛克的财产权劳动理论,该理论在证明知识产权合理性方面占据了主流地位。

1986 年,在全国人大六届四次会议上通过的《民法通则》中采用了知识产权这一概念作为正式的法律用语,实现了国际接轨。中国学者主要采取概括的方法来说明知识产权的概念。20 世纪 90 年代以前,大多数学者把知识产权定义为人民对其创造性的智力成果所依法享有的专有权利。20 世纪 90 年代以后,学者们做了新的概括,认为知识产权是人民依法对自己的智力活动创造的成果和经营管理活动中的标记、信誉依法享有的专有权利。

二 知识产权理论的内容

知识产权有广义和狭义之分。广义的知识产权包括著作权、邻接权、商标权、商号权、商业秘密权、专利权、地理标志权、集成电路布图设计权、植物新品种权等各种权利。狭义的知识产权，即传统意义上的知识产权，包括著作权（含邻接权）、专利权和商标权。一般来说，狭义的知识产权可以分为两类：一类是文学产权，包括著作权和邻接权；另一类是工业产权，包括专利权和商标权。

知识产权有独占性、地域性和时间性三个基本特征。独占性是指知识产权同其他所有权一样，具有排他性和绝对性；地域性是指知识产权作为一种专有权利，在空间上的效力并不是无限的，而要受到地域的限制，其效力只限于本国境内，具有严格的领土性；时间性是指知识产权仅在法律规定的期限内受到保护且超过法律规定的有效期限，这一权利就自行消灭，相关知识产品即成为整个社会的共同财富，为全人类所共同使用。

三 知识产权理论在产学研战略联盟中的应用

企业、高校、研究机构的相互合作贯穿于知识产权的创造、运用、保护和管理的整个过程。首先来源于新智力成果的诞生，随后由智力成果的转化延续到创新成果产业化的产品设计、实验、生产化到市场化的一系列整体活动，实质是科技成果的生产和商业化的应用。因此，在产学研战略联盟发展过程中，有关科技创新成果的创造、保护以及在创新过程中所承担的风险、创新成果的利益归属问题、创新成果的实施与转化以及二次创新成果的权利归属及利益分享等一系列与之相关的复杂问题都与知识产权有着不可分割的关系。

形成良好的知识产权保护环境是产学研战略联盟健康发展的前提。从合作的实际情况来看，没有高科技含量的产品和项目，就不太容易形成长久的合作，因为企业一旦掌握了关键技术，如果在没有完善的知识产权保护的情况下，企业就有可能丢开合作伙伴自己单干。这种违约失信的投机行为之所以会出现，是因为企业此时单干所付出的交易成本最低，即当企业内部交易费用低于公开市场交易费用时，企业将选择交易内部化，其主要表现在两个方面：

一是企业内部自身运作所付出的交易费用比合作时所付出的交易费用低；二是违反知识产权保护规则所付出的费用远远低于按照知识产

保护要求所付出的费用。① 这意味着在缺乏完善的知识产权保护的环境下，产学研战略联盟是不容易健康发展的，从这个意义上讲，缺乏知识产权保护是由交易费用派生出来的问题。那么在这种情况下，只有富含高科技的产品和项目或者在项目承接方的规模、能力较弱，而且技术拥有者一直掌握核心技术的情况下，产学研战略联盟才有望成功。因为单靠企业自身无法完成产品的更新换代或项目的实施，也无法在市场上形成更强有力的竞争，对企业而言，这时它所支付的交易费用比较大，所以必然考虑合作。

知识产权理论是产学研战略联盟的重要理论基础，知识产权法是产学研战略联盟形成发展的基本保障。2022 年，党的二十大报告指出，"深化科技体制改革，深化科技评价改革，加大多元化科技投入，加强知识产权法治保障，形成支持全面创新的基础制度"②。2022 年，政府工作报告提出，"加强知识产权保护和运用"③。市场经济条件下的商品交易行为是遵循等价交换基本原则的一种产权性交易，科技成果的产权能否得到保护，社会各个方面对技术成果发明人或持有人的合法权益是否给予足够的尊重，对科技成果的转化效率和秩序有重要影响。因此，我们必须按照党的二十大报告的要求，加强对于产学研战略联盟中知识产权的保护工作。

第五节　博弈论与合作教育理论

一　博弈论

1944 年，冯·诺依曼和摩根斯顿的著作《博弈论与经济行为》的

---

① 刘松年：《影响产学研合作的理论问题研究》，《科技进步与对策》2012 年第 2 期。
② 人民网：《高举中国特色社会主义伟大旗帜 为全面建设社会主义现代化国家而团结奋斗》2022 年 10 月 16 日，http://cpc.people.com.cn/20th/n1/2022/1026/c448334-32551867.html，2022 年 10 月 26 日。
③ 中国政府网：《2022 年政府工作报告》，2022 年 3 月 5 日，https://www.gov.cn/premier/2022-03/12/content_5678750.htm，2022 年 3 月 12 日。

出版标志着博弈论的诞生，但这本书的第一部分和第二部分的分析模式和研究方法大相径庭，分别为非合作博弈和合作博弈。①

（一）非合作博弈理论

非合作博弈理论假定参与人之间不能达成有效的协议与联合行动，每个参与人根据其所掌握的信息进行单独行动，追求自身利益的最大化。非合作博弈理论要求对博弈规则进行完整的描述，以便于研究博弈局中人可选择的所有策略。然后寻找一对恰当的均衡策略以作为博弈的解。目前被广泛应用和讨论的博弈理论主要侧重在非合作博弈理论这一侧。但我们这里所研究的产学研战略联盟，显然是有事先协议和规定的联盟整体，联盟各个主体具有一部分共同利益，从而达成合作，主要是与合作博弈理论有着密切的联系。因此，本节将主要对合作博弈理论以及合作博弈理论与产学研战略联盟等相关内容进行阐述。

（二）合作博弈理论

合作博弈理论假定参与人可以相互协商达成有效协议，因而可以通过联合行动追求最佳结果。合作博弈与非合作博弈之间的区别主要在于当事人能否达成一个具有约束力的协议并联合行动。从哲学基础上来看，非合作博弈强调个体理性，而合作博弈强调集体理性。合作博弈探讨集体理性如何实现以及实现集体理性时的合理分配方案。合作博弈理论已经形成了一个完整的体系，其中最核心的概念包括联盟和联盟的值、分配集合、博弈的解（核心、夏普利值）等。②

1. 完全合作博弈论

自 1944 年合作博弈的概念提出后，合作博弈理论研究得到了较快发展，1960 年以前是合作博弈理论发展的奠基阶段，这一阶段以局中人完全参与合作的情形为研究重点，称之为完全合作博弈理论。冯·诺依曼等人引入合作博弈的基本分析工具——特征函数、稳定集，纳什、

---

① ［美］冯·诺伊曼、摩根斯顿：《博弈论与经济行为》，王宇、王文玉译，生活·读书·新知三联书店 2004 年版。

② ［英］肯·宾默尔：《博弈论与社会契约：公正博弈》，潘春阳、陈雅静、陈琳译，上海财经大学出版社 2016 年版。

夏普利等研究的纳什议价解、核、夏普利值,都是对合作博弈、利益分配等的深入研究。

合作博弈理论的发展侧重于策略与博弈的解研究,完全合作博弈的解通常分为两大类:多值解、单点解。多值解的研究主要沿着稳定集、核心解、讨价还价集三种思路展开。单点解主要包括夏普利值、欧文值等,主要解决局中人最关心的支付问题。其研究思路是从边际贡献角度考虑局中人的利益分配,揭示利益分配的原因。

1. 非完全合作博弈论

1960 年托马斯·谢林(Thomas C. Schelling)在《冲突的战略》中提出了非完全合作博弈理论。现实中存在许多局中人不是完全参与合作,仅是某种程度的参与联盟。[①] 1974 年,Aubin 引入了完整的数学分析模型,使非完全合作博弈论研究进入模糊合作博弈研究阶段。非完全合作博弈可以分为两大类,一类是冲突管理理论,另一类是模糊合作博弈。冲突管理理论,冲突双方之间除了利益冲突之外,往往还存在某种共同利益,双赢正是共同利益之所在。大多数的冲突都存在讨价还价的可能性,冲突一方能否达到目的取决于另一方的选择或决策的最佳平衡点。模糊合作博弈,Jean-Pierre Aubin 认为对于一个特定的联盟,局中人参与率是在不合作与完全合作之间的变化,局中人的支付依赖于其参与合作的水平。[②] Rodica·Branzei 等人将模糊合作博弈的解划分为二类,一类是多值解,如核心、韦伯集、参与单调分配方案等;另一类是单点解,如夏普里值、均等解、词典编纂解、折中值解等。[③]

(三)合作博弈理论与产学研战略联盟

产学研战略联盟由高校、企业、科研院所等不同主体共同构成,各个主体在合作中进行博弈,获取自身利益,也是在博弈中合作,实现共同利益。这与合作博弈理论高度吻合,合作博弈理论适用于产学研战略

[①] [美] 托马斯. 谢林:《冲突的战略》,赵华等译,华夏出版社 2006 年版。

[②] Jean-Pierre Aubin, "Cooperative Fuzzy Games", *Mathematics of Operations Research*, Vol. 6, No. 1, 1981.

[③] Rodica·Branzei, Dinko·Dimitrov and Stef·Tijs, "CONVEX GAMES VERSUS CLAN GAMES", *International Game Theory Review*, Vol. 10, No. 4, 2008.

联盟研究。合作博弈理论应用于研究产学研战略联盟,主要集中在联盟形成过程、参与联盟动因、联盟稳定性、联盟利益分配等方面。

1. 合作博弈理论应用于研究联盟形成过程

一些学者认为产学研战略联盟的形成过程,可以用博弈者之间的讨价还价来描述。这以 Nash 议价模型及其拓展模型为代表,议价博弈模型主要包括传统 Nash 议价模型、广义 Nash 议价模型、序列议价模型。还有一些学者认为联盟的形成由非合作和合作两个阶段构成,其中联盟主体在非合作阶段的策略组合决定了在合作阶段的地位,这以亚当·布兰登勃格提出的竞合博弈模型为代表。[①]

2. 合作博弈理论应用于研究参与联盟动因

产学研战略联盟本身就是一个博弈的过程。企业、高校和科研院所在形成产学研战略联盟之前存在着各自不同的利益目标和不同的组织性质,由于这些差异的存在,产学研战略联盟各个主体参与联盟的动因并不相同。通过合作博弈理论的相关模型,可以对产学研战略联盟形成的动因进行解释。以企业与高校、研究院所(本节也将高校与研究院所简称为"学研方")合作为例。杨东升等人运用合作博弈论中的冲突管理理论,分析了产学研战略联盟各主体对合作方式的选择及其稳定性,从博弈论的角度,分别对企业自主研发、静态非合作博弈、动态非合作博弈、合作博弈四种情况进行了分析。研究表明:企业和学研方合作博弈,能够和企业自主研发达到同等效益,这说明产学研战略联盟可以帮助企业实现自主研发一样的效益。对于自身实力较强的企业,能够凭借自主研发,得到和参与产学研战略联盟一样的科研效率,但现实中这样的企业屈指可数;对于自身实力较弱的企业尤其是中小型企业,可以通过参与产学研战略联盟,完成自身独立不能完成的技术研发。[②]

[①] 郑士源:《合作博弈理论的研究进展——联盟的形成机制及稳定性研究综述》,《上海海事大学学报》2011 年第 4 期。

[②] 杨东升、张永安:《冲突分析理论在产学研合作中的应用》,《研究与发展管理》2007 年第 6 期。

3. 合作博弈理论应用于研究联盟稳定性

科学技术的研发时成本和风险会不断攀升，这要求产学研战略联盟各个主体必须形成长期且稳定的关系。然而，由于联盟各主体的利益诉求不一致，往往导致联盟具有高度的不稳定性，甚至导致联盟的失败。必须科学地规划产学研战略联盟的各种机制，提升产学研战略联盟的稳定性。学者们主要运用合作博弈理论的均衡点来探讨联盟稳定。① 博弈论中的稳定性概念通常是静态的，在合作博弈框架下，通常假设博弈者能够方便地交流信息并按各自的意愿单独或共同加入或退出各种联盟。如果没有博弈者可以通过一步偏离某种状态后马上获益，则该种状态为均衡状态。

4. 合作博弈理论应用于研究联盟利益分配

产学研战略联盟利益分配问题是典型的完全信息条件下最优合约安排问题，因此合作博弈理论成为了研究该问题的主要立足点。② 在产学研战略联盟的利益分配研究中，应用最多的就是合作博弈理论中涉及的夏普利（Shapley）值法。在研究联盟博弈利益分配问题上，夏普利值法作为一种充分考虑到每一个参与者贡献程度的方法，避免了单纯平均分配的窘境，具有一定适用性。戴建华等运用夏普利值法研究了动态合作联盟伙伴企业间的收益分配问题。③ 但夏普利值法也忽视了一些其他因素对分配结果的影响，包括承担的风险、成本投入和知识溢出效应、支付函数的模糊性及多种因素的综合影响等，需要从这些修正因素角度对利益分配问题进行深入剖析和调整。④ 因此很多对于产学研战略联盟利益分配问题的研究，运用的是修正、优化后的夏普利值法。张瑜等以产业技术创新战略联盟为例，基于优化夏普利值，研究产学研网络型合

---

① 陈菲琼、范良聪：《基于合作与竞争的战略联盟稳定性分析》，《管理世界》2007年第7期。
② 鲍新中、王道平：《产学研合作创新成本分摊和收益分配的博弈分析》，《研究与发展管理》2010年第5期。
③ 戴建华、薛恒新：《基于 Shapley 值法的动态联盟伙伴企业利益分配策略》，中国管理科学》2004年第4期。
④ 李巍、花冰倩：《合作博弈框架下产学研协同创新的利益分配策略研究——社会网络分析视角》，《商业研究》2016年第9期。

作利益协调机制。① 李柏洲等人基于夏普利值法，分析产学研战略联盟的收益分配问题，并引入合作周期、风险承担因素对初始模型进行修正，举例验证修正后的结果更公平、合理。② 常征等基于修正的夏普利值模型，研究了航运联盟的利益分配。③

二 合作教育理论

"合作教育"是从英语"Cooperative Education"一词翻译而来。绝大多数人把合作教育看作是实习；还有一部分人直接把合作教育等同于"产学研"；还有人把合作教育简单理解为学生假期打工以及学校组织的假期实践活动。以上这些观点对合作教育的理解都存在偏差。在合作教育不断发展的过程中，有相当长一段时期，人们把合作教育也称为"产学研合作教育"，但这里的"产学研合作教育"与我们所研究的"产学研战略联盟"是存在本质区别的。中国引进合作教育的概念，并加以本土化，最终形成了比较一致的观点：合作教育是一种教育模式，核心是提高学生的综合能力、增强学生的综合素质以及增加学生的就业竞争力，将学校、企业、科研院所等不同的资源利用起来，在人才培养方面发挥各自的优势，将以课堂传授间接知识为主的学校教育和主要直接获取实用经验、能力的生产、科研有效结合起来。

（一）合作教育理论的产生和发展

1516 年，托马斯·莫尔（Thomas More）在《乌托邦》中提出了劳动教育模式。④ 1648 年，威廉·配第（William Petty）提出建立"劳动学校"（"科学工厂"）的主张。"科学工厂"是一种初等教育与初级

---

① 张瑜、菅利荣、刘思峰等：《基于优化 Shapley 值的产学研网络型合作利益协调机制研究——以产业技术创新战略联盟为例》，《中国管理科学》2016 年第 9 期。

② 李柏洲、罗小芳：《基于 Shapley 值法的产学研合作型企业原始创新收益分配研究》，《运筹与管理》2013 年第 4 期。

③ 常征、范瀚文、张聆晔：《基于修正 Shapley 值模型的航运联盟利益分配》，上海海事大学学报 2022 年第 1 期。

④ [英] 托马斯·莫尔：《乌托邦》，戴镏龄译，商务印书馆 1982 年版。

技术教育相结合的教育机构。[①] 约翰·洛克（John Locke）在《工作学校计划》中详细、具体地说明了建立在劳动教育之上进行的工读教育。[②] 20世纪初，格奥尔格·凯兴斯泰纳（Georg Kerschensteiner）提出了"劳作教育"的概念，建议把公立学校办成劳作学校，进行职业教育和职业技能训练。[③] 上述早期劳动教育思想以及早期工读模式都为后面美国、德国、日本等国家开展的"合作教育运动"提供了一定的借鉴，同时为现代合作教育理论的产生和发展奠定了坚实的基础。

1906年，美国辛辛那提大学的赫尔曼·施奈德首次提出合作教育计划。[④] 美国校企合作中所采用的最具代表性的教育模式就是合作教育。自20世纪50年代开始，美国进入合作教育的稳定发展时期。受美国合作教育的广泛影响，英国、日本、加拿大等国家也开始发展合作教育。

1957年，加拿大开始发展合作教育。加拿大主张利用合作教育，提高劳动者素质，以促进人才培养组织与人才使用组织建立更为密切的联系。加拿大滑铁卢大学、多伦多大学等都开展合作教育计划。加拿大的合作教育具有严格而明确的程序和步骤，在新生录取、学习学期、工作学期、罢工与裁员等方面都有明确清晰的规定。

20世纪50年代，英国的合作教育开始起步。英国最著名的合作教育模式是高等教育"三明治"模式。"三明治"计划面向大学本科生，把工程教育与工程实践共分为三个阶段。

20世纪90年代，经济危机的发生导致日本经济发生衰退，这要求企业在保证生产经营的同时，节约成本。因此，企业通常委托高校或科研机构进行技术研发，同时，主动寻求产学研合作教育。日本的产学研合作教育主要是"官、产、学"合作，模式主要形式有共同研究、委

[①] 陈解放：《合作教育的理论及其在中国的实践》，博士学位论文，华东师范大学，2002。
[②] [日]细谷俊夫：《技术教育概论》，肇永和、王立精译，清华大学出版社1984年版。
[③] 杜利：《我国职业教育发展的理论与实证研究》，博士学位论文，武汉理工大学，2008。
[④] 刘须群、陈星：《产学研合作问题研究综述》，《江西社会科学》2002年12期。

托研究、设立共同研究中心以及"实验研究"项目补助、奖学捐助金、捐助讲座、捐助研究部门等捐助项目。①

(二) 合作教育理论与产学研战略联盟

合作教育理论自产生以来，无论是早期单纯的产学合作教育还是后期的产学研合作教育，都与产学研战略联盟有着复杂的区别和联系。

1. 合作教育理论与产学研战略联盟的区别

合作教育理论与产学研战略联盟在概念与内涵上存在区别。从概念上而言：产学研战略联盟比合作教育的概念范围更深入、更广泛，可以说产学研战略联盟包含着合作教育，而合作教育绝对不可以被称为产学研战略联盟。从内涵上来说：合作教育理论早期就是为了人们在工作的同时，进行知识的获取，提高读写算能力，更好地为雇主服务。后期在发展过程中，渐渐地融入产学研，称为产学研合作教育。但不管是合作教育还是产学研合作教育本质都是一种教育模式，更多的面向人才的培养，立足于培养学生或职工。而产学研战略联盟的内涵绝不仅仅是培养人才这么简单，产学研战略联盟作为一种新的合作形式，是一个独立的组织与平台。产学研战略联盟具有自身的独特的不可替代性，包含着众多内容，充满各种各样的机制，发挥着各种各样的作用。产学研战略联盟除了可以发挥一部分合作教育的作用，还作为一种生产与创造知识的网络，推动着经济与科技协调发展，扮演着提高企业创新能力和国家竞争力的角色，最终实现国家科技创新。总之，合作教育与产学研战略联盟是完全不同的两种范畴。

2. 合作教育理论与产学研战略联盟的联系

合作教育理论虽然与产学研战略联盟存在着区别，不可同一而论。但作为产学研战略联盟主体之一的高校，主要目的之一就是实现人才的培养，从某种意义上说，从高校这个主体出发，产学研战略联盟就是实现培养人才目标，实施合作教育的一种有效途径。合作教育理论为分析产学研战略联盟的人才培养过程提供了全面而具体的研究思路与理论支

---

① 王玲、张义芳、武夷山：《日本官产学研合作经验之探究》，《世界科技研究与发展》2006年第4期。

持。其一，合作教育理论帮助人们更好地理解产学研战略联盟人才培养的本质内涵。其二，在分析不同的合作教育模式的过程中，一定程度上也能阐释产学研战略联盟在人才培养方面具有的动力机制、运行模式以及关键特征。[①] 当然，现有的合作教育模式对于产学研战略联盟人才培养的需求并不能得到完全满足，需要对现有的合作教育模式进行科学评估与分析，科学地构建产学研战略联盟的人才培养体系，从而提高人才的创新能力，推动科技创新的发展。

---

① 陈浩：《基于知识联盟的政产学协同人才培养模式与机制研究》，博士学位论文，浙江大学，2015。

第三章 产学研战略联盟动力机制

第一节 产学研战略联盟动力机制研究综述

一 国外产学研战略联盟动力机制的研究综述

动力可以分为内部动力与外部动力。其中内部动力主要涉及联盟成员参与合作的动机研究，外部动力主要涉及政府政策、市场驱动和科技创新等方面的研究。

（一）内部动力机制相关研究

产学研战略联盟内部主体中，企业寻求与高校合作的主要动力涉及两个方面。一是利用和吸收高校的互补性资源来提高企业的研发能力和竞争能力。企业通过与高校联盟，可以获得接近共性技术和新兴技术的机会，企业把公共的科学技术知识作为快速获取新知识、增强工程师对科学发展理解力的一种重要的外部资源。[1] 通过与高校的接触，产业界还可以接触到高水平的高校师生，除了得到高校的咨询服务外，还有可能接收学生作为未来的员工。[2] 二是企业与高校的深入合作可降低企业的成本与研发风险。学术界研究人员经常在内部开发并利用从政府处获

---

[1] Belderbos R and Carree M, Lokshin B., "Cooperative R&D and firm performance", *Research policy*, 2004, Vol. 33, No. 10, 2004, pp. 1477−1492.

[2] Santoro M D and Chakrabarti A K., "Firm size and technology centrality in industry-university interactions", *Research policy*, Vol. 31, No. 7, 2002, pp. 1163−1180.

得的资金购买或建造复杂且昂贵的专用基础设施,产学研战略联盟的合作使得企业可以以较低成本获得专用设备使用权。[1] 前沿技术研究的失败风险非常大,产学研战略联盟可以使合作主体获得多方资金支持,使得风险得以分摊。[2] 很多企业通过购买某项高校和科研机构的技术专利或提供资金委托高校和科研机构解决某个具体的技术难题,以降低研发成本,规避开发风险。[3]

高校寻求与企业合作,并结成战略联盟,可以获取额外的研究经费,获取有助于教学的实践知识,为学生创造良好的实习与就业机会,完成科研目标与任务等。[4] 2011 年,Lam 研究发现,那些具有创业动机的教师商业化科技成果的目的就是为了获取更多的物质报酬。[5] 1998 年,Stephan 和 Everhart 认为科学家与一般的经济人一样,对金钱同样感兴趣,经济收入激励科学家参与产学研合作的作用不应该被弱化。[6] 有些研究则认为教师参与产学研战略联盟主要是为了获得传统的科学声誉。1991 年,Stephan 和 Levin 将教师参与产学研战略联盟合作的奖励分为荣誉、经济报酬和解疑的愉悦三类,荣誉和经济报酬属于外部因素,解疑的愉悦属于内部动机因素。[7] 2003 年,Owen-Smith 和 Powell 提出教师可以通过申请专利获得许可收入分成而增加后续的科研资金,或

---

[1] Franzoni F., "Underinvestment vs. overinvestment: Evidence from price reactions to pension contributions", *Journal of Financial Economics*, Vol. 92, No. 3, 2009, pp. 491-518.

[2] Al-Tabbaa O and Ankrah S, Social capital to facilitate 'engineered' university-industry collaboration for technology transfer: A dynamic perspective, *Technological Forecasting and Social Change*, Vol. 104, 2016, pp. 1-15.

[3] Santoro M D, Chakrabarti A K., "Firm size and technology centrality in industry-university interactions", *Research policy*, Vol. 31, No. 7, 2002, pp. 1163-1180.

[4] Belkhodja O and Landry R., "The Triple-Helix collaboration: Why do researchers collaborate with industry and the government? What are the factors that influence the perceived barriers?", *Scientometrics*, Vol. 70, No. 2, 2007, pp. 301-332.

[5] Lam A., "What motivates academic scientists to engage in research commercialization: 'Gold', 'ribbon' or 'puzzle'?", *Research policy*, Vol. 40, No. 10, 2011, pp. 1354-1368.

[6] Stephan P E and Everhart S S., "The changing rewards to science: The case of biotechnology", *Small Business Economics*, Vol. 10, No. 2, 1998, pp. 141-151.

[7] Sharon G. Levin and Paula E., "Stephan, Research Productivity Over the Life Cycle: Evidence for Academic Scientists", *The American Economic Review*, Vol. 81, No. 1, 1991, pp. 114-132.

者提升自己的研究声望①。因此，高校教师通过参与产学研合作提升荣誉和知名度的欲望远高于对金钱的欲望。

综上所述，国外关于内部动力的研究主要聚焦于产学研战略联盟参与者个人的参与动机，对于高校组织的参与动力研究较少。企业参与合作的动机较为一致，高校参与合作的动机略有分歧，随着学科领域的不同，结论也不同。

（二）外部动力机制相关研究

2003 年，Slywotzky 运用"需求拉动创新"理论，认为只有在市场存在竞争，供过于求的情况下，企业才会主动与高校和科研结构联盟进行技术创新。② 2004 年，Bacila 和 Gica 研究认为，在产学研战略联盟中，作为主体的企业、高校和科研机构，以及外部的环境构成了一个大系统，合作形成的动因不仅来自于各方的需求和目标，同时还要受到外界市场需求和竞争压力的影响。③ 2013 年，Freitas 和 Marques 认为政府在产品质量提高、环境与安全标准规范、资金支持、税收优惠方面对推动产学研联盟形成起到积极的推动作用，高校应该对生产系统和社会产生积极影响，成为促进当地发展的驱动力。④ 这些政策方案旨在促进学术研究向产业转移，并通过企业的参与来提高前沿基础研究的技术可行性。

---

① Owen-Smith J. and Powell W. W., "The expanding role of university patenting in the life sciences: assessing the importance of experience and connectivity", *Research Policy*, Vol. 32, No. 9, 2003, pp. 1695-1711. Thursby M, Thursby J. and Gupta-Mukherjee S., "Are there real effects of licensing on academic research? A life cycle view", *Journal of Economic Behavior & Organization*, Vol. 63, No. 4, 2007, pp. 577-598.

② Adrian Slywotzky and Richard Wise, "Three keys to groundbreaking growth: a demand innovation strategy, nurturing practices, and a chief growth officer", *Strategy & Leadership*, Vol. 31, No. 5, 2003, pp. 12-19.

③ Băcilă M F and Gică O A, Strategic Alliances between Companies and Universities: Causes, Factors and Advantages, *Small Business Economics*, 2004.

④ Isabel Maria Bodas Freitas and Rosane Argou Marques, "Evando Mirra de Paula e Silva. University-industry collaboration and innovation in emergent and mature industries in new industrialized countries", *Research Policy*, Vol. 42, No. 2, 2013, pp. 443-453.

二　国内产学研战略联盟动力机制的研究综述

自 1992 年由国家经贸委、国家教委和中科院正式发起成立和组织实施"产学研联合开发工程"后，国内学者开始了对于产学研联盟动力机制的研究。1992 年，杨德和等认为校企双方及上层领导要真正认识到产学结合的重要价值才能建立起完善的动力机制。[①] 1997 年，冯学华把产学研合作的动力机制分为三个层次，一层次是政府对产学研合作推动力；二层次是产学研合作主体的内部利益驱动；三层次是产学研合作的反馈和调控机制。[②] 2000 年，丁堃认为产学研合作是内外因素共同作用的结果。[③] 2002 年，左健民在分析了产学研合作的动力后，依据作用效果将动力划分为形成力、凝聚力和发展力。[④] 2005 年，刘伦钊认为高校开展产学研合作工作主要受市场需求、技术进步、企业竞争力的提升以及高校自身人才培养、师资结构调整等因素的影响。[⑤] 2012 年，徐静等通过对"影响企业、高校和科研机构合作的动力因素和阻力因素"进行分析，提出产学研合作的帆船动力机制模型。[⑥] 2013 年，周正等认为市场需求是协同创新的出发点和终极目标，利益驱动是协同创新的根本动力，健全产学研协同创新动力机制必须创造良好外部动力和内部动力环境。[⑦]

近年来，学者们引入更为成熟的理论和方法。2015 年，于兆吉等基于比较优势理论，构建产学研比较优势数学模型，验证了比较优势的存在是促使产学合作的重要内在动力，各参与主体拥有的比较优势越明

[①] 杨德和、钱道中、邹桂根：《产学合作的动力机制与运行机制初探》，《高等工程教育研究》1992 年第 4 期。
[②] 冯学华：《国内外产学研合作动力机制面面观》，《科技导报》1997 年第 2 期。
[③] 丁堃：《产学研合作的动力机制分析》，《科学管理研究》2000 年第 6 期。
[④] 左健民：《产学研合作的动力机制研究》，《学海》2002 年第 6 期。
[⑤] 刘伦钊：《高等学校产学研联合的动力机制分析》，《理工高教研究》2005 年第 5 期。
[⑥] 徐静、冯锋、张雷勇、杜宇能：《中国产学研合作动力机制研究》，《中国科技论坛》2012 年第 7 期。
[⑦] 周正、尹玲娜、蔡兵：《中国产学研协同创新动力机制研究》，《软科学》2013 年第 7 期。

显，协同合作的可能性也会越高。① 2017 年，徐梦丹等的研究结果表明，合作主体博取收益是产学研协同创新的动力机制，只有有益于获得稳定的收益，其合作关系才会更加深入和稳定。② 2018 年，陈恒等经仿真分析后得出结论，重视政府作用、合理配置要素以及多渠道筹集资金是促进产学研培养创新型人才的主要动力。③

通过对国内外的文献进行梳理发现，国内更加注重从系统和宏观的角度对产学研战略联盟动力机制进行研究，国外的学者更加注重微观层面的动机研究，以及更多运用实证的方法对假设进行验证。

第二节 产学研战略联盟动力机制相关理论

一 交易成本理论

（一）交易成本理论的产生与发展

1960 年，Coase 在《社会成本问题》中把交易成本定义为获得准确的市场信息所需要付出的费用以及谈判和经常性契约费用。④ 科斯用交易成本解释了企业存在的原因和决定企业规模的因素，并用它分析了企业与市场的差别与联系。20 世纪 70—80 年代，Williamson 提出了具有自我意识的个人行为假设前提；提出了关于资产专用性的假设前提，建立了现代企业理论的雏形。⑤ 同时，Williamson 研究了有限理性、机会主义、资产专用性及各种不确定性对合同的影响，认为当有限理性、机

---

① 于兆吉、周松涛、王海军：《基于比较优势理论的产学研协同创新动力机制研究》，《沈阳工业高校学报》（社会科学版）2015 年第 5 期。

② 徐梦丹、朱桂龙、马文聪：《产学研协同创新动力机制分析——基于自组织特征视角》，《技术经济与管理研究》2017 年第 6 期。

③ 陈恒、初国刚、侯建：《基于系统动力学的产学研合作培养创新人才动力机制研究》，《管理学报》2018 年第 4 期。

④ Coase R. H., "The problem of social cost", The journal of Law and Economics, Vol. 56, No. 4, 1960, pp. 837-877.

⑤ Williamson O. E., "Transaction-cost economics: the governance of contractual relations", The journal of Law and Economics, Vol. 22, No. 2, 1979, pp. 233-261.

会主义及资产专用性等因素被同时考虑在内时，合同的签订和执行将变得异常微妙复杂，在这种情况下，社会法律制度对经济运行的约束力将会失去作用，合同的制定和执行将完全依赖于私人部门的治理结构。[①]

20世纪90年代以后，交易成本理论得到进一步发展。一是行为理论的新见解，认为要想更好地理解人类行为的实质，除了在了解有限理性和机会主义行为的同时，还要了解人类诚信的形成原因。二是关于现代企业理论的新见解。格雷戈里·丹认为，企业作为各交易群体之间的一种契约关系，是因契约关系的正常维持而得以存在。契约的执行并非一定要借助外部强制的作用，相反，契约的执行会因"准契约行为"的存在而得以推行。三是制度环境理论的超越。Williamson在其理论中加入了制度因素对企业制度和个人行为的影响，指出制度规范、法律准则及其他一些环境因素会影响到各种经济组织结构及个人行为，特定的制度环境将会有特定的组织结构与之相适应。

2010年以后，交易成本理论研究出现新特点。一是交易成本理论的跨学科特点越来越明显。例如认知心理学的思想和方法被成功引入交易成本理论中。如2016年，Foss和Weber在交易成本理论中引入了"认知框架"的概念，并提出不同的层级制结构会产生不同的认识框架，企业应选择合理的治理结构来避免认知框架的冲突，节约交易成本。[②] 二是对经验研究的重视程度不断上升。例如，2014年，Ferreira等以1982年至2010年期间发表的377篇文献为样本，运用文献计量研究法研究了交易成本理论对国际商务的影响，发现交易成本理论长期以来都对国际商务研究具有普遍影响。[③] 三是混合治理形式受到广泛关注。例如，2018年，Akbar和Tracogna对Airbnb公司进行了分析，结果

[①] Williamson O. E. , "The economics of organization: The transaction cost approach", *American journal of sociology*, Vol. 87, No. 3, 1981, pp. 548-577.

[②] Foss N. J. and Weber L. , "Moving opportunism to the back seat: Bounded rationality, costly conflict, and hierarchical forms", *Academy of Management Review*, Vol. 41, No. 1, 2016, pp. 61-79.

[③] Ferreira M. P. and Pinto C. F. and Serra F. R. , "The transaction costs theory in international business research: a bibliometric study over three decades", *Scientometrics*, Vol. 98, No. 3, 2014, pp. 1899-1922.

表明,共享平台作为一种混合治理模式,吸收了市场治理和层级治理的特性,有效地降低了交易中的成本。[1]

(二) 交易成本理论在产学研战略联盟中的应用

产学研合作作为介于市场和层级组织之间的组织形式,是特定技术和市场环境下技术创新活动的合理选择。企业和高校、科研机构各自有着独立的地位和功能,只有当产学研合作的交易成本低于市场机制的交易成本和企业内部化技术创新的组织成本时,新的联盟形式才会形成。按照产学研合作中涉及的交易成本的内容,其可分为沟通成本、谈判成本、履约成本、风险成本等。

以大企业为主体的产学研战略联盟为例。大企业为提高产品的科技含量、增强核心竞争力,必须寻求技术合作。这种出于企业自身需求而寻找的产学研合作,是形成以企业为主体产学研结合的内在动因。大企业遇到的技术瓶颈往往是复杂的高端技术难题,需要多学科多部门的学科集群和企业集群,通过技术上的集成和共享才能攻克。这种多学科、多部门的合作的产学研战略联盟的较好选择。在战略联盟形成之前,企业、高校、科研机构之间充满博弈和不确定性,而且谈判成本和沟通成本均很高。战略联盟形成后,由于双方都是大型主体,信誉度较高,管理及解决纠纷等事后成本较低,导致事后运行成本小于事前沟通协商成本。双方选择战略联盟的合作方式对各方的交易成本越小,结成战略联盟的可能性会越大。

二 资源依赖理论

(一) 资源依赖理论的产生与发展

1978年,由 Pfeffer 和 Salancik 合著的《组织的外部控制:对组织资源依赖的分析》一书,标志着资源依赖理论的正式诞生。该书认为,组织的发展受到外部环境的影响,他们与外部环境存在由于相互间的资

---

[1] Akbar Y. H. and Tracogna A., "The sharing economy and the future of the hotel industry: Transaction cost theory and platform economics", *International Journal of Hospitality Management*, Vol. 71, 2018, pp. 91–101.

源需求导致的依赖关系。资源依赖理论把对组织行为的诠释由之前主要聚焦组织内部因素,转移到其对外部环境的依赖结构。① 1984 年,Ulrich 和 Barney 基于资源依赖理论对组织如何成功获取权力设置了三个条件。② 一是假设组织包含内部结构和外部联盟两部分,即把组织外部联盟看作是组织的一个重要组成部分。二是假设外部环境中包含对组织生存至关重要的稀缺和有价值的资源。由于从其他组织获取资源具有极强的可变性和复杂性,因此组织面临资源获取的不确定性问题。因此,组织可以通过参与联盟来最小化外部资源获取的不确定性风险,从而更好地控制外部环境中稀缺的和有价值的资源。三是组织与外部组织之间存在一定的权力结构依赖关系。组织需要与外部进行资源交换,而在交换过程中产生了基于权力结构的依赖关系。一个组织需要尽可能降低自身的资源依赖,同时提高其他组织对自身的资源依赖,才能获取资源网络中的主导权。1987 年,Pfeffer 和 Davis-Blake 再次对资源依赖理论以及组织间相互关系进行了描述。认为组织是社会关系的基本单位,它受到组织间网络的约束并产生依赖关系。组织间的相互依赖使其他组织进行活动时会让本组织产生不确定性后果,影响到本组织的持续竞争优势以及生存空间。③

在后续的相关研究中,学者们把资源依赖理论引入到多个领域以解决现实问题。例如,董事会治理问题(Wang 等,2018),合资企业治理问题(Mohr 等,2016),跨国并购问题(Wood 等,2018),权力博弈问题(Casciaro 和 Piskorski,2005),董事会的资源依赖问题(Hillman 和 Dalziel,2003),资源依赖下应对制度环境压力的策略(Ingram 和 Simons,1995),宏观层面的经济问题(Furnari,2016),非营利组织治理(Prasad 等,2018)等。

---

① [美]杰弗里·菲佛、杰勒尔德·R. 萨兰基克:《组织的外部控制:对组织资源依赖的分析》,闫蕊译,东方出版社 2006 年版,第 37 页。
② Ulrich D and Barney J B., "Perspectives in organizations: resource dependence, efficiency, and population", *Academy of Management Review*, Vol. 9, No. 3, 1984, pp. 471-481.
③ Pfeffer J and Davis-Blake A., "Understanding organizational wage structures: A resource dependence approach", *Academy of Management Journal*, Vol. 30, No. 3, 1987, pp. 437-455.

(二) 资源依赖理论在本研究中的应用

资源依赖理论的核心观点是，没有任何一个组织是自给自足的，所有组织都必须为了生存和发展与环境进行交换。在与环境的交换过程，环境给组织提供了关键性的差异化互补资源。如果缺乏这样的差异化互补资源，组织就无法生存并获得发展。由此，对差异化互补资源的需求构成了组织对外部环境的依赖。

是否有互补性资源，特别是差异化优势互补资源，是企业、高校、科研机构等参与主体，谋求合作、构建战略联盟的根据。互补性资源构成合作的重要基础，合作能力的强弱直接受制于资源的互补性。在资源有限的约束下，任何单一主体很难完成由产学研战略联盟才能完成的任务，不同主体进行资源互补、风险共担、合作共赢已经成为发展的趋势。

第三节 产学研战略联盟动力机制分类

产学研战略联盟的动力机制是推动联盟不断深入和可持续发展的重要保障，基本功能是激发各参与主体的利益动机，并将利益动机转化为一种推动力，推动各参与主体围绕联盟目标而共同努力。产学研战略联盟的动力主要源于宏观经济环境和市场不断变化过程中对于参与主体的利益刺激，以及战略联盟内部合作各主体对合作预期产生的共同利益的追求。这里将产学研战略联盟的动力机制分为外部动力机制与内部动力机制。

一 战略联盟外部动力的作用机制

从外部动力来看，构成产学研合作的外部动力因素有市场的供给需求状况和政府的宏观政策。

(一) 市场供需状况

产学研合作的各参与主体，很难具备独立满足市场需求的能力。企业对市场需求更加重视，通过预测，可以不断发现新的市场需求。在利润驱使下，企业对产学研合作有积极的拉动作用。本节主要从技术供需水平、产品市场供需状况和市场竞争状况三个方面，分析市场供需状况对产学研战略联盟产生的推动作用。

技术供需水平。企业、高校、研究机构通过合作可以增强竞争力。高校和科研机构拥有较多的科研资源，却缺少实际经营与拓展市场的能力，企业的经营和市场拓展能力比较强，但科研实力比较弱。面对不断加剧的市场竞争，对新技术的需求越来越大，企业急需提高技术研发能力，或直接从高校、研究机构购买所需技术，高校、研究机构出于自身的需要，例如科技成果产业化，积极与企业进行合作。技术供需水平越高，产学研战略联盟合作动力越强，技术供需水平越低，产学研战略联盟合作动力越弱。

产品市场供需状况。产品市场供需有平衡、不平衡两种状况，不平衡状况又分供大于求和供不应求。产品市场供需平衡时，企业、高校、研究机构的合作动力保持在一般水平；产品市场供大于求时，市场达到饱和状态，竞争进一步加剧，企业必须进行技术革新，用新技术武装自身，通过研发新产品，降低生产成本，提高企业竞争力。所以，当产品市场供大于求时，产学研战略联盟合作动力会变强。当产品市场供不应求时，产品市场成为卖方市场，市场需求有可能导致企业粗放生产，对技术进步的需求下降。因此，当产品市场供不应求时，产学研战略联盟合作动力会变弱。

市场竞争状况。企业占有的市场份额决定着一个企业在市场中的竞争地位。产学研战略联盟可以帮助企业改进技术、提高产品质量，进而提高市场占有份额。但是，产学研战略联盟会产生交易成本，不同的产学研战略联盟模式和类型，产生的交易成本也不同，企业选择产学研战略联盟模式时，需要考虑产生的交易成本和赚取利润的多少。显然，企业选择的产学研战略联盟模式影响着企业占据市场的份额。在产学研战略联盟运行过程中，各参与主体出于对自身利益的考虑，往往会使交易成本、信息沟通成本、监督成本等变得不稳定，导致产学研战略联盟合作动力变弱。同时，技术知识产权的成本核算和价值难以衡量，缺乏公认标准，当企业投入大量资金和设备进行生产时，不确定性风险升高，而抵御风险机制不健全，直接影响到产学研战略联盟的合作动力。

(二) 政府宏观政策

实践表明，政府的宏观政策对产学研战略联盟参与主体的合作动力影响巨大，是非常重要的外部动力因素。适应产学研战略联盟发展的政策，能够降低交易成本，提高合作效率和绩效，增强参与主体的合作动力。相反，不适应产学研战略联盟发展的政策，会增加交易成本，增加合作风险，降低合作效率和绩效，减弱参与主体的合作动力。政府一般从政治角度和经济角度制订与产学研战略联盟相关的宏观政策。

从政治角度出发制订的宏观政策，构成了经济运行的基本政策环境，对经济运行有着能动作用，直接影响着产学研战略联盟参与主体的合作态度和看法。各国为了推动产学研战略联盟的发展，相继出台了一系列政策法规，为产学研战略联盟发展提供了良好的政策环境。从经济角度出发制订的宏观政策，是产学研战略联盟形成和发展的依据，影响着参与主体是否合作和以什么模式合作，是否构建战略联盟和以什么模式构建战略联盟。例如，在产学研战略联盟中进行产权界定时，技术交易成本要具有可操作性，需要合适的产权结构。为了降低产权摩擦，政府通过制定相关法律法规和相应政策，规范交易行为，降低交易成本，稳定产学研战略联盟的合作动力。

二　战略联盟内部动力的作用机制

产学研战略联盟内部合作动力基本来自于合作主体对于潜在利润的追求、对非物质利益的追求。这里我们需要解释产学研战略联盟中的交易成本及其代理成本。产学研战略联盟的内部交易成本指协作成本和保证契约执行的成本，具体内容有搜寻与沟通信息的成本、学习与普及的成本、讨价还价的谈判成本、委托管理的代理成本、履约时的监督成本、保证合作成功的抵押成本、风险防范与剩余索取权等。随着产学研战略联盟的发展，有的成本会下降甚至消失，同时，有新的成本会产生。因此，产学研战略联盟发展壮大的关键在于降低交易成本，获得潜在的规模效益，实现利润最大化。

产学研战略联盟合作主体作为产权所有人，对联盟的规模效益拥有索取权，这是产学研战略联盟各主体合作的基本动力；剩余索取权归属的确定，会导致一系列代理成本产生。在索取权一定的情况下，联盟内部主体可能会减少投入，产生欺骗动机或偷懒行为。为了防止此类行为，需要在联盟内部确立代理人，由代理人监督联盟内部各主体的经济行为，度量合作的内容、潜力和发展趋势，确定剩余索取权的归属等，由此形成委托代理成本。同时，代理人自身的偷懒行为也会增加委托人的监督成本，这也是代理成本的一部分。另外，为了防止欺骗动机或偷懒行为，可以进行一次性产权交易，一个主体把自己的产权一次性转让给另一主体，由于各主体对产权认定标准的不同，沟通成本、讨价还价费用会增加，导致交易成本升高。

（一）规模效益对合作动力的作用

获取规模效益是企业、高校、科研机构积极寻求合作的动力。通过产学研战略联盟，参与主体可以实现优势互补、风险共担、利益共享，优化配置资源，降低交易成本，提高劳动生产率，最终获取更大规模效益。

科斯认为，资源所有者联合生产比独自生产出来的产品的成本更低，在市场中更具有竞争优势。各参与主体都拥有一定的优势资源，为了在市场竞争中获得优势，降低交易成本，产学研各主体可以联合起来，选择合作。产学研战略联盟代替了一系列原有的单个主体的生产，新的交易得以产生，取代以往的旧交易，资源在一定程度上达到了优化配置，产学研合作各主体优势互补，降低交易成本，形成规模效益。规模效益的形成会激发产学研战略联盟主体的合作动力。

（二）内部边际收益对合作动力的作用

产学研积极合作形成产学研战略联盟，可以进一步优化配置资源，产生边际效益。交易成本与交易次数呈正比，组成产学研战略联盟之前，各主体都是以独立的个体参与交易，交易次数必然增加，导致交易成本上升。产学研战略联盟形成后，把各主体以前的独立外部交易转变为内部交易，从总体上减少交易次数，降低交易成本。随着产学研战略联盟的发展，越来越多的单个主体参与到联盟中来，内部交易量随之增加，外部交易量减少，交易成本越来越低。

同时要考虑到，随着产学研战略联盟的发展，越来越多的单个主体参与到联盟中来，联盟内部的代理成本会增加。降低的交易成本至少要等于新增加的代理成本，只有当边际收益大于等于边际成本时，才能激发产学研战略联盟主体的合作动力。

（三）非物质利益对合作动力的作用

高校、研究机构远比企业复杂得多。高校、研究机构作为组织参与产学研战略联盟合作的目的与教师、研究人员作为个人参与产学研战略联盟合作的目的并不完全一致。高校教师、研究机构的研究人员参与产学研战略联盟，在追求物质利益的同时还追求学术地位和荣誉，有的教师、研究人员对提升荣誉和知名度的欲望远高于对金钱的欲望。教师、研究人员需要评聘职称，需要争取名目繁多的荣誉，需要在职称等级和荣誉等级中争取到更高的等级，他们渴望通过高校、研究机构与企业合作获得机会。所以，非物质利益能够激发产学研战略联盟各主体的合作动力。

第四节　部分发达资本主义国家产学研战略联盟动力机制

一　美国产学研战略联盟的动力机制

（一）政府驱动

联邦政府的支持和引导在美国产学战略联盟的发展过程中发挥着极其重要的作用。由于在企业与高校的合作中存在着机会主义行为，因此政府逐渐从起初的不干预转变为适度干预。产学研战略联盟是一项风险较高的活动，企业和高校都希望尽可能降低风险，用较低的成本来获得高额回报。政府制定和颁布的各种优惠政策、保障政策是促进产学研合作发展成为联盟的必要条件。

（二）社会发展驱动

随着社会的发展以及科技的进步，产学研战略联盟取得了长足的发展。早期，为了促进美国的农业技术教育、农业科学技术研究和实用农业技术的推广而颁布的《莫里尔法案》，使得校企合作在小范围内开始进行，产学研由此开始萌芽。"合作教育计划"的提出使高校开始探索与企业联合培养人才的道路。为了保证高校科研的主要研究课题与国家发展目标相符，高校开始建立工业园区，使得产学研合作愈发繁荣。

（三）人才培养驱动

无论是公立高校还是私立高校，都把校企联合培养人才工作放在重要位置，利用企业辅助人才教育作用，实现人才教育和市场需求对接，提高人才培养质量，降低人才培养成本。同时，美国成熟发达的工商业为校企联合人才培养提供了支持。高校在专业建设和课程设置上具有较大的灵活性，而且与市场紧密联系，在师资方面，许多教师具有常年在企业工作的经验，能够同时指导学生的理论学习和实践活动。

（四）技术创新需求驱动

技术创新是美国许多企业尤其是高新技术企业生存和发展的重要前提，经济全球化和日益激烈的技术竞争使这些企业面临着巨大的技术创新需求。企业对内部研发给予极大的关注，同时迫切需要既能减少研发成本，又能实现研发目标的合作模式。高校无疑是企业最好的选择，校企合作是获得新技术的最好平台。

二 英国产学研战略联盟的动力机制

（一）政府驱动

1945年，英国发表了《珀西报告》。根据《珀西报告》，英国政府相继颁布了一系列政策、法律，为进一步推动产学研合作，又实施了"三明治"工读交替制的人才培养模式。2010年英国政府发布《国家基础设施规划》，投资2亿英镑建立了国家技术创新中心，相关企业、高校都得到了高水平合作机会。为了构建高校产学研创新体系,英国政府将高等教育管理纳入商业、创新与技能部,通过在人力资源和教育方面的投资来促进产学研合作,进一步推动创新,繁荣经济。

(二) 高校发展需求驱动

为了解决制约高校发展的资金短缺问题,英国高校形成了以公司为载体的产学研合作联盟。例如,牛津高校和爱丁堡高校,通过各自的产学研战略联盟,创造了 2 亿英镑的总产值和 5000 个工作岗位,年度收入达到 670 万英镑。同时,以不同方式成立了校企联盟协会,以加强高校与企业的联系,在产学研战略联盟运行机制方面采用了校院两级联动机制,并出台了相应的激励政策。

(三) 社会发展需求驱动

社会发展需要分工,更需要合作,特别是通过产学研的深度融合,以满足社会发展的需要。例如,1975 年英国组建了全国性的教学公司,教学公司的概念是从医科院校通过教学医院的临床实习来培养新医生这种"边学边做"模式得到启发而发展起来的,它为了实现产学研紧密结合、在促进中小企业发展的同时提高高校生的实践技能,总体看,是一种以研究成果应用和创业人才培养双重公益目的为导向的组织结构性设计,而不是一种科研成果许可买卖策略。英国政府对教学公司的财政投入是非营利性的,目的是促进公益事业的发展。英国教学公司通过半行政手段促成产学研合作联盟,通过行政主导达到培养创业人才的目标;通过半民间的手段来构建多层次合同,以明确各合作主体的利益及其责任,合作体制体现多方的需求和意愿而能得以持久延续和发展。

三 日本产学研战略联盟的动力机制

(一) 政府驱动

1955 年,日本政府与产业界共同成立了"日本生产性本部","本部"由理事会领导,而理事会由企业首脑、工会代表、学者、教授组成,经常对日本经济发展形势、企业经营动态和管理技术革新进行探讨。1960 年,日本内阁会议通过了《国民收入倍增计划》,强调产学研合作的重要性。1983 年，文部省在学术国际局设置了研究协作室，将其作为产学研协作的窗口。1998 年，日本国会通过了《高校技术转让促进法》和《研究交流促进法》，用以促进高校的研究成果向企业转让。1996 年，日本政府制定了第一期"科学技术基本计划"，提出了促进产学研联合的相关政策，倡导以产学研为支柱，促进人员交流，推进科研成果的实际应用。2001 年，日本政府开始实施第二期"科学技术基本计划"，再次强调产学研的重要性，高校作为"硅谷"的地位更加凸显。2006 年，日本实施第三期"科学技术基本计划"，制定了促进科技进步和国家创新的基本方向。2011 年，日本实施第四期"科学技术创新计划"，加大了对高校绿色创新事业和创新体系的关注。可以看出日本对产学研合作重要性的认识深刻，政府不断出台政策以适应时代发展，调整制度环境，促进产学研战略联盟的发展。

（二）科学技术振兴机构的驱动

日本有诸多的产学研推进机构，其中科学技术振兴机构（JST）在日本推进产学研合作过程中，发挥了十分重要的作用，其工作方式与英国的高校内部产学研推动机构和英国教学公司相类似。JST 主要承担着知识产权支持、匹配支持、研发支持等三方面的任务。知识产权支持主要包括专利获取服务，为高校提供知识产权咨询服务和资助高校获得国外专利；提升专利价值服务，通过从高校获取专利建立专利组合，并为相关组合的研发活动提供资金支持，以此提升专利价值；专利许可服务，为高校转让专利许可给企业提供支持和帮助；知识产权战略管理，发布专家委员会关于知识产权的战略报告；建立知识产权数据库，提供专利信息。在匹配支持方面，JST 架起了学术界与产业界双向沟通的桥梁。通过创新日本大会、新技术推介会，为科研人员提供了向产业界展示和推广尖端研发成果的渠道，打开了学术界与产业界沟通的通路。同时，通过举办需求研讨会，为企业向学术界寻求帮助提供平台，解决企业技术瓶颈。JST 建立门户网站，每月公布当前热门技术、研究主题、研究报告等；建设产学研合作数据库，提供基金项目信息、服务和相关人力资源信息；推出科技创新人力资源发展项目，提供免费课程，以提升公共部门及高校产学研推进合作的能力。在研发支持方面，JST 根据研究项目的类型、进展水平设计了相应的支持计划。

第五节　中国产学研战略联盟动力机制建设

从经典理论的角度看，中国产学研战略联盟所处的体制环境，与西方发达国家的体制环境相比，有相同的部分也有不同的部分。相同之处在于在市场经济环境中，各主体同样遵循资源依赖理论和交易成本理论，寻求各自利益的最大化，在合作过程中，各从产学研战略联盟中索取异质性资源，增强自身的竞争实力。不同部分更多体现在参与主体的产权性质不同上，例如，中国绝大部分高校的产权归属于国家，占据大部分人才和科技资源，大型国有企业和集体企业占据着市场的绝大部分份额，国有科研机构和集体科研机构占据着各类研究课题和项目的绝大部分份额。产权归属的不同，导致参与产学研战略联盟主体的原始动力与西方发达国家有所不同，所以，在研究中国产学研战略联盟动力机制时，不能照搬西方发达国家已有的成功经验。如何在中国体制下，进一步建设产学研战略联盟动力机制，是本节要探讨的核心问题。

一　完善产学研战略联盟外部环境条件

（一）完善社会主义市场经济体制

社会主义和市场经济的关系，是社会主义经济理论与实践发展中需要解决的一个重要课题。中国经过长期探索与实践，摆脱了把社会主义和市场经济对立起来的传统观念，进行了社会主义市场经济体制改革，成功实现了从高度集中的计划经济体制到充满活力的社会主义市场经济体制的历史性转变。从促进产学研战略联盟发展角度出发，首先，中国需要切实落实"两个毫不动摇"，统筹推进国有企业改革和促进民营经济发展壮大，不断健全国企敢干、民企敢闯、外企敢投的制度环境；需要把国有经济优化布局和结构调整摆在更加突出的位置，聚焦国家安全、产业引领、国计民生、公共服务，推进国有企业战略性重组和专业化整合；需要持续完善促进民营企业发展的法治、政策、制度和舆论环境，优化政务服务，营造市场化、法治化、国际化一流营商环境，激发民营企业创新创造活力，支持民营经济发展壮大。然后，需要推进市场制度统一、设施联通、监管一致，打破地方保护和市场分割，促进资源在更大范围内流动，建设高效规范、公平竞争、充分开放的统一市场；需要推动劳动力要素有序流动，推动资本市场健康发展，推动知识、技术和信息市场发展；需要深化科技体制改革，形成支持创新的基础制度。其次，需要完善产权保护制度，完善保护产权的法律法规，加强产权特别是知识产权执法司法保护，依法保护民营企业产权和企业家权益；需要完善市场准入制度，实施市场准入负面清单制度；需要进一步完善公平竞争制度，推进公平竞争政策实施，依法查处垄断和不正当竞争行为；需要加强社会信用体系建设，构建以信用为基础的新型监管机制，实施信用分级分类监管，引导所有参与主体诚实守信。最后，需要进一步深化国有高校、国有研究机构内部的体制机制改革，以适应高质量发展对人才培养、科学研究、技术进步的需求。

（二）更好发挥政府作用

市场在资源配置中起决定性作用，但是，市场不是万能的，市场追求效率，不能保证公平。市场在公共产品和公共服务分配领域存在着失灵现象，在其他领域也存在着盲目性和滞后性。显然，有效市场离不开有为政府，需要更好发挥政府作用。发挥政府作用必须认识到政府在配置资源中的不足，政府存在着错位、越位、缺位的风险。更好发挥政府作用，从产学研战略联盟发展需要的角度看，需要切实转变政府职能，深化行政体制改革，创新行政管理方式，健全宏观调控体系；需要政府依法行政，做到法定职责必须为、法无授权不可为，进一步完善执法程序，严格执法责任；需要政府提高服务能力和水平，提高行政效能，建设人民满意的服务型政府；需要政府减少对资源的直接配置，减少对微观经济活动的直接干预，强化宏观政策调节，支持和引导资本规范有序发展；需要政府加强市场活动监管，优化公共服务，促进社会公平正义和社会稳定；需要政府建立体现新发展理念并与高质量发展要求相适应的宏观调控目标体系和政策体系；需要政府用好财政政策、税收政策、货币政策、价格政策等重要政策工具。此外，政府需要理顺与国有高校、国有研究机构的关系。

二 激发并保护产学研战略联盟内部主体的动力

可以从两个层面来分析产学研战略联盟内部合作动力，一是企业、高校、研究机构等参与主体之间在组织层面上的合作动力；二是对于一个具体合作项目，企业、高校、研究机构各主体内部在具体参与人层面上的合作动力。

（一）组织层面合作动力的激发与保护

参与主体的属性不同，合作的动机不同，合作的动力来源不同，合作动力的强弱也不同。普遍来说，国有企业、高校、科研机构中，企业合作动力最强，科研机构合作动力较强，高校合作动力一般。私有企业合作动力强于国有企业。私有科研机构合作动力强于国有研究机构。显然，私有企业合作动力最强，国有高校合作动力最弱。私有企业面临的是生死存亡的市场竞争，国有高校面临的是体制内同类高校发展快慢的竞争。

产学研战略联盟是企业、高校、研究机构在战略层面上的长期合作，国有企业、高校、研究机构的合作动力很大程度上取决于领导班子成员的认识、觉悟和责任心，必须有切实有效的约束机制，保障国有企业、高校、研究机构的合作动力不受领导班子成员更替的影响。

体制中存在的问题是国有企业、高校、科研机构合作动力不足的主要原因。首先，需要完善国有企业、高校、研究机构领导班子政绩考核指标体系，完善业绩评价指标体系，能够更加全面、客观、准确地对政绩和业绩作出评价，充分利用好政绩考核和业绩评价这个指挥棒。然后，需要完善利益分配机制，完善奖励机制。其次，完善履约监督机制和惩罚机制。最后，继续加强思想教育，增强相关领导及领导班子成员的责任心，把所在企业、高校、研究机构的发展当作第一要务，当作政治任务来抓。领导及领导班子的认识和责任心的加强，会激发所在企业、高校、科研机构积极寻求合作，提升产学研战略联盟合作的动力。

（二）个人层面合作动力的激发与保护

国有企业、高校、科研机构内部的机制问题是合作动力不足的直接原因。首先，需要进一步完善利益分配机制，需要依据相关法律法规理顺个人、集体、国家之间的利益关系，明确个人、集体、国家之间的利益分配原则，利益分配规则一定体现公平性、可操作性和透明性。需要建立科学公平的业绩评价规则及其指标体系，利益分配规则及其指标体系，荣誉、奖励规则及其指标体系，职称评聘规则及其指标体系。在实践中，有许多规则难以定型，但是一定要尽力保持规则的相对稳定性，调整规则需要提前与利益相关者进行有效的沟通，有时需要反复多次进行沟通。相关规则频繁变化，例如业绩评价规则、利益分配规则、荣誉和奖励规则、职称评聘规则等，对于相关企业、高校、研究机构中的每个人的工作影响巨大，对合作的认识、态度直至行为负面影响非常大。如果缺乏与利益相关者应有的沟通，频繁地改变规则，后果将是灾难性的。然后，需要建立信任保障机制，合作是追逐利益的产物，也是互相信任的产物，产学研战略联盟所有愿景的达成都建立在相互信任的基础上，而相互信任必须有相应机制来保障，产学研战略联盟中个人之间的相互信任会激发个人之间的合作动力。其次，需要建立履约守约监督机制，履约守约是合作的基本保障，也是产学研战略联盟中个人之间合作动力的基本保障。对能够履约守约者，按规定给予表扬和奖励，对违约者，要按规定给予批评和处罚。最后，需要完善国有企业、高校、科研机构劳动与人事制度，进一步完善人员准入机制、使用机制、退出机制，保持合理的流动性。实践表明，适合的劳动和人事制度，能够激发产学研战略联盟中个人的劳动积极性和个人之间的合作动力，同时能够吸引人才，聚集人才。

第四章 产学研战略联盟构建模式

第一节 产学研战略联盟主要构建模式研究综述

一 国外产学研战略联盟模式研究综述

西方发达资本主义国家的产学研战略联盟一直保持着良好的发展态势，例如，德国、日本、美国、英国等，他们起步较早，积累了丰富的实践经验，有不少学者持之以恒地研究这一领域，理论成果丰硕。这一切在提升本国产学研战略联盟发展水平的同时，也对世界产学研战略联盟发展做出了贡献。例如，2005 年，James A. Severson 分析了产学研战略联盟的模式，认为产学研战略联盟对技术创新和基础研究起到了推动作用，有助于企业提升竞争力；重点关注了模式内部的技术转移，提出了技术转移主要通过共同培养学生和共同出版研究成果、实验室研究等途径完成，实验室研究是通过科研机构的技术咨询或者通过企业资助进行的。[①] 2009 年，Kazumasa kawasaki 从中小企业的角度分析了日本的产学研战略联盟，认为高校与企业的合作模式，就是企业把问题发送给高校，高校相关研究人员与企业进行信息

---

① James A. Severson, "Models of University-Industry Cooperation", *Industry-Academia-Government Collaboratio n*, 2005, (2): 1-6.

沟通后，把解决方案反馈给企业。[①] 2000 年，D. Rahm 等人对美国、英国和日本的产学研战略联盟进行了比较研究，认为产学研战略联盟是产品创新的重要途径，政府是产学研战略联盟健康运行的保障，强调了政府支持的重要性。[②] 2001 年，Yannis Caloghirou 等人研究了合资企业与高校合作的情况，研究发现，高校越来越积极地参与到合资企业的合作研究中，企业与高校的合作，进一步降低了成本，完善了改进措施。[③] 2000 年，Henry Etzkowitz 在《Triple Helix》中详细研究了产学研合作中的高校、企业、政府三螺旋。[④] 2003 年，Loet Leydesdorff 和 Martin Meyer 用三螺旋理论分析了产学研战略联盟主体之间的关系，认为各主体之间的关系类似于生物学中的三螺旋结构，并将三螺旋创新模式引入到产学研战略联盟中。[⑤]

二 国内产学研战略联盟模式研究综述

与西方发达资本主义国家的产学研战略联盟发展相比，中国起步较晚，基础比较弱。但是，经过三十多年的不懈努力，中国积累了比较丰富的实践经验，先后有不少学者研究这一领域，取得了一定的理论成果，同样，对世界产学研战略联盟发展做出了重要贡献。针对产学研战略联盟合作模式，学者们从不同的视角展开了研究。有的学者对部分发达国家产学研合作模式的成功案例进行总结，有的学者分析

[①] Kazumasa kawasaki, "University-Industry Research Collaborations of Small-MediumEnterprises-An Insight from Japan", *IETE TECHNICAL REVIEW*, 2009, 26 (2): 85–87.

[②] D. Rahm, J. Kirkland, and B. Bozeman, *University-Industy R and D Collaboration in theUnited States, the United Kingdom and Japan*, The Netherlands: Kluwer Academic Publishers, 2000.

[③] Aggelos Tsakanikas and Nicholas S. Vonortas Yannis Caloghirou, "University-Industry Cooperation in the Context of the European Framework Programmes", *Technology Transfer*, 2001, 26 (2-3): 153–161.

[④] Henry Etzkowitz, Loet Leydesdorff, "The dynamicsof innovation: from national systemsand "mode2" to a Triple Helix of university-industry-government relations", *ResearchPolicy*, 2000, (29): 109–123.

[⑤] Loet Leydesdorff, Martin Meyer, "The Triple Helix of university-industry-government relations", *Scientometrics*, 2003, 58 (2): 191–203.

归纳已有产学研合作模式。例如，1994年，姜照华和李桂霞比较全面地分析归纳出了产学研合作的十五种类型和模式。① 也有学者运用经济学理论，创新产学研战略联盟模式，例如，1999年，苏敬勤通过分析产学研合作过程中的交易成本，把产学研战略联盟模式划分为内部化、半内部化和外部化三种模式。② 有的学者从时间跨度的视角，研究产学研合作模式，例如，2009年，张中异把产学研合作模式划分为起源、发展、提升三个阶段，并以张江模式、陆家嘴模式、无锡模式为例进行了实证分析。③ 部分学者通过研究产学研合作模式，探寻中国产学研战略联盟发展中存在的问题。2008年，武贵龙通过对产学研合作模式的研究，发现了不少产学研战略联盟发展中存在的问题，并提出相应对策。④ 有些学者对产学研战略联盟合作模式进行国际比较研究，例如，2009年，盖锐和余杨对美国、日本、德国模式作了比较分析，把美国模式细分为科技园模式、企业孵化器模式、校企合作研究中心模式、工程研究中心模式等。⑤ 也有学者从合作主体的视角，对产学研战略联盟模式进行分类研究，例如，2005年，王雪岩等人以主体的数量把产学研合作分为点对点模式、点对链模式、网络模式。⑥ 李炎炎和叶冰等人依据主体的地位或者发挥的作用不同将产学研联盟划分为政府主导型、企业主导型、高校和科研机构主导型、共同主导型等合作模式。⑦

---

① 李桂霞、姜照华：《产学研联合科技向生产力的直接转化》，《科学学研究》1994年第1期。
② 苏敬勤：《产学研合作创新的交易成本及内外部化条件》，《科研管理》1999年第5期。
③ 张中异：《政产学研合作平台模式探索与研究》，《中国高校科技与产业》2009年第10期。
④ 武贵龙：《积极探索新型产学研合作机制》，《中国高等教育》2008年第20期。
⑤ 盖锐、余杨：《国外产学研合作模式分析》，《江苏社会科学》2009年第1期增刊。
⑥ 王雪岩：《产学研联盟模式及选择策略研究》，《中国高校科技与产业化》2005年第11期。
⑦ 李焱焱、叶冰、杜鹃、肖引、桑建平：《产学研联盟模式分类及选择思路》，《科技进步与对策》2004年第10期。

第二节　产学研战略联盟主要构建模式

随着各领域竞争的加剧，特别是高新技术产品的竞争，迫使各国政府和市场不断创新，不断调整发展方式适应竞争的需要。产学研战略联盟对于提高优化配置资源水平、创新能力、高新技术产品质量具有重要作用，因此，得到了广泛应用和迅猛发展。产学研战略联盟不断呈现出合作模式多样化、合作形态多元化、政府作用被强化等特征，并涌现出多种多样的合作模式以适应不同产学研战略联盟的需要。

一　以合作方式分类的产学研战略联盟构建模式

依据合作主体的不同合作方式，产学研战略联盟可以分成人才培养和交流、产业技术联盟、共建科研基地、组建研发实体、联合攻关、内部一体化、技术转让、委托研究等多种合作模式。

（一）人才培养和交流合作模式

人才培养和交流指高校、科研机构及企业，通过设置人才培养专项基金、高校教师或研究人员担任企业顾问、大学生在企业实习、企业人员在高校或科研机构进行培训学习等方式，在人力资源层面进行交流与互动，以促进产学研各主体的知识交流和知识创新。人才培养和交流合作模式能够充分发挥高校、科研机构科技人才的作用，提高企业人员对基础理论和前沿技术的了解与认知水平，增进产学研各主体的知识交流与相互了解。显然，人才培养和交流合作模式更适合于基于公益性项目形成的产学研战略联盟。

（二）产业技术联盟合作模式

产业技术联盟一般指一个或多个产业中，互相分工、相互关联的多个企业、高校、科研机构、中介组织、金融机构、政府等，为了资源共享、开发技术、拓展市场等共同目标而达成的战略合作伙伴关系。一般来说，产业技术联盟的参与者包括企业、科研机构、高校、中介组织、企业是联盟核心。产业技术联盟对于国民经济有着重大影响，经济效益和社会效益比较明显。有的产业技术联盟由市场力量自发组成，有的是政府引导形成。可见，产业技术联盟合作模式更适合于产业共性技术研发的产学研战略联盟。

（三）共建科研基地合作模式

共建科研基地指企业、高校、科研机构分别按比例投入一定的资金、人力、设备等，共同建设研发机构、实验室、工程技术中心等科研基地。共建科研基地可以充分发挥高校、科研机构的科技研发优势，可以避免技术转让、联合攻关等合作模式存在的短期行为，有利于提高合作各主体的自主创新能力。研究基地运行需要持续的资金投入，共建研究基地合作模式更适合于资金比较雄厚的大型企业、科研机构和高校。

（四）组建研发实体合作模式

组建研发实体指产学研各主体通过出资或技术入股的形式组建研发实体，进行技术开发和经营。研发实体以资金或技术为纽带，把企业、高校、科研机构紧密地结合成利益共同体，可以解决风险分担和权益分配等问题。组建研发实体合作模式适用于企业、高校、科研机构长期深度合作形成的战略联盟。

（五）联合攻关合作模式

联合攻关指针对一个科研项目，产学研各主体共同寻求解决办法的一种经济和法律行为。联合攻关多以科研项目为载体，以课题组为依托，由产学研各主体派出相关人员，组成研发团队，完成项目任务。在实践中，有的联合攻关是市场自发行为，有的是政府引导的合作攻关行为。联合攻关合作模式可以充分调动产学研各主体力量，集中对特定科技项目进行攻关，有利于集中力量进行原创性引领性科技攻关，解决高科技领域中遇到的瓶颈卡点问题，打赢关键核心技术攻坚战。联合攻关合作模式适合于政府主导下的产学研战略联盟。

（六）内部一体化模式

内部一体化模式指高校或科研机构，通过创办科技型企业，把自身科技成果产业化。高校或科研机构创办的高科技企业，利用技术优势和人才优势，推动科技成果产业化，为国家经济技术发展做出贡献。由于法人治理结构存在的问题，内部一体化模式应该转制，以适应于校企合作构建的产学研战略联盟。

（七）技术转让合作模式

技术转让指企业、高校、研究机构以契约的方式对无形资产进行使用权转让的一种经济和法律行为，最常见的形式是科研机构、高校出让技术，企业受让技术。技术转让模式具有权责分明、容易操作的特点，相关技术成果较为成熟，有利于短期内促进出让方科研成果产业化，有利于受让方及时便利地获得所需要的科研成果。技术转让合作模式适用于产学研战略联盟。

（八）委托研究合作模式

委托研究指委托方把所需研发任务委托给受托方进行研究的一种经济法律行为。企业委托高校或科研机构对新产品、新技术、新工艺、新材料等进行研究开发的产学研合作模式比较普遍。在合作中，委托方提供资金、承担风险以期获得所需科技成果，受托方获得科研经费以实施课题研究。委托研究双方受契约约束，权责分明。委托研究合作模式适用于企业拥有研发资金、技术需求明确，高校或研究机构科研实力较强的产学研战略联盟。

二 以主体数目分类的产学研战略联盟构建模式

依据合作主体数目，产学研战略联盟合作可以划分为合作网络、点对链和点对点三种模式。

（一）网络合作模式

网络合作模式指某个行业或供应链，有多个企业、高校、科研机构共同参与的合作。合作网络中的每个主体，通过交流、学习和合作，从合作网络中分享收益，把技术能力提升到仅靠单个主体努力难以达到的水平。采用网络合作模式的产学研战略联盟，规模比较大，实力比较强，可以在产业领域内打造比较完整的产业技术创新链，也可以进行跨领域、跨行业的集成创新。网络合作模式适用于由大型国企、高校、研究机构形成的产学研战略联盟。

（二）点对链合作模式

点对链合作模式指一个企业与若干个高校或科研机构进行的合作，也可以是一个高校或科研机构与若干个处于同一产业链或供应链上的企业进行的合作。在一个企业与若干个高校或研究机构的合作中，一般都是经济实力较强的大型企业，企业是合作的需求方，也是合作的出资方，高校和科研机构根据企业的技术要求，完成相应的研究任务。在一个高校或研究机构与处于同一产业链或供应链上的若干个企业的合作中，高校或研究机构的研发能力都比较强，高校或研究机构是技术提供者也是技术集成者，多个企业在特定行业领域或供应链上相互协作，实现科技成果的产业化。点对链合作模式适用于资金、技术较强的一个企业与若干高校或研究机构形成的产学研战略联盟，也适用于研发能力较强的一个高校或研究机构与若干企业形成的产学研战略联盟。

（三）点对点合作模式

点对点合作模式指企业与高校或科研机构进行一对一的合作。点对点合作模式，参与合作主体少，合作关系简单，灵活便利，合作目标明确，合作效率更高，是产学研常用的合作模式。点对点合作模式更适用于单项技术的研发和有针对性问题的及时解决的产学研战略联盟。

三 以政府作用分类的产学研战略联盟构建模式

依据政府发挥的作用，产学研战略联盟可以分为政府主导、政府引导和市场自发等三种合作模式。

（一）政府主导合作模式

政府主导合作模式指一国政府根据国家发展需要和具体任务主导的由企业、高校、科研机构参与的合作。在以政府主导合作模式形成的产学研战略联盟中，政府是首要合作主体，相关企业、高校和科研机构等主体根据政府的要求和安排，明确目标，各司其职，协调运作，完成任务，所需资金主要来自于财政拨款。政府主导合作模式主要应用于完成国家重大基础设施建设、重大科技攻关、重大民生工程等任务的产学研战略联盟。政府主导的产学研战略联盟能够集中力量解决国家发展中遇到的瓶颈卡点问题，可以弥补短板、互补资源、降低风险和成本、提高创新能力和绩效。无论过去、现在还是将来，政府主导合作模式具有其他合作模式不可替代的作用。政府主导的合作模式缺乏市场机制应有的利益驱动，不适用于普通的产学研战略联盟。

（二）政府引导合作模式

政府引导合作模式指在政府的引导下，企业、高校和科研机构基于自身需要形成的合作。政府引导合作模式表现为政府通过科技计划和科技政策建立起产学研战略联盟的引导机制。通过科技计划和科技政策引导产学研战略联盟已经成为不少发达国家的普遍做法。政府要求科技计划项目要以产学研战略联盟方式进行研究，企业的项目必须找高校或科研机构作为合作伙伴才能得到资助，大学、科研机构的项目必须由企业作为合作伙伴才能得到支持。发达国家科技计划聚焦产学研战略联盟，政府已经成为产学研战略联盟的重要引导者，把传统的产学研合作关系发展成新型的官产学研合作关系。在政府引导合作模式中，政府发挥着引导、支持、推动作用，同时充分发挥市场在资源配置中的决定作用，政府并不介入产学研战略联盟的具体事务。政府引导合作模式对于产学研战略联盟具有普适性。

（三）市场自发合作模式

市场自发合作模式指受市场机制作用和支配，由企业、高校、科研机构根据各自利益需要自发形成的合作。市场自发合作模式是一种比较成熟的产学研战略联盟合作模式，市场主导着合作全过程，政府关注市场机制的完善和相关政策制订。早期的产学研战略联盟大部分都是由市场自发形成的，企业委托高校、科研机构进行技术开发，高校、科研机构向企业转让技术。在市场主导下，企业、高校、科研机构完全基于成本收益原则权衡各自的投入，对于高投入、高风险的产业共性技术缺乏投入动力，对于不能快速得到回报的产业技术缺乏投入热情。市场自发合作模式形成的产学研战略联盟适应市场竞争的需要，但不一定适应国家之间竞争的需要。

第三节 产学研战略联盟构建模式的选择

一 产学研战略联盟构建模式选择的影响因素

从第二节产学研战略联盟主要构建模式分类可以清楚地看到，影响产学研战略联盟构建模式的主要因素有参与主体的合作目标、合作属性和合作主体的实力。

（一）合作目标

国与国之间的竞争和市场竞争的加剧，迫使企业、高校、科研机构在降低成本、提高绩效和产品质量的同时，必须寻找新的发展动力，提高创新能力和发展速度，加快新产品新技术的研发，加快内部机制的变革，以适应竞争的需要。同时，也迫使政府深度介入产学研战略联盟的形成与发展过程中，导致企业、高校、科研机构的需求逐渐多元化。产学研各主体从自身发展需求出发，围绕合作目标，不断创新产学研战略联盟的合作模式，以适应发展的需要。从创新合作模式的过程中，我们不难发现，每一种合作模式的选择，首先依据的是各参与主体通过合作想要达到的目标，合作目标指引着参与主体选择合作模式，哪种合作模式能有效达成目标，就选择哪种合作模式，因此，参与主体的合作目标影响着产学研战略联盟合作模式的选择。

（二）合作属性

合作属性指合作的性质，有的产学研战略联盟是由企业、高校、科研机构根据各自利益需要通过市场自发形成的合作，有的产学研战略联盟是政府根据国家发展需要和具体任务构建而成的合作，有的产学研战略联盟是在政府的引导下，企业、高校和科研机构基于自身需要形成的合作。对于不同性质的合作，政府给出的政策是不同的。所以，合作属性影响着产学研战略联盟合作模式的选择。

（三）合作主体的实力

产学研战略联盟合作模式的选择受到合作主体实力的严重制约，任何合作模式的选择都建立在实力基础上。例如，一个实力强大的企业，可以选择点对链合作模式；当然，如果一个高校或科研机构实力比较强大，也可以选择点对链合作模式；如果参与的企业、高校、科研机构实力都强大，就可以选择网络合作模式。如果整体实力不太强，但是拥有差异化优势资源，合作目标单一，可以选择点对点合作模式。显然，参与主体的实力影响着产学研战略联盟合作模式的选择。

二 产学研战略联盟构建模式的选择策略

从第二节梳理的各类产学研战略联盟合作模式看到，每类合作模式都是特定条件下的产物，都有不同的合作特点和适用范围，各自具有不同的适应性。即使在不同情况下采用同一模式，其结果可能会大不相同。

产学研战略联盟合作模式的选择首先需要明确为什么要合作？合作目标是什么？通过合作要得到什么或解决什么问题？同时，需要实事求是地评估自身实力，挖掘自身可供合作的资源，自身没有可供合作的资源就不会得到资源。然后是对合作属性进行分辨，明确合作性质。其次是深入调查研究，了解掌握市场环境、政府政策、合作伙伴的详细情况和准确信息，并且进行科学评估，做到知彼知己。最后，选择适合的合作模式，做到量体裁衣。

产学研战略联盟合作模式的选择需要不断创新，如果套用已有合作模式，则会缺乏针对性，解决不了主体想要解决的问题，达不到联盟的预期目标。

产学研战略联盟合作模式的选择不可能一成不变，因为联盟所处的政策环境和市场环境在不断变化，碰到的问题和机遇在不断变化，所以，必须根据发展需要及时调整合作模式。但不能频繁调整，尽量保持联盟合作模式的稳定性，因为联盟合作模式调整是有成本的，也是有风险的，频繁调整合作模式会影响合作关系和运营，甚至会瓦解联盟。

第四节　构建适合中国产学研
战略联盟模式的探索

一　构建企业主导的产学研战略联盟模式

市场具有优化配置资源的作用，企业是创新的主体，也是科技成果产业化的主体。同时，企业承载着发展经济和促进就业的使命。所以，需要努力构建以企业为主导的产学研战略联盟，进一步促进产学研深度融合，强化目标导向，提高科技成果转化和产业化水平。企业通过构建产学研战略联盟发挥科技创新主体作用，特别是要发挥科技型骨干企业的引领支撑作用。构建产学研战略联盟有利于科技型中小微企业加速成长，进一步推动创新链、产业链、资金链和人才链的深度融合。

目前，与国外部分发达资本主义国家相比，中国大部分企业还没有成为技术创新的主体，企业自主研发能力不足，技术创新主要依赖于高校和科研机构。国有大型企业拥有自己的技术研发机构，但是因为体制机制所限，动力不足，创新能力较弱，突破发展中的卡点瓶颈问题有困难。中小微企业，一般无力建设专用的技术研发机构，必须与高校、研究机构合作。形成以企业为主导的产学研战略联盟的动力来自于市场的竞争、企业自身的不足、政府政策的推动，有时是三者共同作用的结果。

以企业为主导的产学研战略联盟，需要有良好的市场竞争机制、完善的法律法规保障、正确的政策引导、匹配的产业政策、健全的风险投资市场。

二　构建以科技园区为平台的产学研战略联盟模式

以科技园区为平台构建产学研战略联盟，是一种有效途径，已经被国内外产学研合作实践所证明。在科技园区内，各主体对产学研战略联盟有着较高的积极性和参与度，技术创新合作项目种类繁多、合作频次较高、合作范围广泛，多种合作模式易于融合。目前，中国科技园区主要有依托研究型高校建设的科技园区和以政府为主导建设的科技园区两大类。

由于高校拥有技术、知识、人才和学科优势，更富有创造力，是技术创新的重要源泉。依托研究型高校建设的科技园区，一般是由高校根据相关政策组织建设，目的是加快高校科技成果产业化，更好更快地服务社会。科技园区内有高校的机构和人才、科技型企业、中介服务机构、风险投资机构和金融机构等。依托研究型高校建设的科技园区，能够充分发挥高校的积极性，发挥科技创新的优势，吸引有技术需求的企业参与。高校为企业提供科技创新成果的同时，可以孵化高校的科技创新成果，依托科技创新成果产生新的高新技术企业。企业为了技术创新、减轻风险分担、共享科研成果，积极参与产学研战略联盟合作项目。依托研究型高校建设科技园区，形成灵活有效的产学研战略联盟，中国已经取得了丰硕的成果，积累了丰富的经验。需要继续努力去完善的方面有：一是因为高校投资能力有限，需要增加企业资本和社会资本的比重；二是继续提高科技成果的转化能力和产业化水平；三是进一步加强政策引导，利用产学研战略联盟合作项目，培养、吸引、聚集全球优秀科技人才；四是通过产学研战略联盟进一步促进国际一流大学、一流学科建设。

以政府为主导建设的科技园区是由政府根据国家发展战略需要建设的科技园区，目的是集聚高新技术企业、高校、科研机构，实施人才强国战略、创新驱动发展战略。政府在政策支持、高新技术成果孵化、信息与资源共享、项目推介、融资与资金扶持等方面采取有效措施，鼓励、支持企业、高校、科研机构在科技园区内结成产学研战略联盟，进行高新技术研发、科技成果产业化、科技人才培养和聚集等活动。以政府为主导建设的科技园区，已经在实施人才强国战略、创新驱动发展战略中发挥了重要作用，为推动国家经济技术发展做出了巨大贡献，同时，在不断的实践中积累了丰富的经验。需要继续完善的主要工作有：一是促进产学研战略联盟发展，提高高新技术的研发能力和科技成果的转化能力，加快产业化步伐；二是加强政策引导，利用产学研战略联盟，培养、吸引、聚集全球优秀科技人才；三是通过产学研战略联盟进一步促进国际一流高科技企业的建设；四是健全风险投资市场，完善投融资机制，加强政府资金引导，切实解决中小微高科技企业资金问题。

三 构建以政府为主要推动力的产学研战略联盟模式

政府在促进产学研战略联盟发展方面具有不可替代的作用和独特的优势。政府推动产学研战略联盟发展的途径比较多，在不同性质的产学研战略联盟中，政府推动的力度不同，给出的政策条件也不同。在企业、高校、科研机构根据各自利益需要通过市场自发形成的产学研战略联盟中，政府主要关注市场机制的完善和相关政策制订。根据国家发展需要和具体任务，在政府主导构建而成的产学研战略联盟中，政府是首要责任主体，自始至终由政府负责，完成任务。在政府的引导下，企业、高校和科研机构基于自身需要形成的产学研战略联盟中，政府常常通过科技计划和科技政策等途径予以推动，政府要求科技计划项目以产学研战略联盟方式进行研究。对于诸如关键共性技术和基础共性技术研发方面的产学研战略联盟，单纯地依靠市场机制推动是不够的，政府必须积极参与，有力推动。

从中国产学研战略联盟发展实践中清晰地看到，无论哪类哪种，无论是过去还是现在，政府都是产学研战略联盟发展的主要推动者，只是途径不同，方式不同，参与的深浅不同，力度不同。在可预见的未来，政府在推动产学研战略联盟形成和健康发展中将发挥更大更为关键的作用。

政府需要继续完善与产学研战略联盟相关的法律法规，创造更加适应产学研战略联盟发展的法治环境。政府需要继续改革不适应产学研战略联盟发展的体制和机制，理顺参与主体之间的利益关系。政府需要继续通过正确的政策引导，例如，制定重大科技计划、产业创新计划等，用好用活政策工具，例如，税收政策等，来推动产学研战略联盟的健康发展。政府需要继续积极构建公共服务信息平台，为产学研战略联盟的形成和发展提供全面、及时、准确的信息服务。政府需要继续提高相关资金的投放水平，提高支持资金的使用效率和效益。政府需要继续聚焦人才集聚、团队培养、未来需求预判和需求引导。

四 构建以高校为主导的产学研战略联盟模式

中国高校规模巨大，不少高校正在向世界一流大学迈进，蕴藏着无限的发展潜力，将会给中国高质量发展提供强大的发展动力。以高校为主导的产学研战略联盟通过高校能够把相关企业、科研机构有机地结合起来，充分挖掘各类优质教育资源，使教育与劳动生产紧密结合，在培养造就大批德才兼备的高素质人才中发挥重要作用。以高校为主导的产学研战略联盟有助于加快建设中国特色、世界一流的大学和优势学科，加快建设世界重要人才中心和创新高地，形成人才国际竞争的比较优势。因此，推动构建以高校为主导的产学研战略联盟具有重要意义。

目前，以高校为主导的产学研战略联盟的科技创新水平有待进一步加强，科技成果转化率有待进一步提高。在合作过程中，需要有效的机制保障联盟目标的一致性。需要继续从市场需求中寻求合作可能和合作动力。需要进一步完善风险抵御机制和补偿机制，充分发挥风险投资市场的作用，确保联盟的安全。需要完善联盟内部利益分配机制，充分调动各参与主体的积极性。聚焦高端人才培养和聚集、高科技创新、科技成果产业化。

五 构建以科研机构为主导的产学研战略联盟模式

中国科研机构专业齐全，体量庞大，队伍整齐，层次分明，是促进中国科学技术发展的主力军和经济社会发展的基础力量之一。大到中国科学院、中国工程院，小到各级各类行业研究所、研究中心，体系健全而浩大，反映出国家对科学技术的高度重视和寄予的希望。以科研机构为主导的产学研战略联盟通过科研机构能够把相关企业、高校有机地结合起来，充分挖掘市场资源和人才资源，使科学研究和技术研发与市场紧密结合，在提升国家创新体系整体效能，加快实施创新驱动发展战略中发挥重要作用。以科研机构为主导的产学研战略联盟有助于面向世界科技前沿、面向经济主战场、面向国家重大需求、面向人民生命健康，实现高水平科技自立自强；有助于以国家战略需求为导向，集中力量进行原创性引领性科技攻关，解决关键核心技术；有助于激发创新活力，增强自主创新能力。以科研机构为主导的产学研战略联盟同时也有利于建设中国特色、世界一流的大学和优势学科。

现在，以科研机构为主导的产学研战略联盟，需要改革不适应产学研战略联盟发展的体制和机制，理顺国家、集体、个人之间的利益关系，进一步完善利益分配机制、风险分担机制、项目责任机制；需要加大基础研究投入力度和提高基础研究保障水平，进一步提高基础研究能力，特别是科学研究能力，力争有更多更大的突破，取得国际领先水平的科学研究成果，造福人类，为中国其他研究，例如高新技术研发，提供原动力；需要进一步提高高新技术研发能力，加快科技成果产业化步伐；需要拓宽资金来源渠道，吸引社会资本，发挥风险投资市场作用，提高项目资金投放水平，提高资金使用效益；需要政府进一步加大基础研究投入力度；需要采取切实可行的措施，集聚科学家、高新技术研发人才，培养世界一流科技创新团队。

以科研机构为主导的产学研战略联盟，需要聚焦基础科学研究，增强自主创新能力；需要聚焦世界科技前沿、经济主战场、国家重大需求、人民生命健康，实现高水平科技自立自强；需要聚焦关键核心技术，展开原创性科技攻关。

第五章 产学研战略联盟风险抵御机制

产学研战略联盟风险抵御机制是指为消除或减小联盟的风险和挑战，采取的各种措施和办法。本章主要对产学研战略联盟风险抵御机制进行论述，以期得到构建中国产学研战略联盟风险抵御机制的路径选择。

第一节 风险管理理论在产学研战略联盟中的应用

现代风险管理理论最早在美国产生，并在美国兴起和发展。20 世纪 50 年代，风险管理形成了自身独立的理论体系，并以学科的形式不断发展。1952 年，美国学者格拉尔（Gallagher）在《费用控制的新时期——风险管理》中，首次提出并使用了风险管理一词。20 世纪 70 年代起，风险管理在其他国家也得到广泛的传播和发展。20 世纪 80 年代以后，中国开始引进风险管理思想、理论和方法。

风险管理理论是指用于指导风险管理实践的一系列概念、原理和模型。风险管理理论包括风险管理定义、风险管理分类、风险管理构成要素等多个方面，其中最主要的是风险管理目标及风险管理程序。

一 风险管理的目标及程序

有效管理或控制风险最为关键的两个方面就是风险管理目标及风险管理程序,并且二者相辅相成。风险管理目标是风险管理程序的指导和依据,只有具有明确的风险管理目标,才能有针对性地开展风险管理程序。而风险管理程序则是实现风险管理目标的具体方法和操作步骤,有效的风险管理程序有助于实现风险管理目标。

(一)风险管理的目标

风险管理目标是组织或企业在进行风险管理活动时希望实现的具体结果或目标。确定风险管理目标是进行风险管理必不可少的一环。在不同的外在环境、不同的思想观念下,风险管理的目标必然是不同的。一般而言,常见的风险管理目标主要有减少损失、最大限度利用机会、保护资产、确保业务连续性等。

1. 减少损失

一个主要的风险管理目标是减少潜在的损失。组织希望通过风险管理活动识别和评估潜在风险,并采取适当的措施来减轻这些风险的影响,以减少潜在的损失。

2. 最大限度利用机会

风险不仅带来潜在的损失,还可能带来机会。风险管理目标之一是最大限度地利用这些机会,以实现组织的增长和成功。通过对潜在机会的认识和评估,组织可以采取相应的措施来利用这些机会。

3. 保护资产

组织的资产是其价值的重要来源。风险管理目标之一是保护组织的资产,包括财务资产、物质资产和知识资产等。通过识别和评估与资产相关的风险,并采取适当的措施来减少风险,组织可以保护其资产免受潜在威胁。

4. 确保业务连续性

风险管理目标之一是确保组织的业务连续性。这意味着组织在面临潜在风险和突发事件时能够维持正常的运营,并尽可能减少业务中断和停顿的风险。通过制定应急计划、灾难恢复计划和业务连续性计划等措施，组织可以提高其业务连续性能力。

(二) 风险管理的程序

1. 风险的识别与分析

风险的识别是指在风险发生时，经济单位和个人对所面临的风险的界定、判断、归纳、性质鉴定等工作。风险分析是指对潜在的风险进行判断、识别后，大量搜集风险相关的信息，并对资料进行全面分析的过程。风险识别工作往往与风险分析工作一起进行，二者联系紧密。

2. 风险的度量与估计

风险的度量与估计是指在风险识别和初步风险分析的基础上，运用概率论和数理统计等方法，把风险加以量化，估计和预测风险发生的概率以及度量损失程度。风险估计的内容主要包括损失频率和损失程度两个方面。

3. 风险的评价与预警

风险评价，是指在风险发生时，在对风险进行分析、估测后，对风险进行全方位的评价。风险评价可以为风险管理工作提供一个标准即风险评价指标体系。风险评价指标体系为后续风险预警、风险决策等工作提供依据。风险评价的目的是系统地分析、了解风险，从而为制定正确的风险处理方案、选择合适的风险应对措施提供依据。

风险预警是指在风险状态达到一定程度时，向决策者发出预警信号的过程。风险预警主要是在风险管理主体根据自身需求建立起风险评价指标体系后，根据收集到的相关资料、信息，对风险因素的变动进行监控，跟踪风险状态偏离预警线的程度，向决策者发出预警信号并提前采取预控对策。完备的风险预警系统甚至可以向管理主体提供不同的预案，以供决策者选择。

4. 风险管理决策

风险决策是指在进行完风险识别、风险分析、风险估计等一系列工作后，从众多解决方案中进行选择的过程。风险决策关系着风险应对的及时性与有效性，尤其关系着风险损失的大小。风险决策是风险管理中必不可少的一环，风险决策工作做得好，往往可以"化险为夷"，使损失降到最低甚至使事情出现新的转机。

5. 风险管理技术

风险管理技术是指在风险分析等工作已经完成的基础上，对风险进行管理和控制的手段和方法的统称。风险管理技术主要分为控制型和财务型两种，控制型风险管理技术的目的在于降低损失的频率和程度，着手于改变风险事故的起因以及扩大损失的条件。财务型风险管理技术是指风险管理主体在风险发生前就做好吸纳风险成本的财务方面的安排。

二 风险管理理论在战略联盟中的应用

当前经济社会变化迅速，充满了不确定性，人们越来越重视风险管理。进行风险管理，就要依据风险管理理论。战略联盟是不同性质的多主体结成的组织，充满了各种风险。因此，有必要进行战略联盟风险管理。对于战略联盟风险方面的研究都要依托于风险管理理论，主要集中于对风险的识别、评价以及防范。

（一）战略联盟风险识别

2016年，Tang等人在动态能力相关文献的基础上，利用二次数据，实证论证了联盟配置策略对股东风险的影响取决于风险类型（特殊性或系统性）和行业环境变化的程度[1]。2011年，戴彬等人运用综合集成方法，对联盟风险进行了识别，提出了联盟风险识别框架[2]。2013年，殷群等人分析了产业技术创新联盟的内部风险，在风险识别的基础上，通过调查问卷搜集数据，用SPSS软件对搜集到的数据进行了因子分析，得到了产业技术创新联盟的主要风险因素[3]。2022年，杨震宁等经过研究发现，利益冲突风险在高技术产业联盟目标期望和联盟目标实现一致

---

[1] Tang T Y, Fisher G J and Qualls W., "Interfirm alliance configuration as a strategy to reduce shareholder risks" *Journal of Business Research*, Vol. 69, No. 3, 2016, pp. 1199-1207.

[2] 戴彬、屈锡华、李宏伟：《基于综合集成方法的产业技术创新战略联盟风险识别研究》，《科技进步与对策》2011年第22期。

[3] 殷群、贾玲艳：《产业技术创新联盟内部风险管理研究——基于问卷调查的分析》，《科学学研究》2013年第12期。

性与联盟沟通间起负向调节作用①。

（二）战略联盟风险评价

2014 年，唐雯等应用模糊综合评价法，对联盟的风险做出评价，为了克服专家赋权的主观性，采用了熵权法②。2016 年，李擘运用直觉模糊层次分析法构建了建筑企业战略联盟风险评价模型，得到了建筑企业战略联盟风险指标的状态，并在建筑企业战略联盟风险评价的基础上，提出了相应的风险控制机制③。2010 年，刘雷建立了建设项目动态联盟的投标风险评价指标体系，对应用网络分析法评价的可行性进行了研究，研究表明，网络分析法可对多个项目的投标风险评估进行排序，存在计算简单等优点，适用于多种综合评价问题④。

（三）战略联盟风险防范

2021 年，杨震宁等人提出，对于技术联盟的利益冲突风险、分歧冲突风险与绩效的关系，联盟内部的自主合作可以起到正向调节作用⑤。2019 年，李林蔚提出，通过对互补优势的协同利用并综合采取多种措施规避联盟风险，能够保障企业合作目标的实现、提高联盟双方的绩效满意度⑥。

三 风险管理理论在产学研战略联盟中的应用

产学研战略联盟风险管理是一个错综复杂的系统，在进行风险管理之前，必须进行风险识别。在风险识别准确的基础上，要进行合理的风险评价，最后针对性地开展风险防范。

---

① 杨震宁、杜双、侯一凡：《目标期望与实现匹配效应如何影响联盟稳定——对中国高技术产业联盟的考察》，《管理世界》2022 年第 12 期。

② 唐雯、李志祥：《产业技术创新战略联盟风险的模糊综合评估研究》，《科技管理研究》2014 年第 12 期。

③ 李擘：《基于直觉模糊的企业战略联盟风险评价》，《统计与决策》2016 年第 11 期。

④ 刘雷：《建设项目动态联盟投标风险评价研究》《科研管理》2010 年第 2 期。

⑤ 杨震宁、吴晨：《规避技术战略联盟运行风险：自主合作还是政府扶持?》，《科研管理》2021 年第 5 期。

⑥ 李林蔚：《合作优势互补与联盟风险规避的前因及其效应研究》，《科学学与科学技术管理》2019 年第 7 期。

（一）产学研战略联盟风险识别

2019年，张美珍等人在研究中指出，产学研合作项目有宏观环境风险、决策风险、伙伴选择风险、文化冲突风险、管理风险、沟通风险、资源风险、技术风险、道德风险、人员流动风险、生产风险、市场风险、利益分配风险[1]。2008年，桂萍把研发联盟风险因素分为资源、结构、行为等三大类，并进行了风险识别，提出了O-SCP风险源理论，以产学研协同创新为研究对象，系统分析了创新过程中所面临的环境风险、技术风险、组织风险，并对风险特征进行了识别[2]。

（二）产学研战略联盟风险评价

2015年，葛秋萍等人运用层次分析法和模糊综合评价法对产学研协同创新技术转移风险进行了评价[3]。2015年，肖灵机等人运用修正的PFMEA对产学研协同创新合作项目进行了全寿命的风险评价[4]。2020年，周晓芝等人基于生命周期视角，从外部环境和内部运行两个维度构建了产学研协同创新知识产权风险评价指标体系，包括法律环境、经济环境、文化环境、知识属性、组织文化、运行管理6个方面的26个评价指标。文章综合考虑主观赋权法和客观赋权法各自的优缺点，使用序关系分析法和熵权法结合的综合赋权法确定指标体系权重，旨在降低合作各方机会主义和搭便车等行为，实现协同创新目标，为产学研协同创新中的知识产权风险管理提供依据[5]。

（三）产学研战略联盟风险控制与防范

2017年，刘琴针对产学的研协同创新合作过程风险防范建议：提高合作信任度，完善合作契约；依据法律法规，协调法律纠纷；创新管

---

[1] 张美珍、杨乃定、张延禄：《产学研合作项目风险识别与评价研究》，《科技管理研究》2019年第12期。

[2] 桂萍：《企业研发联盟O-SCP风险源分析》，《科技管理研究》2008年第12期。

[3] 葛秋萍、汪明月：《产学研协同创新技术转移风险评价研究——基于层次分析法和模糊综合评价法》，《科技进步与对策》2015年第10期。

[4] 肖灵机、汪明月、万玲：《基于PFMEA修正的产学研协同创新合作项目全寿命风险评价》，《南昌航空大学学报》（自然科学版）2015年第4期。

[5] 周晓芝、于桂玲、李萍、蔡伟、刘伟：《产学研协同创新知识产权风险评价指标体系研究》，《会计之友》2020年第12期。

理模式，防止合作冲突；建立沟通反馈机制，保障各方权益[1]。2022年，秦雪锐等人的研究表明：在中国产学研合作中，无论是企业互惠性参与还是高校互惠性参与，均对知识产权合作风险产生了有效的治理作用，进而提升了产学研项目的竞争力。然而，由于中国企业互惠性参与和高校互惠性参与水平还较低，因此，互惠性参与对知识产权合作风险治理的效应还存在较大的延展空间。如果继续提高合作双方互惠性参与的意愿、强化互惠性参与的行为，知识产权合作风险就有可能得到明显克服，进而增强中国产学研战略的整体竞争优势[2]。

第二节　产学研战略联盟中的风险及其影响因素

一　产学研战略联盟中的风险

（一）宏观环境风险

产学研战略联盟的宏观环境风险是指构成产学研战略联盟的外部环境，对产学研战略联盟的形成、运行等起到广泛影响的各种条件。主要包括社会风险、政策风险与经济风险。

社会风险主要表现为社会舆论和媒体对产学研战略联盟宣传不当、社会整体产学研合作意识淡薄等方面。政策风险是指由于国家或地方政府宏观财税政策、法律法规等外部条件的变化导致市场需求不确定，从而给参与产学研战略联盟的主体造成潜在损失的可能性。经济风险主要指宏观经济带来的风险。产学研战略联盟的顺利进行必须以一定的经济来源为基础，这就意味着经济环境的变化可能会对产学研战略联盟造成一定的风险。如果宏观经济环境欠佳，产学研战略联盟将会受到影响。

---

[1]　刘琴：《产学研协同创新合作过程的风险与防范》，《石油科技论坛》2017年第6期。
[2]　秦雪锐、陈永清、张同建：《产学研知识产权合作风险互惠性治理研究》，《技术经济与管理研究》2022年第1期。

(二) 决策风险

产学研战略联盟的决策风险包括前期可行性论证不够、联盟规划不完善等带来的风险。产学研战略联盟在合作启动之初，高校、科研院所与企业之间存在着多方目标难以融合的难题，这其中就包括决策不当造成的风险。可行性研究通常是由联盟发起人分别从技术、经济、管理方案的可行性进行综合分析，判断联盟是否应该结成。在产学研战略联盟的可行性研究过程中，联盟的发起方通常会对专利技术、科技成果的前沿性以及转化成产品的可能性进行论证，对联盟管理方案的可行性论证不足，造成联盟运行之后多个主体的管理文化、组织机制难以融合，最终各方的目标相互偏离[1]。

(三) 制度风险

制度风险是指由于产学研战略联盟制度不完善，相关规定缺乏或不合理引起的风险，主要指联盟合作契约不明晰，对联盟各主体的责任和权力界定不清晰带来的风险。首先是联盟发起人是否能够亲自签发联盟章程，这是明确管理层将会为联盟合作提供资源并且能够对各类影响因素具有控制力的承诺证明。发起人可以来自联盟各个主体，一般由出资方委派代表担任。其次是在联盟章程中是否能对联盟管理者进行充分的授权并赋予其计划、实施以及控制联盟的权力。最后是联盟章程中必须在联盟高层管理者与其他相关方之间建立沟通制度，以保证存在一种支持机制来解决联盟管理者权力范围之外的问题。如果联盟其他相关方或者高层管理者由于需求变动而发生联盟变更，则需得到所有相关方的论证和确认。

(四) 合作伙伴选择风险

在产学研战略联盟中，由于合作伙伴选择不当等原因引起的风险就是合作伙伴选择风险。主要表现为合作伙伴之间信任度低、合作关系不稳定、核心技术及商业机密安全性难保障等风险。从源头上降低这些风险，首先需要选择正确的合作伙伴，其中最难估测、发现、控制的就是

---

[1] 张家琛：《产学研技术联盟伙伴利益分配风险补偿研究》，《统计与决策》2013年第6期。

合作伙伴积极性低的风险。在产学研战略联盟中，企业与其他联盟主体之间的关系难以实现完全平衡，企业往往处于支配地位。企业在追求自身利益的同时，存在忽视其他合作伙伴利益的可能性，或利益分配制度不合理，使合作伙伴的积极性降低，影响联盟的工作进度甚至影响联盟最终的绩效。

（五）管理风险

管理风险是指在产学研战略联盟合作过程中由于资源配置不合理、合作模式选择不科学、规章制度不健全等原因致使联盟中止、失败或者无法按计划进行的可能性。管理风险可能产生于产学研战略联盟合作过程的每一个环节，主要为缺乏专业协调机构、机构设置不合理、管理机制不完备、运行机制不完善、协调机制不健全、缺乏专业的决策者以及用人不当等带来的风险。每个联盟主体在进行合作伙伴选择时，一方面，应适度关注合作伙伴之前所接受的管理背景，以及与自身文化的相似度等因素；另一方面，应了解合作伙伴的个性特点，从而有助于提高联盟成员之间的融合度，降低合作难度，避免冲突危机，从而降低联盟的管理风险。

（六）文化冲突风险

产学研战略联盟各个主体之间存在的异质性，使各主体在文化背景、价值取向和目标追求等方面存在着巨大的张力。高校和科研院所等知识生产机构弘扬的是学术文化，追求真理价值；以企业为代表的技术创新主体奉行商业文化，追求的是经济利益。因此，多元组织文化在联盟过程中难免会出现摩擦、冲突和不兼容的情况，很容易出现不同的合作目标，从而产生文化冲突风险。

（七）运作风险

产学研战略联盟的运作风险是伴随联盟成立就产生的，运作风险已经成为联盟自身的一种重要属性。产学研战略联盟运作风险主要包括合作过程中的控制目标无法做到精准量化、无法进行偏差对比等。由于联盟是由不同性质和不同目标的主体组建而成，所以在管理模式、合作方式、运作机制以及利益分配和目标确定方面，均可能产生相对排斥的分歧和不可调和的矛盾。再加上各个主体之间在联盟运作发展的过程中会出现许多不可控的情况，许多风险是潜在的，这些风险往往会影响到联盟的稳定和效率，特别是在联盟的内部。企业还需要面临市场竞争，科研院所可能面临人才流失和技术瓶颈等，这些因素都会对联盟发展产生威胁，造成产学研战略联盟的运作风险。

（八）生产风险

在产学研战略联盟研发和生产过程中，往往存在着高不确定性和低成功率的特点，尤其是在生产阶段，可能出现生产工艺等方面与前期技术研发成果不匹配的问题。加之联盟主体之间的知识差异性以及联盟关系的复杂性，增加了联盟主体之间沟通、协调的难度，使研发和生产的风险更大。在产学研战略联盟中，应加强对联盟成员的管理，确保研发工作按计划进行；应监管产品验收，确保产品的生产质量，提高产品投放市场的成功率；还应控制研究开发成本和生产成本，达到联盟创收和成本控制并重，实现联盟利益最大化。

（九）资金风险

产学研战略联盟的资金风险主要指由资金结构、融资能力、联盟运作中资金管理水平、资金挪用等方面带来的风险。资金结构主要是指作为联盟成果主要使用者的企业，在产学研战略联盟中的出资比重。比重越高，资金风险就越小。资金管理水平主要通过联盟预决算的比例来体现，联盟决算占预算比重越大，资金状况越稳定，风险越小。融资能力主要是联盟市场化投融资的比重，通过联盟以外的融资渠道所获得的投融资的资金占比越大，说明联盟的市场融资能力强，资金风险就越小。此外，产学研战略联盟还可能面临资金挪用带来的风险。联盟中的资金主要来源于企业，企业更愿意将资金用于产品的创新与企业长远发展上。而高校和科研院所有时把资金用于与其他联盟的研发，造成资金挪用，违背企业的意愿。这种情况也会为产学研战略联盟带来风险。

（十）人力资源风险

在产学研战略联盟中，人力资源风险指的是与联盟中的人员相关的潜在问题和挑战。主要包括人员流失风险、人员技能不足风险、人员配合风险等。

人员流失风险。人员流失风险主要是指联盟整体的人员流失风险。尤其是联盟中拥有核心能力的人员流向其他联盟或竞争对手，很可能会使联盟暂停甚至失败。在产学研战略联盟合作期间，人员流失现象发生不多，但当产学研战略联盟结束之后，随着联盟的解散，曾经的合作伙伴就有可能成为竞争对手。

人员技能不足风险。联盟中的成员可能缺乏必要的技能或培训，无法胜任其工作职责，影响项目或组织的绩效。

人员配合风险。产学研战略联盟需要不同背景和专业领域的人员合作，涉及到多方的协调与配合。由于各方的文化、价值观和工作方式的不同，可能会导致人员之间沟通困难、合作效率低下、冲突和分歧等问题，影响项目的进展和联盟的整体效果。

（十一）沟通风险

产学研战略联盟各主体存在异质性，可能存在不同的价值观和合作目标。在不同价值观、目标的主导下，联盟各主体很可能在沟通上出现交流不畅的问题，由交流不畅所带来的风险就是沟通风险。产学研战略联盟中的沟通风险主要包括：信息沟通不畅、沟通无效、资源共享时刻意保留、沟通渠道的欠缺等。

（十二）道德风险

产学研战略联盟的道德风险是指联盟主体因为自利性等其他主观原因故意造成的风险。在产学研战略联盟中，由于信息不对称等原因，联盟主体有可能为了自身效用的最大化，从而导致诚信缺失，使合作关系恶化。产学研战略联盟中的主体有可能为了自身利益，而牺牲联盟整体或联盟其他主体的利益。此外，联盟主体也可能奢求不劳而获，从而消极怠慢，坐享其他合作伙伴创造的溢出收益。这种都将给产学研战略联盟的发展带来风险。

（十三）心理风险

产学研战略联盟的心理风险是指联盟主体由于过失、疏忽等行为无意间造成的风险。在产学研战略联盟中，联盟各主体都可能存在心理风险因素，造成多种多样、程度不一的风险。由心理因素引起的风险属于系统风险，客观上讲，心理风险难以彻底排除，只能尽力缓解。

（十四）信任风险

信任风险是指产学研战略联盟各主体之间由于信任问题而引起的风险。产学研战略联盟中的信任，一般指联盟各主体相信其他主体不会采取行动来利用它的脆弱性的程度。联盟各主体对其他主体的信任越高，就越认为对方不会针对它的弱点采取行动。当联盟主体之间的信任低到一定程度时，就会产生风险。产学研战略联盟的信任来源于联盟各主体自身水平、利益关系、累计交易、规则驱动等，信任问题会导致风险。

（十五）市场风险

产学研战略联盟的市场风险是指由于市场容量的难以预测性、消费者偏好的不确定性以及市场价格的波动性等原因而导致难以制定相应的市场营销战略，进而带来潜在损失的风险。产学研战略联盟的市场风险主要包括对市场供需预测不准、市场需求发生突变、难以确定产品被市场接受所需的时间、市场接受度不高和产品更新滞后等。

（十六）技术风险

产学研战略联盟的技术风险是指由于创新环境的不确定性、技术联盟的高难度性和艰巨性、高校和科研院所研究实力的有限性、企业对技术成果消化吸收与转化能力的局限性而导致创新活动无法达到预期成果的可能性。技术创新的实现需要经历从新概念提出到市场应用的漫长过程，具体包括新思想的形成、研究、开发、中试、试生产、产业化、推广应用等诸多环节，需要基础研究、应用研究和开发研究等多个部门的通力合作才能最终实现创新的市场价值，获得商业利润。可见，技术创新过程复杂、周期漫长，不确定性因素贯穿于产学研战略联盟技术创新的全过程，因此，技术风险在产学研战略联盟中普遍存在。

（十七）成果验收风险

产学研战略联盟的成果验收风险是指在联盟合作中，对于所取得的研究成果和技术创新的评估和认可存在的风险。主要包括技术成果不符合预期、成果评估标准不一致、知识产权共享和转移的纠纷三个方面。

技术成果不符合预期。联盟合作旨在共同开展科研和技术创新,但存在技术成果不符合预期的风险。即使有充分的研发投入和努力,最终的研究成果也可能并不如预期,无法达到预定的目标。

成果评估标准不一致。联盟合作涉及多个主体,可能存在对于成果评估标准的认知差异。不同主体对于成果的评估标准、重要性和商业价值可能存在不一致的看法,对于成果的价值和可行性评估产生分歧。

知识产权共享和转移的纠纷。成果验收阶段,可能存在知识产权归属不清晰、侵权行为或对知识产权的不当使用等问题。这可能引发纠纷和法律纠纷,对联盟合作造成延误和不确定性。

(十八) 知识泄露风险

知识泄露风险主要指在产学研战略联盟合作过程中,联盟各主体将自身的专业知识、核心技术与合作伙伴共享,发生知识泄露事件的可能性。产学研战略联盟的实施过程本质上就是创新知识的获取、流动和使用过程。创新知识的专属性、排他性,与产学研战略联盟要求的知识共享、协同合作之间的内在张力导致了知识泄露风险的生成。产学研战略联盟通常是基于某个项目或个别技术的研发合作,合作关系也会随着任务的完成而终止。一是,这种短期合作关系会增加合作过程中的违约风险,而违约过程中研发人员的变动,使技术的长期有效性也得不到保障。二是,后续的产品升级和技术问题往往也得不到及时的技术供给。三是,伴随着合作伙伴违约,联盟管理部门或联盟其他主体对违约者的监控力度降低,可能会导致技术外溢。

(十九) 利益分配风险

利益分配风险是指由于利益分配不准确、不稳定等原因带来的风险。在产学研战略联盟中的利益主要包括经济效益、荣誉、知识产权。联盟创新成果能否成功投入市场产生利益、荣誉在高校和科研院所之间如何分配、知识产权归属如何划分、经济效益如何分配等,这些都将直接影响到联盟合作的效果。如果利益获得不稳定,分配不公平,会在很大程度上阻碍产学研战略联盟的发展甚至导致联盟的失败。

二 产学研战略联盟风险的主要影响因素

（一）外部环境因素

影响产学研战略联盟风险的外部环境因素主要包括法律法规的完善程度与执法力度、政策环境、区域经济发达程度等。

相关法律法规的完善程度与执法力度。相关法律法规越完善，面对不合法行为的执法力度越大，对产学研战略联盟的保障力度就越大。法律法规不完善、执法力度弱，将会导致联盟参与者缺乏强制力方面的约束，从而引起人员流失风险、道德风险、知识泄露风险等。

政策环境。知识产权制度和专利协议的完善程度与产学研战略联盟合作倾向密切相关。科技创新体制以及科技创新支持政策对产学研战略联盟的发展起着重要作用，可能为产学研战略联盟分散一部分风险。

区域经济的发达程度。区域经济的发达程度与知识泄露风险成反比，即区域经济越发达，知识泄露的风险就越小。此外，社会信用体系的完善程度、社会整体知识产权保护意识、知识产权专利申请数量和代理机构数量等外部环境因素也会对产学研战略联盟造成一定的风险。

（二）契约完善性和利益明确程度

影响产学研战略联盟的制度风险的最主要因素就是契约的完善性，也即联盟协议的完善性。以契约为基础的联盟协议，对于联盟的正式启动、联盟管理者的授权都至关重要。完善的契约、明确的利益分配机制，并以协议的形式确定，可以从制度上保障产学研战略联盟的顺利进行。

（三）联盟各主体是否能相互尊重各自的文化

产学研战略联盟各个主体拥有不同的价值观和目标，在结成联盟后，如果能够形成统一的联盟文化，将会在很大程度上减少文化冲突风险。反之，文化冲突严重到一定程度，甚至可以直接导致联盟的破裂。此处所指的统一的联盟文化并不是要求联盟各主体文化完全一致，而是联盟各个主体能够统一形成"合作共赢、求同存异、互相尊重"的联盟文化。

(四) 资源协调整合难度

产学研战略联盟涉及多个主体，各个主体拥有各种不同的资源，需要对资源进行有效的整合和配置。产学研战略联盟中的主体还可能会在其他科研项目结成不同的联盟，而单个联盟主体的资源是有限的，在多个项目间配置协调自身的资源，将加大联盟主体资源整合的难度。联盟主体在同一时间难以实现有限资源的最佳配置，对多项目的资源配置管理能力较弱，可能会为联盟带来风险。

(五) 机会主义行为

机会主义行为是指产学研战略联盟某个主体，通过隐瞒、虚报、误导真实信息等不道德方式来追求自身利益的行为。所获取的利益并非正当的利益，是违反法律、制度或职业道德的不合规收益，将直接威胁到产学研战略联盟的合作效率。很多寻租、合谋行为就是通过机会主义行为实现的。机会主义行为对产学研战略联盟的危害较大，机会主义源于有限理性下的契约不完全性，而很多机会主义行为是不可观察的，也难以证实，即使第三方介入，也无法完全消除。

(六) 信息不对称

信息不对称是指在产学研战略联盟合作过程中，联盟主体之间所拥有的信息不一致的情况。产学研战略联盟各主体所拥有和能支配的资源、知识是有限的，形成了不同的资源优势。这可能会造成高校和科研院所会拥有更多技术信息，而企业对技术的信息了解很少。产学研战略联盟中信息不对称的存在，使得产学研战略联盟各主体形成了委托—代理关系，即具有信息优势的主体（代理方）与处于信息劣势的主体（委托方）之间的相互关系。代理方在使其自身效用最大化的同时可能会损害委托方的利益，为产学研战略联盟带来道德风险。

(七) 合作伙伴

产学研战略联盟是不同组织、机构之间的合作，不同的合作伙伴有着不同的合作动机。合作伙伴的合作动机、信誉、产学研战略联盟背景、知识产权保密意识、忠诚度等各方面不确定性，都会给产学研战略联盟带来很大的不确定性。

（八）知识共享

产学研战略联盟的本质是知识的研发、生产与应用，整个过程是知识的共享。知识具有模糊性、潜在性、可复制性等特殊属性。在产学研战略联盟合作过程中，知识共享和转移的每一个阶段都可能引起风险。知识的特殊性、吸收能力与共享程度，知识接收方的接收意愿与内化能力、知识价值评估不当、知识外溢或破损等都会引起风险。

（九）信任危机

国内外都有学者从产学研战略联盟中主体的自身属性及主体间的关系入手，研究产学研战略联盟的成功要素。成功的产学研战略联盟需要各个主体中的科研人员、企业人员和管理人员之间达到一种高层级的信任状态。信任危机的出现将为产学研战略联盟带来风险，甚至导致产学研战略联盟的失败。

（十）组织运作管理

产学研战略联盟的组织运作管理主要是指在产学研战略联盟运作过程中，对于组织协调分工的管理。产学研战略联盟各主体的优势不同，合作过程中的侧重点也不同。明确的分工和协调能提高产学研战略联盟的合作效率，保证产学研战略联盟高质量运行。如果组织运作管理不当、分工协调不清，将会引起信任风险、成果验收风险等一系列影响产学研战略联盟绩效的风险。

（十一）市场因素

市场是在高速变化与发展的，市场的飞速变化、技术市场供需把握不准确、市场拓展力不够、产品进入市场的周期太长、市场战略定位不准确、模仿的存在、技术引进的冲击等市场因素都会给产学研战略联盟带来风险。一般而言，产学研战略联盟创造的知识、技术等成果是最前沿的。但当今社会发展迅速，难以完全精准地预测市场需求。如果产学研战略联盟创造的知识、创新的技术与市场吻合程度过低，将会引起产学研战略联盟的市场风险。

（十二）利益分配

利益分配风险是贯穿于产学研战略联盟整个过程的风险，利益分配不公也是导致产学研战略联盟失败最常见的原因。对知识产权、荣誉、利润等的分配不准确或分配方案无法获得联盟所有主体的一致认同，势必会引起利益分配风险。

第三节 产学研战略联盟风险抵御方法

产学研战略联盟充满了各种风险，为联盟的顺利运行带来各种危害。要想联盟顺利运行，一定得构建科学、完善、合理的风险抵御机制。风险抵御机制包含方方面面，往往需要依靠多种方法、方式的结合，本节将主要对抵御产学研战略联盟风险的一些切实可行的方法进行阐述。

一 树立风险意识

树立风险意识对产学研战略联盟抵御风险具有重要作用。主要包括联盟各主体遵守联盟规则、构建和谐的联盟氛围以及培养联盟各主体的知识产权保护意识。

（一）联盟各主体遵守联盟规则

在结成联盟前，产学研战略联盟各主体就应拥有较好的风险意识；签订联盟协议时，就应做好承担联盟风险的心理准备；在联盟风险发生时，要自觉遵守联盟规则，按照联盟协议承担相应的风险。

（二）构建和谐的联盟合作氛围

对于产学研战略联盟，有的人知之甚少，有的人望而却步。因此，应该在有关部门的引导下，共同构建和谐的合作氛围，从而助推产学研战略联盟的形成。

（三）培养联盟各主体的知识产权保护意识

首先，产学研战略联盟各主体应制定有关知识产权保护、管理的规章制度，建立知识产权内部管理机构或部门，提升联盟内人员的知识产权保护意识。其次，可将知识产权保护纳入职工教育、普及培训和提高培训等计划安排中,通过培训研讨班、讲座、法规宣讲会、专题教育等多种形式,对联盟内人员定期开展知识产权宣传普及和教育工作。宣传教育内容应包括专利发明、专利申请、专利实施、专利许可、专利检索、专利投资、专利引进、专利代理、专利战略等方面。通过这些活动相关人员可以熟悉知识产权法律法规,了解知识产权创造、利用和保护的规范流程,从而增强产学研战略联盟各主体的知识产权保护意识,及时对自主研发创新技术成果申请专利、登记版权,积极运用知识产权法律制度保障自身及联盟权益。

二 风险预警

预警就是预防、警示的意思。风险预警机制可以对产学研战略联盟运作过程进行跟踪分析,时刻保持对风险的警觉性和敏感性,及时发现联盟内部和外部可能引起风险的因素和征兆。并通过相关程序和方法,对与风险相关的信息进行收集、筛选和整理,最终得出结论,对可能出现的风险进行合理评估。风险预警机制可以使产学研战略联盟在很大程度上减少损失。

(一)掌握相关信息

第一,产学研战略联盟必须依托一定的发展环境才能顺利运行,产学研战略联盟必须收集外部相关信息,尤其是联盟科技创新相关的政策、法律法规等。

第二,建立产学研战略联盟风险预警机制,要充分掌握联盟正在进行的与创新技术有关的信息,如市场需求信息、技术发展前沿信息等。以大量的信息为基础,建立风险预警指标体系。

(二)建立联盟失败的心理准备

产学研战略联盟风险预警机制要在产学研战略联盟可能遭遇风险时发出信号,让联盟主体、人员等进行心理建设,做好联盟失败的准备。以便在联盟风险真正发生时,联盟主体能够有充分的心理建设,沉着冷静地应对风险。

(三)进行技术创新风险的教育培训和演练

在产学研战略联盟风险发生前,就应该对联盟成员进行风险教育与培训，使其充分了解联盟风险的重大危害性与损失性，树立起正确的风险意识，并定期举行一定的风险演练，为抵御风险做好准备。

三 资金风险管理

(一) 建立资金风险管理和监督体系

资金方面的风险主要有投资风险、债务风险、财务风险和收支不平衡风险。针对这些风险，可以采取相应的措施进行解决。一是，由政府组建贷款项目专家组对产学研战略联盟提供必要的财政信息咨询，战略联盟定期向专家组提交项目进展和完成情况的报告，专家组对报告进行审核并确定下一阶段贷款发放数目以及提出相应的抵御风险的建议。二是，产学研战略联盟要培养自己的高素质资金工作团队，提高资金的利用率。三是，应建立资金监督体系，对产学研战略联盟的资金使用情况进行合理的监督。

(二) 建立专项基金

产学研战略联盟风险专项基金可以采取政府、企业、社会共同投入的方式进行筹集。产学研战略联盟合作项目具有投入高、不确定性强、风险大的特征，特别是在项目前期，一般没有联盟主体愿意承担风险。专项基金的前期投入可以分担投资风险，减轻单一主体的投资压力，保证项目的资金来源，最终保证联盟的成功。

(三) 增加专用性资产投资

资产专用性是交易成本治理的核心维度，产学研战略联盟专用性资产同样是抵御风险的重要手段。在产学研战略联盟合作过程中，人才培养需要投入场地、设备设施和师资等具有场地专用性、人力资源专用性的资源。技术服务、创新创业和产业培育需要的资产也具有实物专用性和用途专用性。这些专用性资源、资产一旦投入，就会产生较高的沉淀成本，无法转为他用或转用后资产价值会大幅降低。产学研战略联盟各主体投入的资源还具有时间专用性，特别在科研项目协同攻关、技术转移和企业孵化中，项目或业务的周期性决定了相关资源投入的时间专用性。增加专用性资产的投资，一定程度上可以降低产学研战略联盟资金风险。

(四) 建立多元化投融资体系

产学研战略联盟面向的是技术和资金双重密集型产业,不仅需要投入大量的资金,而且还具有很高的技术和生产风险。产学研战略联盟的资金主要来源于联盟各主体自有资金和政府专项贷款,而金融机构、风险投资机构等融资渠道并不十分畅通。这就需要政府提供更多便利的条件,使得产学研战略联盟能从多渠道、多源头获得资金,建立起多元化的融资体系,增加研发、生产投入经费,分散联盟的技术、生产风险。

(五) 建立科学合理的投资评估方法和体系

目前还没有专门针对产学研战略联盟制定出统一的投资评估方法和体系,现有的投资评价方法又不能完全适用于产学研战略联盟。需要对众多具有典型性的产学研战略联盟进行调查研究,以制定更具现实性和有效性的投资评估方法和体系。

(六) 完善风险投资退出机制

风险退出机制可以促使风险投资向高新技术领域投放。退出机制不健全是目前风险投资无法正常运作的一个主要因素。要保持产学研战略联盟的活力,就必须建立风险投资退出机制,在明确成员进入标准的基础上,对于严重违反联盟协议或章程、不履行应尽义务的联盟主体以及不再适合作为联盟成员的主体,依照联盟退出机制,经友好协商后将其清除。

四 成果验收与质量风险管理

(一) 建立成果验收机制

在实际操作中,联盟应重视知识生产率、成果转化率、社会贡献率等各个方面,要建立公平科学合理的成果验收机制。制定合理的验收评价指标是进行成果验收不可或缺的重要前提。联盟验收评价指标不合理,就无法对联盟各方面、各类人员的工作予以客观评价,并会产生不良的联盟成果导向。合理的成果验收评价指标应包括联盟计划进度执行情况、联盟经济技术指标完成情况、联盟研究开发取得的成果情况、资金落实与使用情况、经济效益和社会效益评价等。

（二）合理评估技术产品成果价值

技术产品成果的价值对联盟主体来说意味着联盟所获利益。要根据实际情况，逐步建立一套完备的技术产品成果评价方法。运用科学、合理的评价方法对技术产品成果的价值进行准确评估有利于提高联盟成员工作的积极性和减少联盟成员间产生利益风险的可能性。

（三）加强质量风险管理

质量风险包括创新技术未通过认证、技术创新产品质量不合格、中试不成功、消费者在使用产品时出现事故以及联盟项目运作过程中的机器磨损、仪器设备出现故障、技术人员流失等。针对质量风险问题，可以制定规章制度有序、有节的使用各类资源；同时，联盟决策层要时刻把握社会动态和市场需求，最终决定技术产品成果转化方案；产学研战略联盟还要建立专门的质量监督部门，对创新技术和产品质量进行科学评估和严格检查，保证技术、产品双合格。

五 市场风险管理

产学研战略联盟是一个不断深化发展的动态过程，不同阶段面临的市场风险也不同。

（一）了解并跟踪市场需求

在合作初期，各成员方在市场上加紧调查市场需求的实际情况，了解市场环境的变化趋势并展望市场未来的发展趋向，做好市场风险的前期反馈与控制，尽量将市场风险加以规避，控制在最小的规模。

（二）跟踪并反馈市场信息

当进入合作的新阶段，创新技术产品成功进入市场，要加强密切联系和协调各主体来进行实时控制和反馈，随时获得有关资料。

（三）培养协作技术核心竞争力

产学研战略联盟应该重视培养联盟协作技术的核心竞争力，重视服务和组织创新，根据市场定位和技术创新合作的优势，大力发展合作战略，选择相应创新策略，以尽量减少市场风险。

六 利益共享与风险共担

（一）建立公平的利益共享机制

获取利益是产学研战略联盟各主体结成联盟的根本出发点和主要目标。以联盟协议为基础，科学地选择分配方式，保证联盟各个主体合理利益，是实现产学研战略联盟可持续发展的关键。产学研战略联盟利益是指联盟所创造的新增物质利益和非物质利益的总和。产学研战略联盟应建立公平的利益分配机制，尽量做到利益共享，降低利益分配风险。

（二）建立有效的风险共担机制

产学研战略联盟一般从事的都是创新活动。创新的特征之一就是具有不确定性，风险与创新活动如影随形。产学研战略联盟充满了各种各样的风险，应该建立有效的风险共担机制，确保产学研战略联盟在面对风险时，联盟各主体都能够参与风险的分担，共同保证联盟顺利渡过危机。

七 信任风险管理

（一）投入互补性知识，增加关系资本

产学研战略联盟各个主体都拥有自身独特的优势，是其他成员不可替代的。在产学研战略联盟合作过程中，通过投入互补性的知识，从而增加关系资本，提升合作伙伴之间的信任，降低合作伙伴风险。

（二）联盟各主体相互尊重各自的文化

在产学研战略联盟中，交织着企业的商业文化、高校与科研院所的学术型文化，甚至还有政府部门的行政文化。不同组织之间文化的差异，增加了产学研战略联盟管理和协调的成本，提高了风险性和不确定性。产学研战略联盟各个主体之间相互认同各自的文化尤为重要。必要时可以通过塑造统一的联盟文化，有效减少或避免联盟主体之间的分歧、矛盾和摩擦。统一的联盟文化，并不等同于产学研战略联盟的所有主体必须做到完全同质，而是在包容精神下的融合发展，是在联盟各主体尊重其他主体文化的前提下，共同建立起鼓励创新、宽容失败、团结协作、互利共赢的联盟文化。

(三) 建立有效的沟通机制

产学研战略联盟无论哪一阶段或环节的运作出现障碍,都会导致产学研战略联盟运作困难甚至联盟终止。为降低联盟风险,产学研战略联盟必须以制度的形式,建立起沟通机制,并通过正式的沟通渠道宣告联盟的形成。若所有联盟主体不能通过正式公开的沟通方式对联盟目标给予确认,会在未来联盟运行中埋下隐患。在联盟正式形成之前,应把各个主体召集到一起举行一次启动会议,在此次会议中对联盟有关内容进行明确界定,取得各方一致理解后,公开落实联盟各主体的角色和责任,提高各主体对联盟承诺的兑现程度。

(四) 建立信用档案

在产学研战略联盟合作过程中或合作结束后,对参与联盟的各个主体进行信用记录与分析,建立信用档案,为日后产学研战略联盟的结成提供一定的依据。同时,信用档案以一种客观存在约束着联盟成员,进而可以增加合作伙伴之间的信任程度。面对信用良好的合作伙伴,信任度也会随之增高,有关风险也会随之降低。

(五) 建立冲突协调机制

冲突协调机制对于抵御风险有着积极的作用,关键在于"协调",使冲突不会在联盟内部累积。建立有效的冲突协调机制,以化解产学研战略联盟各主体间的冲突是十分必要的。如果联盟主体间产生了冲突,各主体需要派出代表进行沟通,交流各自观点后,对冲突点进行分析归纳,总结出冲突的原因所在。并由专人对各主体进行协调,就冲突的化解方式进行讨论。采用折中的、各主体均能接受的解决方案化解冲突,从而实现联盟主体间的相对和谐,降低联盟风险。

(六) 建立有效的奖惩机制

产学研战略联盟产生风险的重要原因之一就是联盟协议没能很好地执行。为了防止联盟各主体的机会主义行为,成功实现知识、技术在联盟中共享与转化,必须建立有效的奖惩机制。一方面对于联盟信用较好、可以严格遵守联盟规章的联盟主体,可以给予一定的奖励;另一方面对于违反联盟协议的联盟成员进行有力有效的惩罚。运用奖惩机制确保联盟成员严格执行协议，减少机会主义行为带来的道德风险。

八　中介服务机构保障

（一）加强中介服务机构建设

中介服务机构指在各主体间起到桥梁、纽带作用的组织。目前，很多急需创新技术而自身又缺乏自主研发能力的企业，因找不到相应的技术支持而影响了产业升级的实现；而有着创新技术的高校和科研院所因找不到需要技术进行产品成果转化的企业而一筹莫展。对此，政府应当制定相关的优惠政策，鼓励相关专业人员创办中介服务机构，并制定统一的中介服务机构行业规范，加强对中介服务机构的管理、监督和资格认定。对中介服务机构的工作人员进行系统培训，规范中介服务机构，为产学研战略联盟各主体能够深入合作提供保障。

（二）中介服务机构对产学研战略联盟风险抵御的作用

1. 提供风险管理指导

中介服务机构可以为产学研战略联盟成员提供风险管理的指导和方法论。这包括风险识别、评估、应对和监控等方面的指导，帮助联盟成员建立系统的风险管理流程，并制定相应的策略和措施。

2. 提供风险监测和预警

中介服务机构可以建立风险监测和预警机制，及时获取相关行业、市场和政策的信息，对潜在风险进行监测和预警。这样可以帮助联盟成员及早了解并应对可能的风险，减少风险带来的损失。

3. 提供紧急支持和应急预案

中介服务机构可以协助联盟成员建立紧急支持机制和应急预案，以应对突发的风险事件。这包括制定紧急联系人和协调机制，提供必要的资源和支持，帮助联盟成员迅速应对风险并降低影响。

4. 进行风险培训和能力建设

中介服务机构可以组织相关的培训和能力建设活动，提升联盟成员的风险管理能力。这包括对于风险识别和评估方法、工具和技巧的培训，以及危机管理和应急响应的培训，帮助联盟成员在面对风险时能够做出正确的决策和行动。

5. 提供合作共享平台

中介服务机构可以建立合作共享的平台，促进联盟成员之间的信息共享和经验交流。通过分享成功案例和教训，联盟成员可以从彼此的经验中汲取教益，提高对风险的认识和处理能力。

第四节 建设中国产学研战略联盟风险抵御机制的路径选择

一 政府在产学研战略联盟风险抵御中的作用

政府在产学研战略联盟风险抵御中的作用主要表现为：为产学研战略联盟的知识产权保护提供制度保障、对产学研战略联盟进行风险评估和监管、联盟结成前指引各主体充分调研、组建专门的组织或机构协调联盟运作、为联盟提供资金保障以及吸引社会资本进行风险投资等。从而保障产学研战略联盟有效避免、防范和化解风险，进而维护联盟稳定，切实保障联盟各主体利益。

（一）为联盟的知识产权保护提供制度保障

产学研战略联盟中的知识产权归属以及使用权的划分问题，主要通过知识产权保护制度提供法律建议。政府可以完善知识产权保护制度，为产学研战略联盟建立风险共担、利益共享的知识产权保护机制提供基础。将风险责任分层次、分阶段地区分对待，促进联盟各主体的积极性，激发自身的内在驱动力，将联盟的风险降到最低，从而保证联盟的可持续发展。

（二）对联盟进行风险评估和监管

产学研战略联盟实践显示，虚报项目骗取政府投资与政策优惠、联盟项目无法完工等情况时有发生，浪费了大量社会资金。为避免和减少这些现象，就需要政府发挥作用，对联盟进行风险评估与监管，从而促进产学研战略联盟顺利开展并完成工作。

（三）联盟结成前指引各主体充分调研

在确定产学研战略联盟的发展方向之前，政府可以在产学研战略联盟形成初期带头牵引，使联盟各主体充分调查了解联盟其他主体的运营情况、优势资源、综合实力、合作经历及信誉水平，构建产学研战略联盟合作伙伴选择机制，设立科学、全面的评价指标，系统地考察和评估合作伙伴的合作动机和贡献能力。当合作伙伴的目标一致、资源能力优势互补、曾有成功的合作经历时，产学研战略联盟伙伴选择方面的风险就能够得到有效控制。

（四）组建专门的组织或机构协调联盟运作

政府可以建立专门的机构，协调产学研战略联盟的合作过程，降低产学研战略联盟运作风险、信任风险、制度风险发生的概率。在风险发生时，能够发挥专业化作用，及时对风险做出抵御。政府还可以带头牵引产学研战略联盟涉及的行业结成一个组织，形成一种行业标准，规范产学研战略联盟，从而降低联盟的风险。

（五）为联盟提供资金保障

产学研战略联盟大体可以分为联盟形成初期、联盟运作过程、成果验收期三个阶段。产学研战略联盟在不同阶段面对的风险不尽相同，需要的资金保障也不同。政府可以在产学研战略联盟合作的不同阶段，给予不同的资金保障。在联盟形成初期，可能出现启动资金不足的风险，政府可以投入种子资金，帮助产学研战略联盟顺利结成。在联盟运作过程中，可能出现运作风险，政府可以运用一些激励手段，激发产学研战略联盟各主体的积极性。在成果验收阶段，政府可以根据成果质量，给予不同的资金奖励，从而促使成果质量的提升。此外，政府资助的产学研战略联盟在开展工作过程中可能遭遇资金不足的风险，政府还可以起到"兜底"作用，进行资金追加或补充，从而保障联盟工作继续开展。

（六）吸引社会资本进行风险投资

政府可以通过吸引社会资本进行风险投资，为产学研战略联盟抵御资金风险提供保障。美国的联邦政府通过颁布一系列的财税政策，将分散的社会资本进行整合,设立"风险基金",将募集的资金投入高新技术企业及产学研战略联盟。"硅谷"高科技产业区,其本质也是产学研战略联盟。在融资时采用市场拉动型的模式,让市场发挥调节功能。融资行为多以市场动向为标杆,广泛吸收社会资本,吸纳政府风险投资基金、基金会资金、保险公司和银行等的投资。

二　中国产学研战略联盟风险抵御机制的路径选择

(一) 完善产学研战略联盟风险抵御法律法规及政策制度

1. 完善风险抵御相关法律法规

首先,中国已经积累了众多典型的产学研战略联盟案例以及政策、法律经验,在理论研究上也具备一定的基础,并有大量国内外的相关法律可供借鉴,因而研究、讨论、制定和颁行产学研战略联盟风险抵御相关法律法规的基本条件已经具备。其次,完善风险抵御法律法规是规范产学研战略联盟中各主体的责权利关系、行为方式及运作机制的迫切需要,更是产学研战略联盟发展的必然趋势。最后,相关法律法规可以针对技术共享、知识产权保护等事项,建立明确的法律框架,为联盟协议的确立提供支撑,从而确保各主体的权益和责任得到保护,以降低潜在的风险。

2. 完善风险抵御相关政策和制度

第一,应尽快完善风险抵御的制度和政策,确立必要的准则,规范和约束产学研战略联盟的行为,促进和推动产学研战略联盟可持续发展。及时把风险抵御要求和做法予以公布,构建完善、系统、逻辑严密的政策、制度。加大惩处力度,对因风险管理不力而发生风险的,应追究相关人员的责任。对违规操作造成重大损失的,坚决查办。第二,政府应制定出与产学研战略联盟配套的财税政策、风险投资政策、技术产品成果转化政策、产学研战略联盟的管理办法等相关政策制度。第三,政府要建立便于产学研战略联盟的协商及仲裁制度。联盟应结合日常管理工作,在协商仲裁制度指导下,建立联盟自身的冲突协调机制,缓解合作过程中出现的矛盾和冲突,确保产学研战略联盟的稳定发展。第四，建立合适的协议保障机制，明确联盟成员之间的权责义务，规定各种风险情况下的责任分配和赔偿机制。确保协议条款的明确性和可执行性，为风险抵御提供制度保护。

(二) 建立产学研战略联盟风险预警机制

建立产学研战略联盟风险预警机制是确保联盟有效应对风险的重要一环。通过建立完善的产学研战略联盟风险预警机制，可以帮助联盟成员及时识别和应对风险，降低风险对联盟目标的影响，并增强联盟的整体竞争力和可持续发展能力。

1. 确定风险指标和阈值

联盟成员需要共同确定与联盟目标相关的关键风险指标，如市场需求变化、技术进展、法规政策等。然后，制定相应的风险阈值，即一旦相关指标超过预设的警戒线，就触发风险预警。

2. 建立信息收集和分析系统

建立健全的信息收集和分析系统，包括定期收集和监测与联盟相关的各类信息，如市场数据、技术趋势、政策法规等。通过数据分析和趋势预测，及时发现潜在的风险信号。

3. 评估和预测风险

基于收集到的信息，进行风险评估和预测。利用风险管理工具和方法，对各项风险进行定性和定量评估，分析其可能带来的影响程度和概率。根据评估结果，确定优先关注的风险和应对措施。

4. 建立报告机制

制定明确的风险报告机制，确保相关信息能够及时传达给联盟各主体。设立专门的风险预警团队或委员会，负责监测风险指标、发出预警信号，并及时向联盟各主体报告风险情况。

5. 制定预案和培训演练

首先，根据不同风险的特点和影响程度，制定相应的应对措施和应急预案。明确责任分工和行动方案，确保在发生风险事件时能够迅速、有效地采取应对措施，减少损失和影响。其次，为联盟主体提供风险抵御培训演练，包括预案演练、风险评估方法、应对策略、风险管理工具的使用等。加强成员的风险意识和风险管理能力,提高联盟整体的风险抵御能力。

6. 定期评估和改进

定期评估风险预警机制的有效性和改进空间,根据实际情况对机制进行优化和完善。与联盟成员进行反馈和沟通,收集意见和建议,不断提升风险预警机制的运行效果。

(三) 建立产学研战略联盟评估与监测机制

1. 建立联盟风险评估机制

产学研战略联盟应建立一套规范、科学的风险管理体系,研究和制定科学评估联盟风险的标准,对联盟风险进行科学化、制度化、标准化、规范化的评估。立足于联盟项目完整过程中的各方面风险,从申报、立项到监管、经费审查、过程管理、评审验收,建立全面的风险评估指标体系,并严格执行评价标准,促进产学研战略联盟风险抵御能力的提升。政府要通过建立产学研战略联盟专家评议组织,对产学研战略联盟的项目申报、立项等中间环节的进展情况和完成情况进行综合评估。

2. 建立联盟绩效评估机制

产学研战略联盟应建立并完善绩效评估机制,让联盟各主体以市场为导向开展活动,在对联盟进行科学验收时,将评估指标纳入市场风险抵御情况。

3. 建立联盟技术监测与保障机制

技术监测与保障机制是确保产学研战略联盟合理抵御技术风险的关键。一是,建立技术监测机制。包括建立专门的技术监测团队,对联盟的技术进展进行跟踪和监测,及时发现和解决技术问题。二是,建立技术保障机制。确保技术实施的安全可靠性,避免技术风险对联盟的影响。

(四) 建立完善的知识产权保护机制

1. 明确界定联盟产权归属

第一,产学研战略联盟应在相关法律法规及政策制度的指导下,设计科学完备的联盟协议,特别是对产权的归属问题做出明确的界定。完备的联盟协议应体现利益共享、风险共担的原则。产权是一种无形的资产，产权的分配应该在协议中明确规定。在产学研战略联盟形成之初，签订较为完备且具有约束力的联盟协议，对联盟开展活动过程中各主体的权、责、利等一系列问题进行严格规定，避免漏洞的产生，有效避免因契约不完备而引发的风险。

2. 建立知识产权保护环境

建立健全有利于知识产权产生、保护和开发的环境。依据相关法律法规，建立完善的奖惩机制和预警机制。提高专利的信息化水平，依托互联网提高专利信息获取的便捷性；建立健全知识产权社会咨询中介服务机构；完善知识产权人才培养机制，增加与国际的交流合作。

3. 建立专业化知识产权保护部门

产学研战略联盟要优化成立专门的知识产权保护部门，为联盟合作提供全程的法律和政策保障。选择有效的知识产权保护方式，树立知识产权管理经营理念。

4. 建立技术转移机构

建立和发展技术转移机构，推进高校、科研院所与企业的合作。技术转移机构可以在对技术成果评估的基础上购买该技术，再转让给企业；也可以将高校、科研院所的技术成果通过中介服务的形式介绍给企业；还可以以产权所有人，以知识产权入股的形式融入企业发展。

(五) 建立利益共享与风险共担机制

产学研战略联盟主要是为了实现高科技成果的转化，在此过程中高风险和高收益是并存的。"利益"和"风险"是联盟合作过程中最为重要的要素，在合作过程中，联盟各主体基于信任与共同利益而建立联盟关系，但这种关系并不稳固，存在着各种风险。因此，需要完善产学研战略联盟的利益共享与风险共担机制。

1. 建立利益共享与风险共担长效机制

应逐步建立利益共享与风险共担长效机制，将利益份额与投资比例、风险系数大小挂钩。投资越多、承担风险越大，则收益越大。通过构建产学研战略联盟利益共享与风险共担长效机制，将产学研战略联盟的收益与风险分配时间延长。可以解决当下无法确定的产学研战略联盟分配问题，也可激励联盟主体在合作过程中的努力程度，从而降低产学研战略联盟各主体因利益分享与风险承担不对等、不信任而产生的风险。

一是，企业可尽早参与研究开发，分担研究开发资金和风险。联盟各主体也可在生产领域和市场方向加强合作，共同承担创新成果的市场风险。在利益支付方式上，减少合作之初技术转让费的额度，使用提成支付、技术入股的利益分配方式，把高校、科研院所的收益直接与联盟整体的经济效益挂钩，减少企业的资金压力。二是，通过充分发挥政府的宏观指导职能、科技服务型中介机构的协调功能，引入第三方中介机构，建立完善的冲突协调机制，完善风险共担机制。三是，在联盟协议条款的设计上，针对联盟活动过程中可预知的技术风险、市场风险、信任风险等风险，制定相应的风险防范预案及措施，为抵御风险做好准备。

2. 推进风险共担机制市场化

一是，产学研战略联盟的成果要努力转化为授权专利、行业技术标准等市场化成果形态，保障创新成果的知识产权得到最大限度的保护，从而降低产学研战略联盟的各类风险。二是，积极推动产学研战略联盟成果向市场化、可交易的产品转化，对已实现市场化经营的联盟业务再度细化，将科技服务和知识产权的相关业务第二次实现市场化。三是，鼓励设立以创新成果为生产基础的新生企业，通过创新成果的市场化方式，有效降低产学研战略联盟的市场风险。

（六）建立多元化投资机制

1. 以市场绩效为基础进行财政补贴

政府应该加大对产学研战略联盟风险的财政补偿力度，创新产学研战略联盟的财政支持政策。一是，进一步加大财政补贴力度，将现有的财政补贴预算制定与产学研战略联盟的市场绩效挂钩，并将划拨的财政预算资金直接用于产学研战略联盟的运营补贴。同时划拨专项的财政资金，用于特定事项的产学研战略联盟的风险补偿。二是，拓展公共融资渠道，积极探索发行产学研战略联盟的专项地方政府公债，进一步加强政府财政在产学研战略联盟风险抵御中的支撑作用，并为产学研战略联盟的长期稳定发展提供财政信用支持。三是，扩大税收优惠政策覆盖范围，地方政府可以从税收优惠政策角度，进一步提升产学研战略联盟的利润空间，增强其市场竞争力。

2. 组织和发展联盟风险投资

首先，组织和发展风险投资，可以为产学研战略联盟提供更加充裕的市场化社会资本，增大创新投入资金的规模。其次，还可以增加产学研战略联盟风险分担的市场主体，共同分担产学研战略联盟的资金风险，促进联盟风险分担机制的优化。最后，透过风险投资的规模和大小，可以获得创新成果预期收益水平的市场信号。组织和发展风险投资可以从以下方面进行。

一是，发挥政府在产学研战略联盟中的指导作用。对投入产学研战略联盟的国内外风险投资，给予优惠政策；围绕风险投资的发展，制定财政税收扶持政策。二是，在产学研战略联盟中，企业可以根据资金专利技术差异状况，根据协议与投资人、经营管理者在期权和分红享受上合作。三是，营造良好的投资环境，从而为风险投资退出机制提供保障，鼓励投资机构、社会资本和非政府资本参与，积极推动投资主体走多渠道道路。

3. 利用保险转移联盟风险

产学研战略联盟或联盟主体可以与保险公司签订保险合同，按需缴纳保金，通过投保的方式将风险转移至保险公司。在风险发生后，保险公司进行一定金额的补偿。然而，联盟的产品和提供的服务技术含量高，保险费率难以形成统一固定的费率。加之当前中国产学研战略联盟投保案例较少，赔偿的范围、免赔金额等也暂时缺乏参考。联盟或联盟主体作为投保人签订保险合同可能会花费大量时间和精力，增加机会成本。但是在有限的范围内，产学研战略联盟仍然可以将特定风险转移给保险公司。

第六章 产学研战略联盟合作伙伴选择

第一节 影响产学研战略联盟合作伙伴选择的主要因素

科学技术是第一生产力,是高质量发展的主要推动力,本节以产学研战略联盟进行合作研发、科技攻关等活动为例,探索产学研战略联盟合作伙伴选择的主要影响因素。面对技术快速更新和技术复杂性日益增长的情况,参与合作的主体往往会选择与其他参与合作的主体以合作研发、组队攻关的方式来降低成本和风险。在合作研发、科技攻关过程中,不同主体之间可能存在目标冲突、信任缺失、文化差异等问题,这些问题必然会影响合作研发、科技攻关活动的顺利开展和成果的产出,甚至中断合作,解体联盟,给参与合作的各主体造成巨大损失。因此,每个参与主体在进行合作伙伴选择的过程中,必须对影响合作效果的诸多因素进行深入调查分析,以做出最佳伙伴选择。

一 合作基础方面

(一)文化因素

无论是企业、高校还是科研机构,都有自身的文化积累,或多或少会形成有别于其他组织的价值观,同样,政府部门也会形成自身的行政文化。各参与主体的文化对产学研战略联盟能否有序有效运行、能否顺利实现联盟目标至关重要，所以，各备选主体的文化是影响产学研战略联盟构建之前合作伙伴选择的重要因素之一。文化认同是合作的基础，有助于合作伙伴相互理解、朝着共同目标努力，分享资源，共享观点，如果有误解或冲突也容易解决。文化不认同是参与主体合作过程中诸多问题产生的根本原因，参与主体的行为特点各异，相互之间信息流动不畅，就会出现误会，积累加深矛盾，对产学研战略联盟各主体之间的合作极具破坏性。特别是在涉及不同国家之间的产学研战略联盟时，联盟主体成员文化的不相容会给管理者制造额外的困难和挑战，会给合作伙伴制造更多的沟通障碍，使得联盟各主体在确定市场机会和理解市场机制方面形成困难。因此，产学研战略联盟各主体必须花费更多的时间进行沟通规则的设计和共同管理方法的研究。以合作研发、科技攻关为例，主体之间是否具有共同认同的文化会影响着研发合作的所有方面，特别是主体之间的信息流动、知识管理的过程和知识转移。因此，具有文化认同的合作主体构建的研发合作关系比较稳固，文化距离也会随着合作时间的延长而趋于减少，相互信任随之增强，合作伙伴间的相互依赖关系也会随之加深，合作进入良性循环。

（二）信任因素

产学研战略联盟各参与主体之间的信任是联盟构建、运行的必要条件，必须贯穿战略联盟构建、运行到终结的始终。所以，各备选主体相互信任自然成为影响产学研战略联盟构建之前合作伙伴选择的重要因素之一。因此，产学研战略联盟各参与主体需要与合作伙伴建立足够可靠和可信赖的关系。以合作研发为例，各主体之间相互信任可以使参与研发合作伙伴彼此依赖，真诚协商，协调行动，以完成研发任务。产学研战略联盟各参与主体之间的相互信任，会使合作双方的互补资源和能力得到充分发挥，有助于最小化不确定性和减少机会主义威胁。各参与主体之间的相互信任还能够提高合作质量，进一步决定嵌入在关系中的主体可得的收益和范围。在基于相互信任建立的合作关系中，合作主体相信自己的合作伙伴具有合作所需的专长和资源，怀着良好的愿望以对双方都有利的方式行动,在相互合作的实践中愿意并能够实现角色义务和最大化共同利益。已有的产学研战略联盟实践表明,合作过程中,人际间的信任可以弥补组织间信任的不足,特别是各合作主体的负责人。各主体之间的信任能够促进无形资源、隐性知识和敏感专有资产的有效流通,同时需要对合作伙伴及其更多难以克服的、复杂的资源转移有很好的理解。我们不难发现,合作过程中的相互信任具有较强的互惠效应。合作主体对合作伙伴的信任,能够促进和鼓励合作伙伴反过来对自己的信任。联盟主体在合作过程中,向合作伙伴发出信任的信号,会刺激合作伙伴产生期望信任。之后,合作伙伴也会作出相似的行为,将信任的信号发给对方。因此,产学研各主体之间产生最大可能的相互信任时,便开始合作,走上联盟的路。

(三) 合作经验因素

曾经是否有合作经历,是否有经验积累,对产学研合作构建战略联盟都十分重要。所以,各备选合作伙伴的合作经验是合作的一部分,是影响产学研战略联盟构建之前合作伙伴选择的因素之一。产学研各主体拥有的合作经验构成了自身的累积性知识,为主体选择合作伙伴提供及时有效的有价值的信息,如对方的可靠性、能力、管理和决策等,同时合作经验有助于主体在新合作中创造新的价值。实践表明,合作经验的累积取决于该主体此前合作关系的持续时间、合作伙伴之间组织与文化的匹配程度以及主体自身的学习能力。

根据产学研战略联盟合作伙伴的不同,合作经验可以分为与相同合作伙伴合作形成的专有合作经验和与任何合作伙伴合作形成的一般合作经验。一般合作经验是主体相关能力的基础,合作经验的累积有助于主体对合作关系的管理,同时有助于提升主体的相关能力,增加之后合作中创造的价值。专有合作经验有助于与合作伙伴建立相互信任,进一步深化合作,结成战略联盟。显然,专有合作经验对主体从合作中获得收益的影响要比一般合作经验大得多。专有合作经验通过促进合作、知识共享,增加合作伙伴的学习效率和效益。一方面,与相同合作伙伴连续合作可为主体提供更为一致的学习环境,使经验积累更为有效,学习成本更低，学习效率更高。另一方面，很多合作经验的利益是专有合作伙伴固有的，这些合作经验不能轻易被应用在与其他合作伙伴形成的合作中。专有合作经验所产生的利益是与其他合作伙伴形成的合作不可代替的。在专有合作中，合作伙伴可能愿意投入更多的关键资源参与合作，在重复的合作中节省管理成本，同时有助于合作伙伴解决冲突，减少不确定性，增加合作结果的可预测性。

二 能力方面

（一）资源互补性因素

资源互补是企业、高校、科研机构谋求合作的理由之一，构成合作动机和合作动力的重要内容，资源互补性构成合作能力的基础内容之一，对产学研合作构建战略联盟十分重要。所以，各备选合作伙伴是否有差异化资源，是否有优质资源用于合作，是影响产学研战略联盟构建之前合作伙伴选择的重要因素。以产学研战略联盟进行合作研发活动为例，随着科学技术的日新月异，合作研究表现出多学科性和技术的复杂性，参与合作研发的主体，内部资源往往不足以支撑技术创新目标的实现。在无法通过知识交易进行改善的情况下，参与研发的主体谋求采用嵌入或组织不同类型的研发联盟来应对，希望利用其他合作主体的互补性资源来弥补自身资源的不足、获取合作收益，提高创新能力。合作主体之间所具有的互补性资源是研发合作形成的关键驱动力和决定因素之一，所以，参与合作研发的主体必须有资源才能得到资源。优良的研发合作伙伴应该拥有合作主体所需的独特的、与研发合作相关的技术能力和知识基础等高质量的研发资源，对于完成具体的研发任务，具有一定的相对优势。在产学研合作研发的实践中，由于知识溢出和机会主义的存在，常常使得具有专有技术知识的主体不太倾向于参加研发合作。因为，参与研发合作后，专有的技术知识可能会通过多种途径无意识地泄露给研发合作伙伴，会威胁到自身的市场竞争地位，甚至是生存。在建立垂直研发合作时，参与主体主要是通过共用互补性的研发资源来获得更多的市场信息。由于各合作主体所处位置不同，他们不是直接的竞争者，不会出现研发收益独占的情况，各主体在合作过程中遇到的风险相对较小。在建立水平研发合作时，参与主体可以共用参与者的研发资源，交换利用他们各自的、专有的互补资源，缩减研发成本、风险和时间。水平研发合作，因知识溢出和机会主义的存在，可能会使合作者通过共用资源而产生复制，从而加剧竞争。所以，一般情况下，只有研发合作伙伴之间具有特别强的共同兴趣，或者研发合作的目标是离市场化较远的基础研究项目时，才会出现竞争者之间的水平研发合作。

（二）规模因素

企业、高校、科研机构等谋求合作的主体的规模构成合作能力的基础内容之一，合作构建对产学研战略联盟十分重要。因此，各备选合作伙伴所拥有的规模，成为影响产学研战略联盟构建之前合作伙伴选择的重要因素。主体规模一般用团队人数和产出总量来衡量。已有的文献普遍认为，备选合作伙伴的规模是影响参与主体选择伙伴的重要因素之一。主体规模决定着主体所拥有资源的数量。以产学研战略联盟合作研发为例，规模较大的参与主体具有更多的金融、技术和人力等研发所需的资源，基本上能够进行具有可持续性的研发项目，他们有比较充足的研发预算，同时有能力采取多种有效措施吸收优秀的研发人员。比较而言，组织规模较小的参与主体所掌握的资源比较有限，缺少合适的优秀员工，所以，较小规模的参与主体很难进行内部的研发和利用外部的相关资源，不完全具有建立合作所需的经验和资源。主体的规模对于合作伙伴的选择具有两个方面的影响，一方面，规模较大的参与主体缺乏参与合作研发的动力，因为其自身往往具有独立进行研发的能力，而规模较小的参与主体往往对于合作研发具有较强的兴趣。另一方面，同意参与合作研发的主体，往往为获得预期的技术知识，需要以自身稳固的知识基础和较强的吸收能力作为支撑。因此，规模较大的参与主体更容易凭借较强吸收能力从合作研发中获益。实践表明，规模对合作研发的影响使得参与主体在选择研发合作伙伴时必须意识到，规模较大的参与主体缺少合作的动机，即使开展合作也可能会凭借自身的深厚基础而从合作中获得更大的利益，规模较小的参与主体受制于其较低的技术能力和不足的资源，对合作研发的作用比较小。

从研发动机来看，大部分规模较大的参与主体进行研发合作是因为技术发展速度较快、研发不确定性和成本较高；规模较小的参与主体则更加重视如何通过创新使自己的研发更加灵活，主要考虑的是市场和创新问题。同时，有研究表明，规模较大的参与主体具有创新所需的从基础研究到商业化较全面的研发资源，有能力自己进行创新，而不愿意参加合作。

(三) 投入强度因素

主体的投入强度构成合作能力的基础内容之一，对构建产学研合作战略联盟十分重要。因此，各备选合作伙伴的投入强度，是影响产学研战略联盟构建之前合作伙伴选择的重要因素。以产学研合作进行研发活动为例，投入强度是衡量参与主体技术能力的重要指标，可以用内部投入经费占总经费的比重来衡量，也可以用投入人员数量占总人员数量的比重来衡量。参与研发合作的主体应该具有较高的投入强度，因为投入强度影响主体对研发合作的贡献程度和范围。在研发合作过程中，投入强度较高的合作主体贡献更多的资源。为了弥补内部研发资源的不足，研发主体希望能够通过某种途径，利用外部的技术和知识，或者得到外部的专业技术支持，包括专家和设备，特别是在自己要研发的技术是新的或快速变化的、复杂的或投资较大时，研发主体更需要与创新合作伙伴建立研发合作关系。大部分研发主体认为，依靠自己的资源单独进行研发所面临的投资压力较大、风险较高，合作研发则是一种成本和风险相对较低的途径。在通过合作研发获得外部技术和知识的情况下，要想真正提升自身的技术能力，需要研发主体具有较强的知识吸收能力，而吸收能力的强弱取决于内部的投入强度。在参与研发的主体中，对研发投入较多的参与主体可能具有相对较高的技术能力、较好的知识基础及研发成果，具有较强的知识吸收能力，从而增加了该参与主体从外部获得和利用知识的几率。研发主体认为，如果参与合作研发可以使自身的研发投入更加有效，那么，投入强度就会进一步增加。投入强度是衡量参与合作研发的主体在前沿技术领域地位的一个指标，是衡量研发合作可能性范围和倾向的一个重要解释变量。投入强度高的主体在技术前沿非常活跃，同时面临的不确定性也比较高，所以，投入强度较高的主体，在技术发展方面，更加依赖其他参与合作的主体。

三　对外部环境的开放性方面

开放性是企业、高校、科研机构相互合作的基本条件，没有开放性就没有合作，没有合作更不可能构建战略联盟，主体的开放性对产学研合作进一步构建战略联盟十分重要。所以，各备选合作伙伴是否具有对外部环境的开放性，是影响产学研战略联盟构建之前合作伙伴选择的重要因素。以产学研合作研发为例，主体对外部环境的开放性指的是主体自愿地向外界提供知识或者交换知识，并从中获得知识，开放性能增强主体活力，提高主体能力。主体的对外开放程度直接影响研发合作中公共信息来源的利用和管理者的风险厌恶，进一步影响研发合作的倾向、水平和预期。显然，合作主体把自己科技能力的范围告知外部环境，对自身的发展是有利的。因此，主体对外部环境的开放性，是对主体看待外界潜在信息价值能力的衡量。对外部环境开放性程度较高的主体，为了更好地向外界告知自己的能力，会自愿通过多种渠道透露自己的技术知识，使预期的合作伙伴相信与其进行研发合作可以获利。这种类型的主体常常会积极地观察和监控外部知识，愿意把外部信息融入创新，研发合作的意愿会更为强烈。显然，如果选择这样的参与主体作为研发合作伙伴更有可能达到预期效果。从这一角度来看，参与主体在选择合作伙伴的过程中，应该关注备选对象的专利数量。对于选择合作伙伴的主体来说，专利数量不仅是保护产品创新的工具，而且能够提高声望和技术形象，发挥提高合作主体技术形象的作用。同时，主体拥有的专利数量也能表明其在对外合作过程中的协商能力，较多的专利数量有利于促进参与者之间的合作。专利通过减少参与主体间研发合作涉及的风险，激励着主体之间研发合作的形成。专利是衡量参与主体能力的一个重要指标，可以帮助参与主体确认潜在的合作伙伴，进而建立合作关系。专利的作用在企业、高校、科研机构的合作过程中显得特别重要。其中，中小企业可能更愿意与高校、科研机构合作，有名望的高校常常不愿意与中小企业进行研发合作，因为，此类主体不具备应有的技术能力。

第二节 产学研战略联盟合作伙伴选择常用方法

产学研战略联盟合作伙伴选择是一个典型的组合优化问题，随着参与主体种类和数量的增多，变量就会增多，选择会变得越发复杂。如果决策者只需要一种合作伙伴选择方案，那么，合作伙伴选择是一个单目标决策问题；如果决策者想得到比较精确的多种选择方案，合作伙伴选择就会变成一个多目标决策问题，必须综合运用多种分析方法进行规模运算，从不同角度进行推演。本节归纳介绍几种产学研战略联盟合作伙伴选择常用的分析方法，以供参考。

一 定性分析方法

（一）协商选择法

在构建产学研战略联盟时，如果备选合作伙伴比较多，一时辨认不清，难以抉择，可以尝试采用协商选择法。由于构建的是战略联盟，所以，谁来协商，和谁协商，协商什么，如何协商，如何判断决定协商结果，都要有制度性安排，避免情绪性拍脑门式的判断选择。协商的重点应该是双方的长远联盟目标、为实现目标具备的资源条件和包括利益分配、风险共担在内的制度。协商需要坦诚，不能有任何隐瞒，真实是协商的关键。协商之前，需要充分了解备选合作伙伴的基本信息，盲目的协商不会达到想要的结果。协商选择，一般是在充分了解备选合作伙伴的基础上，先筛选符合基本条件的参与主体，经过研究分析，与有可能结成战略联盟的备选合作伙伴，进行协商。协商活动的方式方法多种多样，需要灵活掌握。为了减少信息不对称带来的风险，在协商过程中，需要确认部分重要信息。

（二）招标选择法

在构建产学研战略联盟时，对于生命周期较短的联盟，且备选合作伙伴多，竞争激烈，可以选用招标选择法。招标选择法一般有三个具体步骤，首先科学准确地拟定招标书，然后建立完善的评标小组和评标规则，最后完成招投标活动。招标书其实是主体的一份目标任务书，也是一份招标操作说明书。招标通常有公开招标和邀请招标两种形式。招标活动有两个关键环节，一是招标书必须准确明了，二是评标。

（三）经验判断选择法

在构建产学研战略联盟时，采用经验判断选择法从备选合作伙伴中选择合作伙伴是有条件的：一是决策者必须有丰富的经验；二是决策者准确掌握备选合作伙伴的相关信息；三是有应对选择失败时切实可行的备选方案。人的认知是有限的，经验产生于过去知识的积累，事物在不断地发展变化，显然，经验判断选择法的作用是有限的。由于产学研战略联盟是涉及长远目标和利益的合作，实践中，不宜单一运用经验判断选择法。

二　定量分析方法

在构建产学研战略联盟过程中，从备选合作伙伴中选择合适的合作伙伴，常常采用定性分析方法与定量分析方法相结合的办法。正常情况下，先进行定性分析，然后进行定量分析，从定量分析结果中得到合作伙伴选择方案，定量分析结果同时能在一定程度上验证定性分析结果的准确性，定性分析能减少因信息不对称导致的由定量分析带来的风险。

（一）模糊综合评价选择法

模糊数学是运用精确的方法研究"模糊"的对象，模糊综合评价法是一种基于模糊数学的综合评价方法，在模糊的环境中，综合考虑多项因素，充分分析各因素，给出综合评价结果。模糊综合评价法可以把定性评价转化为定量评价，对受到多种因素制约的事物进行综合评价。在构建产学研战略联盟过程中，从备选合作伙伴中选择合适的合作伙伴，是一个受多种因素制约的不确定性问题，有时比较难以量化，可以选用模糊综合评价法，本书称其为模糊综合评价选择法。由于确定权重时会受到主观因素的影响，所以，权重需要客观准确。在构建产学研战略联盟过程中，选择合适的合作伙伴，需要依据企业、高校或科研机构的各类评价因素，确定评价值与评价因素值之间的函数关系，即隶属度函数，然后用加权方法分析各个评价因素对评价对象的影响，给出对于评价对象的综合评价。

模糊综合评价选择法适用于多层次、多因素产学研战略联盟合作伙伴选择的综合评价。基本步骤是构建模糊综合评价指标；构建权重向量；构建隶属矩阵；合成隶属矩阵和权重向量；解释合成的结果向量。模糊综合评价选择法的优点是可以通过精确的数字手段处理模糊的评价对象，对蕴藏信息呈现模糊性的资料作出比较科学合理的量化评价。另外，评价结果是一个向量，而不是一个点值，包含着比较丰富的信息。模糊综合评价选择法的缺点是运算复杂、对指标权重向量的确定主观性较强。

（二）层次分析选择法

层次分析选择法基于网络系统理论和多目标综合评价方法，通过对决策问题本质、影响因素及其内在关系等进行深入分析，利用较少的定量信息使决策过程数学化，解决多目标、多准则或无结构特性的复杂性决策问题。层次分析选择法根据问题的性质和希望达到的目标，将问题分解成不同的组成因素，并按照因素间的相互影响以及关系，把因素按不同层次聚集组合，形成一个多层次的分析结构模型，最终使问题归结为最低层相对于最高层的相对重要权重的确定或相对优劣次序的排队。企业、高校、科研机构合作并形成战略联盟是一个复杂的过程，选择合作伙伴，常常受到多种因素的影响，有时不易量化，决策困难。在构建产学研战略联盟过程中，选择合作伙伴可以选用层次分析法，本书称为层次分析选择法。

层次分析选择法适用于多层次、多因素产学研战略联盟合作伙伴选择。层次分析法基本步骤是：构建层次结构模型；构建判断矩阵；计算层次单排序权重向量并做一致性检验；计算层次总排序权重向量并做一致性检验。层次分析选择法的优点是：是一个系统性分析方法，把分析对象视为系统，运用分解、比较、判断、综合的方法进行决策；简洁而实用；需要的定量数据比较少。层次分析选择法的缺点是：无法得到更好的新方案，只能从原有的方案中选择；不适用于精度较高的决策问题，运算粗糙；主观因素影响比较大。

(三) 灰色关联分析选择法

灰色关联分析的基本思想是根据序列曲线几何形状的相似程度来判断不同序列之间的联系是否紧密。灰色关联分析研究对象是系统，对于两个系统之间的因素，把其随时间或不同对象而变化的关联性大小的量，称为关联度。在系统发展过程中，若两个因素变化趋势具有一致性，同步变化程度较高，就认为二者关联程度较高，相反，则认为关联程度较低。显然，灰色关联分析是根据因素之间发展趋势的相似或相异程度，即灰色关联度，来衡量因素间的关联程度。本书称其灰色关联分析为灰色关联分析选择法。

产学研战略联盟合作伙伴选择就是一个系统问题，合作伙伴的选择受到许多因素的影响，每个因素对合作伙伴选择影响的属性和大小、主次均有所不同。在产学研战略联盟合作伙伴选择中，对于有的影响因素，因种种原因无法取得大量数据或样本，不适合用常用的数理统计方法进行分析，例如常用的回归分析、方差分析、主成分分析等分析方法，因为这些方法一般都需要大量的数据为支撑，另外有时候还需要样本服从某个特殊分布，这种情况下，运用灰色关联分析选择法更有效。还有的影响因素，常常表现为一种变化着的趋势，这时，更适合运用灰色关联分析选择的方法。在合作伙伴选择实践中，并没有固定不变的灰色关联分析选择法的步骤，需要根据实际问题进行调整。常用的步骤是确定数据序列；对数据序列去量纲化；计算灰色关联系数；计算关联度；排列关联度大小次序。

(四) 其他定量分析选择法

其他定量分析选择法有人工神经网络选择法、数理统计分析选择法、数据网络选择法、遗传算法选择法、线性加权法选择法等，可以根据不同问题加以选择。

第三节 中国产学研战略联盟合作伙伴选择的基本条件

与传统产学研战略联盟相比，基于政府引导的产学研战略联盟，其目标和任务具有鲜明的公共性和政治性，体制及相关机制具有独特的制度优势。政府引导下的产学研战略联盟，其最高利益是国家利益，产学研战略联盟的目标是高效完成国家交给的任务。因此，产学研战略联盟合作伙伴的选择是在政府引导下完成的，联盟运行过程中出现的利益冲突，属于内部利益冲突。在政府的引导下，只要建立有效的利益协调机制，便可解决问题。本节从不同的角度，借鉴前述传统产学研战略联盟合作伙伴选择的理论和方法，结合新时代中国的实际情况，研究探索基于政府引导的产学研战略联盟合作伙伴选择的基本条件。

一 任务与目标

参与主体的任务和目标，是构建基于政府引导的产学研战略联盟的主要动机和动力之一。没有任务和目标，就没有构建战略联盟的必要，当然就没有选择合作伙伴的活动。如果参与主体都有各自的任务和目标，而凭自身现有的资源和力量无力承担任务，无法最终达成目标，便选择合作。如果合作时间较长，合作次数频繁，任务和目标相对稳定，则选择战略联盟。显然，任务和目标是政府、企业、高校、科研机构合作并进一步走上战略联盟发展道路的起因。

作为由政府、企业、高校、科研机构等主体构建的产学研战略联盟，有自身的任务和目标。战略联盟的任务和目标由参与主体按规则提出并确定，这一共同的任务和目标符合各参与主体的任务和目标，但是，参与主体各自的任务和目标不一定都能符合战略联盟的共同任务和目标。这意味着，通过构建产学研战略联盟不可能解决所以参与主体各自面临的困难和问题。这是导致合作伙伴选择困难的主要原因之一，也是基于政府引导的产学研战略联盟合作伙伴选择研究的难点。

对于基于政府引导的产学研战略联盟，绝大部分任务和目标都带有极强的公共性和政治性。例如，重大基础设施建设、重大科技攻关、重大民生工程等，要求参与主体必须有大局观念、系统观念、政治观念。联盟合作伙伴选择首先要以公共利益、国家利益为最高利益和最终利益，然后考虑参与主体自身利益。

二 互补性资源

具有互补性资源，特别是差异化优势资源，是企业、高校、科研机构等参与主体，谋求合作，构建战略联盟，选择合作伙伴的必要条件。互补性资源构成合作能力的基础，合作能力的强弱直接受制于资源的互补性。在资源有限的约束下，任何单一主体都很难完成由产学研战略联盟才能完成的任务，不同主体进行资源互补、风险共担、合作共赢已经成为发展趋势。为了保证产学研战略联盟所需资源的完整性，在选择合作伙伴时，必须选择具有互补性资源的参与主体。中国国有企业、高校和研究机构所属不同行业，都有各自的定位、目标和任务，经过长期的建设和发展，不同程度地拥有各自的差异化优势资源。

三 拥有的规模

作为构建产学研战略联盟合作伙伴选择的一个重要变量，规模涉及备选合作伙伴的规模、任务相关的市场规模和将要构建的产学研战略联盟的规模。这里主要讨论备选合作伙伴所拥有的规模。企业规模指按有关标准和规定划分的企业规模，本书中所涉企业规模的划分依据是工业和信息化部等部门于2011年6月18日发布的《中小企业划型标准规定》（工信部联企业〔2011〕300号）。目前中国高校基本按所属分类，没有给出划型标准，实践中，高校规模描述指标比较多，有招生规模、在校生规模、毕业生规模、应届生就业规模、本科生规模、研究生规模、教师规模、教授规模、院士规模；校园占地规模、实验室规模、教学设施规模、科研设施规模、服务设施规模；科研产出规模、资金投入规模；学科类规模等，本书以合作所需相关学科的资金投入规模、科研产出规模、应届生就业规模和师资规模作为高校规模衡量指标。本书科研机构规模主要以合作所需相关领域资金投入规模、科研产出规模和科研从业人员规模作为科研机构规模衡量指标。基于政府引导的产学研战略联盟，着眼于合作伙伴深度融合、长远合作，合作伙伴所拥有的规模直接影响着合作的可持续性，因此，结盟前必须清楚所选合作伙伴的真实规模。

规模选择的原则是合适就行，而不是越多越好。合适指的是合作所需资源的规模，规模过大过小都不适合构建战略联盟。

四 可投入强度

预测、评估、确认备选合作伙伴的可投入强度，也就是最终能够用于合作的资源投入强度，是基于政府引导的产学研战略联盟合作伙伴选择的关键之一。备选合作伙伴有互补性资源，也有合适的规模，并不意味着结盟之后就一定能按照联盟需要的投入强度投入资源。可投入强度是满足互补性资源条件和规模条件之后，主体在合作伙伴选择过程中又一关注的焦点，通过可投入强度能得知最终能够投入资源的量的上下限及投入资源的可持续性。可投入强度最终必须以条款的方式写入联盟合作协议中。不遵守可投入强度协议，或因故无法兑现可投入强度协议的承诺，将直接影响联盟任务的完成，使绩效下降，如果持续时间较长，还会使合作链条断裂，最终逼迫联盟重组甚至导致联盟瓦解。

五 思想状况与凝聚力

思想状况是基于政府引导的产学研战略联盟合作伙伴选择的必要条件，也是联盟存续和发展的前提条件。思想状况决定着政府、高校、企业、科研机构等参与主体的价值观、诚信、态度、内部制度及决策，当然也决定着各参与主体是否有凝聚力、凝聚力的大小和凝聚力的可持续性。思想状况能反映出备选合作伙伴的品质，备选合作伙伴的思想状况可以反映出合作伙伴可靠性的依据。

思想状况指政治思想状况和业务思想状况。政治思想状况是指企业、高校、科研机构等参与主体的政治观念和世界观、人生观、价值观；业务思想状况指企业、高校、科研机构等参与主体在经营活动中对事物的认识和态度。良好的思想状况会使企业、高校、科研机构等参与主体形成优秀的文化，诚实守信的习惯，主体内部成员可以以积极的心态和精神面貌投入到工作和生活，促进参与主体健康全面发展。

企业、高校、科研机构等参与主体的凝聚力是各自成员对主体及其任务和目标认识的结果，成员的态度能够说明凝聚力，在凝聚力强的团队中，成员的意见比较一致，关系融洽友好，对团队感到自豪并有强烈的责任感，可以较好地完成团队的工作任务。所以，在基于政府引导的产学研战略联盟合作伙伴选择时，必须对备选合作伙伴的思想状况和凝聚力进行考察了解。

六　合作愿望

企业、高校、科研机构等参与主体的合作愿望是基于政府引导的产学研战略联盟合作伙伴选择的基本条件。备选合作伙伴合作愿望的强烈程度影响着未来合作中资源的投放水平，同时影响着基于政府引导的产学研战略联盟未来运行的稳定性。如果参与合作的主体有强烈的合作愿望，对于合作过程中遇到的问题便会以积极的态度面对，合作各方更容易作出让步，通过协商解决问题，避免讨价还价，久拖不决。

如果参与合作的主体虽然有强烈的合作愿望，但由于是同类主体，有时存在竞争关系，在合作过程中，有时会持有保留态度。对于备选合作伙伴合作愿望的测试涉及两个方面，一方面是管理层，特别是领导层，对于加入产学研战略联盟进行合作是否持赞成态度，另一方面是员工，对于加入产学研战略联盟进行合作是否愿意配合，提供应有支持。

基于政府引导的产学研战略联盟合作伙伴的合作愿望，主要来自对任务和目标的高效高质量完成的责任心，来自对国家负责的政治责任感。随着创新驱动发展战略、建设世界一流企业和建设世界一流大学及优势学科的加速，企业、高校、研究机构的合作愿望会变得空前强烈，基于政府引导的产学研战略联盟也将迎来前所未有的发展机遇。

第七章 产学研战略联盟信任机制

对于一个成功的产学研战略联盟来说，联盟主体之间相互信任是组建成功的必要前提。虽然联盟主体在产学研战略联盟中可以实现互利共赢，但是已有产学研实践失败率却一直居高不下。对于产学研战略联盟的失败，其联盟内部成员之间缺乏信任是一个关键问题。这是因为产学研战略联盟主体之间的信任关系实际上是基于一种对未来行为的承诺，而这种承诺可以是公开的，也可以是隐含的，只有联盟主体之间彼此充满信任，信守各自承诺，才能将这种承诺变为可靠的方案加以实施，各方利益才能有保障。由于种种原因，产学研战略联盟合作活动长期处于低信任水平，广泛存在着"搭便车""欺诈"和"违约"等现象，严重影响了合作的持久性和效果。因此，对产学研战略联盟信任问题以及信任机制的构建研究变得非常必要和及时。

第一节 产学研战略联盟信任机制研究综述

一 产学研战略联盟信任的产生机制与演进

（一）组织间信任的概念及内涵

"信任"是一个古老而重要的话题，由其衍生出来的一系列概念贯穿中西方文化。在中国，古代圣人思想家对"信"十分重视，其中正统儒家思想"三纲五常"中的五常（仁、义、礼、智、信）中就包含了"信"的思想，并且在儒家学派的经典著作之一《论语》中，关于"信"的论述有10余句之多。

与中国古代人文传统不同的是，西方观念受宗教影响较大。在西方《Bible》中 trust 或者 confidence 也被多次提到。信任是一个复杂的概念，可以从多维度、多学科的角度来观察。20 世纪 50 年代，美国心理学家 Deutsch 等人从心理实验的角度，开始对"信任"进行研究。Deutsch 认为，信任是一种个人对所处情感分析后的心理和行为反应；[1] Mayer 认为，信任是一方宁愿放弃监控或者控制另一方的能力，而使自己处于一种暴露弱点、利益可能受到对方损害的状态；[2] Rotter 认为，信任是个体对另一个人的言辞、承诺及口头或者书面的陈述可靠性的一般性期望；或者是交往双方对于两人都不会利用对方易受攻击性的相互信心。[3] 到 20 世纪 70 年代，社会学、心理学、经济学等多个学科相继对信任问题进行了深入的研究，同时也提高了对信任问题的重视程度。

一般情况下，通常将信任分为人际间信任、组织间信任、个人与组织间信任这三种类型。在这里，笔者将产学研战略联盟中的信任归结为组织间信任，主要强调的是联盟层面上的互相信任，促进联盟之间合作程度的加深，实现联盟各主体的利益最大化。对于组织间信任，国内外学者针对所研究的领域给出了不同的定义（如表 7-1 所示）。综观各个定义可知，通常将组织间信任定义为一种预期，也就是"合作中的一方不会为了维护自身利益而做出有损双方合作关系的机会主义行为的预期"。

表 7-1　　　　国内外学者对组织间信任定义的研究

作者	研究内容
甘尼森（Ganesan，1994）	对合作方有信心，并愿意依赖对方，包括对对方的可信度和友善有积极期望。

---

[1] 汪戎、顾江洪：《信任及其经济意义：研究现状与趋势》，《思想战线》2011 年第 6 期。
[2] 程凯：《企业合作关系中的信任问题分析》，《中州学刊》2001 年第 2 期。
[3] 汪戎、顾江洪：《信任及其经济意义：研究现状与趋势》，《思想战线》2011 年第 6 期。

续表

作者	研究内容
梅耶 （Mayer, 1995）	指信任方基于被信任方将会向信任方展现特定重要行动的预期，愿意向被信任方展现脆弱，而不必监管或控制另一方。
奥拉 （Aulakh, 1996）	对合作方的可信赖度和诚实有信心的程度。
麦克奈特等 （McKnigt 等, 1998）	一方相信并想要依赖另一方，包括相信合作方的友善、能力、诚信和预见性。
罗素等 （Rousseau 等, 1998）	是在对合作方的动机和行为抱有积极期望的基础上的不设防。
马华维和杨柳 （2011）	组织间信任是合作中的一方对于另一方不会在有机会做出损害行为的情况下，做出有损双方合作关系的心理预期。
张连营和张亮 （2018）	联盟中每一位成员会通过和联盟成员彼此的互信减弱实施机会主义行为的意愿，而增强互相合作的意愿。

（二）产学研战略联盟中合作主体之间信任的产生机制

笔者认为，产学研战略联盟中的信任可以从以下两个方面来理解：首先，信任是联盟各主体在面向不确定的未来时所表现出的彼此间的信赖；其次，产学研战略联盟主体间的信任不单依靠主观感情维系，而是以正式契约为纽带使联盟主体的信任关系更加稳定。因此，信任不会凭空而来，也不会轻易消失。

产学研战略联盟中合作主体之间信任的产生机制涉及两个方面：第一，合作主体存在合作历史。一旦合作主体经过有效互惠或成功的产学研战略联盟合作之后，信任机制随之生成。如果合作主体间过去有过合作，则合作关系越长，越有助于加强产生信任的心理；如果没有合作过，则合作主体长期积累起来的名誉很重要，名誉感越强烈，越有可能做出诚信行为。第二，契约或合同。若产学研战略联盟主体间从未有过任何交易历史，对对方信息的掌握完全不确定，主要依赖契约或合同约束进行一次博弈。在这一次博弈中，如果联盟主体在考虑长远发展及整体利益的情况下选择遵守约定的诚信策略，初始信任便产生于双方契约的订立，它的功能在于加强对其他主体信任行为的可预测性，它的现实效果体现为强迫违约方支付更高的成本。

二 国内外关于产学研战略联盟信任机制研究现状

（一）信任机制的产生

研究者围绕信任的产生进行了多方面的深入探讨，如祖克（Zuker，1986）依据信任的建立方式将其分为规范型、过程型、特征型三种类型；泰勒和德胡耶（Tyler 和 Degoey，1996）把信任分为工具型信任和关系型信任；从信任的特征角度切入，帕克（Parkhe，2000）把信任产生分为制度、过程、文化相似性三种；2002 年，王冰和顾远飞探讨了信任的来源、机理和对象，认为联盟中的信任机制是一种自发演进形成的制度安排；[①] 2011 年，李煜华等指出，信任是技术联盟形成、发展和稳定的重要动力，运用博弈论等构建了信任机制博弈模型，解释了创新联盟信任机制的形成；[②] 2020 年，杨慧认为，传统社会中的主要信任形式是特殊信任，即通过关系促进主体间的情感或认同进而产生的情感信任。随着社会的发展，基于关系的信任不再完全依靠情感和认同，而是逐渐扩展至以信息为中介的认知信任，这体现了特殊信任向普遍信任的过渡；[③] 2023 年，郑宇认为，信任构建主要来源于三大类型：表达型的信任构筑于泛熟人关系基础之上，互利型的信任由平衡获利的市场经济原则来确立，而获益型的信任则主要由权威性资本所构建。

（二）信任的演化机理

在突破了心理学范畴的信任研究之后，组织关系研究者认为，信任是一个动态演化的过程。如 Kramer（1996）、Heimer（2001）、Hardin（2001）等均论述了信任的演化特征；纽伦（Nguyen，2005）通过对越南企业转型期间信任与演化过程的研究，将企业组织间的信任分为了解与认同阶段，并认为了解阶段关注的是契约的实施和成本收益分析，认同阶段关注理解和情感维系，在深层次达到战略知识分享与合作机会挖

[①] 王冰、顾远飞：《簇群的知识共享机制和信任机制》，《外国经济与管理》2002 年第 5 期。

[②] 李煜华、柳朝、胡瑶瑛：《基于博弈论的复杂产品系统技术创新联盟信任机制分析》，《科技进步与对策》2011 年第 7 期。

[③] 杨慧：《现代社会的信任重构》，《中国特色社会主义研究》2020 年第 2 期。

掘；2015 年，夏维力和李晓歌从直接和间接信任度构建校企信任模式结构角度，建立了能够刻画校企合作创新网络信任与知识转移的演化关系的因果关系图与系统动力学模型，得出高校对企业的信任受到多重因素的影响，呈波动上升趋势的结论；① 2020 年，张瑞等在"员工为有限理性的"基础上，选取知识数量、共享能力系数、共享奖励系数、共享惩罚系数、共享风险系数以及共享成本系数六个变量，构建知识共享行为的演化博弈模型，分析上述变量在知识共享行为中发挥的作用，进而探讨组织信任如何通过这些变量对知识共享行为产生影响；② 2020 年，郭伟和马有才以产业集群中的合作为基本内容，以发展中的信任机制作为研究对象，围绕政府、产业集群个体以及消费者建立演化博弈模型，剖析三者之间信任机制的演化博弈关系，并得出结论；③ 2021 年，童向荣和任子仪运用图割的 s-t-cut 算法，研究了基于信任和效用关系的联盟结构生成，该文提出了两种多项式时间的精确算法：信任关系约束下的 MT-s-t-cut 算法和信任效用关系约束下的 MTU-s-t-cut 算法能够在多项式时间内得到最优联盟结构。仿真实验结果显示：信任关系会对联盟结构产生影响，社会整体效用随智能体数量的增加而增加。④

（三）信任关系及机制

萨库等（Sako 等，1998）认为，企业间建立长期承诺、互换信息、互相援助、提高声誉是主体间建立和维持信任关系的条件；2015 年，刘慧慧认为虚拟营销组织动态联盟信任机制的创建需要通过互动、可信度增加、主观信任、行为信任四个环节来实现；⑤ 2017 年，吴兆明等通

---

① 夏维力、李晓歌：《校企合作创新网络信任与知识转移的演化关系研究》，《软科学》2015 年第 1 期。
② 张瑞、周万坤、陈倩竹：《组织信任与知识共享行为的演化博弈分析》，《科研管理》2020 年第 10 期。
③ 郭伟、马有才：《基于产业集群中合作关系的信任机制演化博弈研究》，《生产力研究》2020 年第 10 期。
④ 童向荣、任子仪：《信任和效用关系约束的联盟结构生成》，《电子与信息学报》2021 年第 7 期。
⑤ 刘慧慧：《虚拟营销组织动态联盟的信任机制及收益分配机制分析》，《商业经济研究》2015 年第 14 期。

过分析校企合作问题,提出发挥政府指导作用,基于"校企"双方主体构建保障、项目共建、利益共享、风险分担等机制相融合的信任机制;[1] 2018 年,王静认为,要把健全组织信任的产生机制及其对合作的影响置于信用管理体制的总体中,形成以信用管理协会为主体的信用管理体制新型运作模式,具体举措为:以营造宏观制度环境为保证,发挥政府作用加快体制创新;以化解信用经济约束为基础,建立信任机制加强质态创新;以强化信用功能为突破,形成以协会为主体的运作模式推动管理创新;[2] 2021 年,杨七中和马蓓丽认为,组织间的信任难题在于信息不对称,要从个体间共享向组织间共享,由此提出以政府为主导的解决信任问题的五个基本机制分别为登记申报机制、评估审批机制、风险控制机制、法律法规机制、评价反馈机制;[3] 2021 年,华东和史安娜认为,中药产业技术创新战略联盟信任机制的构建应通过建立高效的沟通体系、透明的信息公开制度、完善的奖惩制度以及第三方的作用来实现。[4]

第二节 产学研战略联盟信任机制理论基础

沟通机制是产学研战略联盟信任机制的主要组成部分,尽管沟通机制不是万能的,但其仍对产学研战略联盟主体维持信任关系发挥着重要作用。所以,本节主要对沟通机制进行梳理研究。

一 行政组织沟通

1905 年,行政组织理论的创始人马克斯·韦伯指出,组织中人员

---

[1] 吴兆明、冯臻、衣鹑:《产教融合背景下高职院校校企合作信任机制构建》,《江苏科技信息》2017 年第 35 期。
[2] 王静:《组织信任机制与社会信用体系建设路径》,《社会科学家》2018 年第 12 期。
[3] 杨七中、马蓓丽:《组织间资本共享:经济范式创新和机制框架研究》,《社会科学》2021 年第 4 期。
[4] 华东、史安娜:《博弈理论视角下中药产业技术创新战略联盟信任机制的构建》,《中国药房》2021 年第 20 期。

之间的关系完全以理性准则为指导，不受个人情感的影响，因此，组织中的沟通也是严格以理性的方式自上而下进行的。组织中各种职务和职位按等级原则组织起来，形成一个严谨的阶层体系。每个人员需要接受上级的控制和监督，在对自己的行动负责的同时，还要对下级的行动负责。为此，他必须拥有权威，能发出下级必须服从的命令。

产学研战略联盟作为一个组织，对内部各主体的沟通管理也应时刻保持理性，避免情绪化行为。因为联盟作为一个整体，一旦其中某环节出现差错，便有可能影响整个联盟的运行，联盟管理者应始终秉承对整体负责的态度，理性对待每一位联盟成员，不夹带个人情绪，从联盟整体利益的角度出发，实现联盟内部的有效沟通。产学研战略联盟管理者通过权力实现对联盟成员之间的沟通，既能促进联盟内的信息交换，提供资源互换的机会，又能达到对沟通程度的管理与控制，使联盟合作活动有序开展。

二 等级链沟通与跳板沟通

1916年，法国的亨利·法约尔在《工业管理与一般管理》一书中，阐述了一般管理的14条原则。其中，法约尔认为，组织内部信息传递和沟通首先遵循"等级链和跳板"原则，即一种从最上级到最下级各层权利连成的等级结构，有时为提高沟通效率，同级之间可采用"跳板"进行横向沟通，法约尔思想被认为是组织沟通理论的雏形。[①]

等级链原则是指组织内上下级之间以等级链的方式进行沟通，利于统一指挥和组织内正常沟通渠道的形成，保证信息上下传递通畅。管理者通过这样的管理方式了解组织运作状况，下级也可以按照管理层次逐级向上汇报自己的工作情况。但是信息沿着等级链传递需要花费很长的时间，且容易在传递过程中失真。

所谓跳板原则，即在一个层级职权划分严格的组织中，由两个分属不同系统的、同一等级的部门在得到各方的同意且上级知情的情况下，

[①] [法] 亨利·法约尔：《工业管理与一般管理》，周安华等译，中国社会科学出版社1982年版。

横跨过权力执行的路线而直接建立联系。其实，法约尔跳板说明了管理效率和等级制度之间存在着矛盾，并且大多数时候一个组织不能很好地处理这种矛盾，既要遵循等级链纵向沟通，保障组织内权力的运行，在必要的情况下又要进行横向沟通，保障信息传递的效率。但法约尔给横向沟通设计了一个前提：横向沟通的部门或个人必须向各自的领导汇报他们达成的协议，并在联系过程中让领导时刻了解工作进展情况，一旦协议结束或领导不同意，直接联系就终止，必须重新回到等级路径上来。

产学研战略联盟内部的沟通是一个典型的组织沟通，等级链具有权威性，联盟内部的信息传递与沟通借助于等级链的正式渠道，这种正式渠道的信息沟通与交流方式保证了信息的准确性。法约尔等级链和跳板原则的提出为产学研战略联盟内部各主体、跨组织的沟通和提高联盟运作效率提供了理论基础，使得信息传递与沟通更为迅速、真实、可靠。同时，能培养联盟成员的责任意识，有助于加深不同联盟主体之间的相互理解，在联盟遇到危机时彼此信任，增强联盟的稳定性。

三 学习型组织沟通

1990年，麻省理工学院教授彼德·圣吉出版了《第五项修炼——学习型组织的艺术与实务》一书，指出企业组织持续发展的精神基础是持续学习。任何一个组织要成为学习型组织，都必须进行五项修炼：自我超越、改善心智模式、建立共同愿景、团队学习和系统思考。圣吉认为，创建学习型组织应该做到"7C"，即持续不断地学习、亲密合作的关系、彼此联系的网络、集体共享的观念、创新发展的精神、系统存取的方法、建立能力的目的。

由于目前中国产学研战略联盟发展存在诸多问题，导致很多联盟在发展过程中解体，也有很多联盟主体仅仅停留在浅层次的合作，未能建立起牢固的联盟关系，也就无法实现深程度的信任与理解。因此，联盟主体需要不断地学习。

四 社会系统沟通

1938年，美国管理学家切斯特·巴纳德出版了《经理人员职能》

一书,他将组织看作一种社会系统,认为对于一个组织来说,如果想达成共同的目标和协作的意愿,就必须通过信息的交流将二者联系起来。① 巴纳德指出,作为正式组织的协作系统,不论其规模大小或级别高低,都包含三个基本要素,即协作意愿、共同目标和信息的沟通。为了进行有效的信息沟通,巴纳德列了以下应该遵守的沟通原则:信息的沟通渠道要被组织成员所了解;每个组织成员要有一个正式的信息沟通线路;必须按照正式的路线沟通信息,不要在沟通过程中随意跳过某些层次,以免产生矛盾和误解;信息沟通的路线必须尽可能直接而便捷;作为信息沟通中心的各级管理人员必须称职;组织工作期间信息沟通的路线不能中断;信息沟通应该有权威性。

产学研战略联盟的合作活动是以信息沟通为条件的。联盟主体协作意愿和共同目标通过信息沟通将两者联系和统一起来,形成动态的过程。联盟若没有内部信息沟通,就无法了解联盟成员的协作意愿及强度,就无法统一和协调联盟成员为实现共同目标而采取合理的行动。因此,联盟内部主体间的信息沟通是实现联盟合作的基础。

一方面,沟通是有条件的。当产学研战略联盟主体目标一致时,沟通有效。如果联盟双方信任关系已然破裂,沟通将无能为力;另一方面,沟通是有限的。沟通不是万能的,单单依靠沟通不能解决一切问题。

第三节 影响产学研战略联盟各主体之间信任的因素

一 产学研战略联盟中的不信任

(一)产学研战略联盟中不信任的概念

虽然已有充分理论和实证研究证明信任与不信任是两种不同的概

---

① [美]切斯特·巴纳德:《经理人员职能》,王永贵译,机械工业出版社2007年版。

念，但是，对于不信任的定义依然没有完全脱离对于信任的定义。卢曼（Luhmann，1979）提出，信任和不信任是两种不同的预期：信任是施信方对受信方会采取有利行为的预期，而不信任是个体对他人会做出伤害行为的预期；第摩卡（Dimoka，2010）在回顾不信任研究文献（如Sitkin 和 Roth，1993；Lewicki 等，1998；Kramer，1999）的基础上，把不信任定义为个体基于相关个体没有能力、缺乏善意、不负责任的预期而保护自己不受伤害的状态。笔者认为，产学研战略联盟中的不信任是由于合作中的消极信任行为的出现，各主体出于保护自身利益不受侵害的目的，而不愿意承担风险的一种状态。

（二）造成产学研战略联盟各主体之间不信任的原因

1. 破坏规则

在联盟主体合作过程中，必然会制定出一系列规则用来维系产学研战略联盟关系的稳定，从而使合作有序开展，但总会有个别主体采取不正当甚至违法行为破坏原本的良好规则。联盟其他主体遭受损失，会增加对产学研战略联盟的不信任感，导致合作关系不牢固甚至恶性发展。

2. 认同出现分歧

随着联盟合作的深入开展，联盟主体容易出现种种问题而产生冲突，逐渐失去对盟友的信心，问题严重时甚至双方的信任关系进一步恶化，导致认同出现分歧。当联盟主体之间产生严重问题分歧时，将很难维持合作，信任基础也将遭受破坏难以恢复，最终联盟主体将出于不信任而终止合作。

3. 不愉快的合作史

联盟主体的合作历史是影响双方再次合作的重要因素，往往决定着对其他联盟主体的信任态度。联盟主体通过过去的长期交往不断形成印象积累，在这种经验作用下对合作主体之间的信任关系起到重要作用。在前期有过较为不愉快的合作史和纠纷冲突的情况下，联盟主体会基于固有印象在再次合作之前产生初始不信任，在互相有成见的情况下再次合作的可能性十分渺茫。

二 影响产学研战略联盟各主体之间信任的因素

(一) 影响产学研战略联盟各主体之间信任的内部因素

1. 共同目标

组织之间基于共同目标是建立初始信任关系最有效的方式，对提升联盟主体互动的积极性有很大影响。产学研战略联盟主体在合作共赢的目标导向下，意味着每个人都相信双方的目标是一致的，行动是互惠的，在互相尊重的基础上，建立共赢意识，各主体秉承互信、合作、开放、共享等协同理念推动整体利益最大化，更好地促进联盟主体间合作的深入发展。因此，良好的信任机制需要联盟成员间拥有一致的共同目标，这是构建信任机制的根本。

2. 资源互补

产学研战略联盟各主体在资源互补的前提下，凭借各自掌握的资源进行相互配合和依赖，共同承担风险，在互惠平等中建立信任关系。这种信任关系是建立在各取所需和资源互补基础之上的，在实现资源互补的同时有助于信息共享，进一步强化信任环境。需要指出的是，当产学研战略联盟主体打破资源互补和交往互惠的平衡时，各主体之间的信任水平也会随之下降。[①]

3. 利益分配

产学研战略联盟中的利益分配机制在一定程度上会影响信任的维持成效，利益分配机制的完善对提高联盟稳定性有直接作用。良好的利益分配机制能提高联盟主体对合作的忠诚度，从而投入更多资源，间接扩大联盟的影响力，促使联盟主体资源配置更加合理。如果不能保证利益分配的公平，当出现投入与回报比例低于正常市场情况时，必然会导致联盟主体之间的信任关系出现破裂。联盟主体的矛盾可能来源于利益分配上的纠纷，被感知到或被察觉到的不公平利益分配方案将会导致不信任程度的加深，甚至导致信任关系松散。

---

① 王处辉、梁官宵：《农村社会子代阶层向上流动对父代社会资本再生产的作用——基于多案例的实证研究》，《河北学刊》2019 年第 5 期。

4. 价值观念

当联盟主体之间的文化、价值观念协调一致时，他们会拥有更为相似的思维模式，从而更加认同彼此；但在价值观念存在着巨大差异的情况下，联盟主体之间的合作方式必然也会存在较大差异，这将会导致联盟成员的合作障碍。具体而言，产学研战略联盟中的每个主体都有自身的利益追求，企业作为以营利为目的的经济组织，在向高校和科研机构进行投资的时候，首先考虑的是投资的成本多高、风险有多大，高校和科研机构的智力成果能给企业带来多少利益；而高校和科研机构首先考虑的是自己的智力成果能否在合作中体现出真正的价值。这种迥异的文化价值观对于联盟成员之间增强信任具有负向阻碍作用。

5. 制度性沟通

制度性沟通对于保障产学研战略联盟信任关系持续稳定是不可或缺的。在产学研战略联盟合作中，缺乏制度性的沟通很容易导致联盟主体之间各做各的，缺乏完整性交流。如果信息交互不流畅，可能会因为信息不对称而产生误会，造成冲突。因此，把沟通作为一项定期的、制度性的工作，可以促进联盟主体互相了解，通过及时沟通可以有效地帮助联盟成员解决产学研战略联盟合作中遇到的难题，提高工作绩效，增强团队意识以及相互信任程度。

除以上因素之外，能力、分工协作、可替代性、声誉、联系强度、机会主义等都是影响产学研战略联盟各主体之间信任的因素。

(二) 影响产学研战略联盟各主体之间信任的外部因素

1. 法律法规

在对法律与信任关系的探讨中，法律法规是影响信任的重要因素，这一论断是毋庸置疑的。合同是由合作方协商签订的，是合作方共同意志的体现。[1] 正式契约明确规定了合作方的责任和义务，有利于产学研战略联盟合作过程的权责划分，在一定程度上可维护长期合作信任关系；如果法律法规不健全，很容易导致由于权责不清而引起的项目失

---

[1] 台双良、李婷、李夕：《基于 TRA 的建设项目发包人与承包人的信任模型研究》，《工程管理学报》2016 年第 8 期。

败，联盟主体之间的信任关系也会随之崩塌。

2. 文化环境

一般性信任理论认为，施信者对于受信者的主观信任倾向很大程度上受到文化环境所赋予的个体经验的影响。在社会大众所信任的文化环境下，组织内的成员更容易发生资源共享行为，进而实现联盟组织不断进行创新升级。也就是说，积极的文化环境能够通过良好的互动氛围支持联盟成员之间的信息流动行为，有助于提高主体间的文化认同和信任度，减少主体间的隔阂带来的执行阻碍。各合作主体处于不同文化环境下会导致误解和不信任等情况出现，使得信息共享障碍重重，产生信任危机的概率也将随之提升。

3. 政策环境

为了合作的平稳进行，产学研战略联盟信任机制需要建立在政策保障的基础之上，各联盟主体之间的信任关系是基于政策的信任。一方面，政策具有约束性。政策会引导联盟主体的行为规范，从而增强联盟主体之间的信任；另一方面，政策具有保障性。对于利益受损害的一方，政策保障可以在很大程度上提供保护和补偿。因此，政策保障不是笼统的，而是具体有针对性的，针对损害联盟其他主体利益的一方和对于利益受损害的一方，效果是不一样的。如果没有政策保障，联盟主体将处于自由松散状态，随时可能侵害他人利益或遭受侵害，也就毫无信任而言。

4. 市场环境

良好的市场环境可以很好地引导联盟成员自律，也可以通过信息传播优势发挥声誉约束作用，最终降低违约行为的产生。产学研战略联盟的稳定运行需要非政府第三方组织的积极参与，这顺应了新时代中国特色社会主义市场经济环境下社会共治的需求。科技中介及行业协会可为产学研战略联盟提供信息咨询、沟通协调、成果转化等专业服务，减少合作初期所必然产生的包括时间成本、磨合成本在内的各种隐性成本，从而提高联盟运行效率和成员的信任度。

第四节　产学研战略联盟沟通机制

一　沟通在产学研战略联盟中的重要意义

产学研战略联盟有着频繁的信息交流与互动，但在合作过程中存在着各种各样的障碍，这些障碍将使产学研战略联盟内各主体的交流沟通受阻，最终造成科研资源浪费、科技成果转化成本加大以及高新技术扩散困难等问题，甚至导致产学研战略联盟合作的失败。因此，联盟主体相互沟通是信息融通的关键。加强信息交流沟通，减少信息黏滞，是促进产学研战略联盟各个环节有序合作的基础。

（一）有利于产学研战略联盟主体之间的信息交流与共享

在联盟主体合作中会遇到各种各样的问题，而解决问题的最有效方式就是沟通，沟通能够不断提高效率，平衡协调各方利益，实现价值最大化。如果各联盟主体只是聚焦于自己那部分的工作，将严重影响整体的进度，造成巨大的资源浪费。联盟主体通过积极讨论，大胆尝试新的沟通模式，可以省去中间不必要的环节，节约时间与精力。

（二）有利于产学研战略联盟主体达成共识

整个产学研战略联盟合作过程中，联盟主体内部和外部之间均需要沟通来消除误解，这有利于促进联盟成员协作，提升团队的凝聚力。相互协作的团体文化，为联盟主体合作提供了信息共享的基本保障，有利于共同解决冲突与争端，以至于在持续的信息交互过程中，通过利益相关者的信息反馈向联盟组织传递与联盟整体期望相一致的目标、态度和行为。

（三）能够减少信息不对称程度

专业有效的沟通协调以及良好畅通的沟通渠道，可以实现联盟成员间信息的共享，减少信息的不对称以及相互之间的对抗。在联盟合作过程中，有些联盟成员主动将自己的信息分享给其他成员，这种互利共赢的合作方式能够提升成员之间的合作关系，促进信任机制的建立和完善，创造一个互信合作的良好环境。在合作交流中，联盟成员之间能够找到更多的共同语言，统一认识，培养默契，形成相似的价值标准和价值判断，提升彼此的信任，从而增强联盟的稳定性。

二 沟通的有效性与及时性

有效性与及时性是沟通的两个重要属性。沟通的有效性指如果沟通能够满足交流信息的需要，就是有效果的；沟通的及时性指如果沟通能够以较低的成本、较快的速度实现沟通目标，就是高效率的。

（一）沟通的有效性

产学研战略联盟合作活动中的很多问题是由于信息沟通不充分而造成的，沟通的有效性并不理想，联盟主体之间信息交流的有效性并没有明显好于非联盟组织。因此，有效的沟通发挥着非常重要的作用。对沟通的有效性应从信息发送者和信息接收者两个方面进行定义：从信息发送者的角度，"沟通有效性"是指清晰地表达所要发送的信息；从信息接收者的角度，"沟通有效性"是指准确地理解所接收到的信息。提高沟通有效性可以从两个方面入手：

1. 减小不确定性

不确定性意味着信息的缺乏。对于信息接收者而言，需要的信息量和实际接收到的信息量存在着差异，由此造成理解的障碍，为了减小不确定性，要求沟通者尽可能地获取相关信息。

2. 减小含糊性

含糊性意味着信息的多重甚至相互抵触。由于个人的知识结构、角色经历以及偏好等多方面的差异，会形成在特定背景下的不同理解。为了减小含糊性，沟通者要对不同的情境进行评估，最终形成共同理解。产学研战略联盟成员为追求自身利润最大化，往往会导致个体目标与系统目标产生冲突，其他联盟成员出于种种顾虑，有时不能提供准确的信息。因此，应通过以下几个途径帮助联盟成员消除顾虑：

（1）产学研战略联盟成员在沟通之前必须做好充分准备。要具有明确的沟通动机和期望，增强对彼此不同文化背景的了解，搭建良好的沟通平台。

（2）以加强与其他联盟成员的信任关系为基础。信任是沟通的基础，为了提高信息沟通的准确性，产学研战略联盟成员间需要建立起良好的信任关系。一方面，要建立人际信任关系；另一方面，需要借助法律、信誉等机制来发展信任关系。

（3）以激励产学研战略联盟信息的共享为手段。采用正向激励给予联盟成员明显的奖励，在实现了信息的初步共享后，需要对信息共享的范围和程度做进一步的规范和整合，同时，采用一定的反向激励手段对参与者逆向行为进行约束。

（4）建立完善的沟通管理体系。完善的沟通管理体系包括制定沟通计划、发布信息、撰写绩效报告和管理收尾。通过制定沟通计划确定联盟成员需要信息的内容、时间和获得方式；而信息发布则使各主体需要的信息及时送达联盟成员；绩效报告的作用是对搜集、传播和执行信息的情况进行报告；管理收尾包含项目结果文档形成、报告项目记录收集、项目效果分析以及信息存档。通过完善的沟通管理体系，联盟成员在共同完成项目时沟通起来便更加流畅和规范。

（二）沟通的及时性

未来的竞争必是管理的竞争，竞争的焦点在于每个社会组织内部成员之间及其外部组织的有效沟通上。[①] 沟通的及时性能够很好地反映产学研战略联盟合作活动运行的效率，科技的快速发展使得产学研战略联盟之间的竞争逐渐从基于成本的竞争转向基于时间的竞争，沟通信息的及时流动已成为产学研战略联盟成员间协调沟通能否顺利实现的关键。因此，应从多个方面加强产学研战略联盟成员间沟通的及时性。

1. 充分利用网络信息技术，改善沟通方式。根据联盟各主体提出的沟通要求选择恰当的媒介，使最新决策信息能迅速地传递给其他联盟主体，以便其他联盟主体可以迅速做出反应。

2. 优化产学研战略联盟信息传递路径。需要通过减少沟通层级、

---

① 段引：《有效沟通在企业管理中的作用与策略》，《四川劳动保障》2021年第1期。

建立多种信息渠道等优化措施来疏通信息传递路径，杜绝各主体相互推诿扯皮现象。联盟主体对于各自分内的任务要主动承担，对于不属于自己的任务要做出清楚的原因说明。当遇到相关任务的邮件需要转发到其他主体部门处理时，要在转发邮件时注明清楚需要对方帮忙做什么，并且如果有本部门提供的信息要在转发邮件时尽可能详细准确地提供，以帮助对方部门高效地解决问题。另外，还需要建立硬性规定加以规范，对于不符合规定要求的邮件转发，接收部门有权直接将邮件返回，不予处理。

3. 通过信息技术与资源的整合作用，提高产学研战略联盟合作的能力。利用信息技术使不同联盟主体间的信息一致性和及时信息转换成为可能。

三 产学研战略联盟中沟通的主要方法

沟通是指产学研战略联盟各主体之间有用而及时的信息共享，是加强多方信任的关键。产学研战略联盟主体拥有不同的知识背景，在合作过程中会自觉或不自觉地产生习惯性防卫心理和机会主义倾向，这就需要建立良好的信息网络，实现低成本的、实时的沟通以及必要时面对面的直接沟通。

（一）产学研战略联盟内部沟通机制

联盟负责人作为产学研战略联盟的连接点，必须做好和其他联盟管理层的沟通、协调工作，应主要从以下方面开展工作：

1. 定期召开会议

联盟各主体负责人应定期开展沟通会议，邀请主要负责领导参加会议，对于近期涉及项目执行等方面的信息沟通情况进行总结和梳理，对于信息沟通中需要解决的问题进行协商。

2. 制定产学研战略联盟沟通管理制度

产学研战略联盟主体应积极确立沟通管理的总体目标，引导产学研战略联盟内部逐步建立起规范的沟通制度。如果缺乏持续的制度性沟通，可能会导致最终成果与决策的错位。一方面，产学研战略联盟的管理者应创造条件不断提升成员在管理沟通之中的满意度，完善成员满意度的考核机制，增强产学研战略联盟内部管理沟通的向心力；另一方面，应建立考核联盟内部成员流动的反馈机制，可以减少内部成员流动给产学研战略联盟造成的损失。沟通管理机制的建立，可以有效控制联盟成员内外流动，有利于保持联盟内部稳定，保护联盟的效益及创新成果。

3. 强化信息管理

强化信息管理是指对信息的质量和数量进行有效管理和区分。在产学研战略联盟主体的沟通过程中，信息价值的大小会因事而异，要注意信息传递的目标、环境和时间。要根据信息在不同背景下对不同对象的不同效果，来分析信息传递的情况，确保信息传递的针对性。另外，也要对信息的传递量进行适当控制。一是要控制信息接收者的数量，二是对信息本身数量进行控制。

（二）产学研战略联盟各主体内部沟通机制

目前，大部分产学研战略联盟主体不能很好地掌握多种沟通方式，而使联盟各主体内部沟通出现各种各样的问题，如：正式沟通方式相对较多，而非正式沟通方式相对较少；传统形式的沟通较多，多样化的沟通方式相对较少。产学研战略联盟中需要进行沟通的信息比较多，因此，沟通的方式也应该是全方位、多渠道的。产学研战略联盟主体在彼此交往中，可以通过正式和非正式的沟通提高行为的透明度，一方面，使每一联盟成员了解各方策略和行为的进度；另一方面，由此降低对其他联盟主体行为的不理解程度，快速而友好地处理行为的不一致给联盟带来的不确定性和脆弱性。

1. 产学研战略联盟正式沟通

所谓产学研战略联盟正式沟通，各主体就是通过联盟内固有的组织和结构以规定的方式沟通和传递信息。例如，传递相关文件、召开会议和谈话。这种沟通方式的优点是效果好、保密性高和绑定性强。然而，这种方法过于死板，大多是在走形式，沟通速度慢，缺乏相应的反馈和互动。一方面，可以通过定期的报告会、联合制定规划等方式对产学研战略联盟相互之间的工作进展情况、发展方向、阻力和困难有所了解，以便随时调整工作偏差。另一方面，应当经常性地组织小型学习研讨会，对产学研战略联盟运行过程中遇到的技术瓶颈进行研讨，整合各类信息，共同寻求解决办法。

2. 产学研战略联盟非正式沟通

产学研战略联盟非正式沟通的优点是：沟通形式简单、快捷，而且很容易及时了解到正式沟通难以提供的"内部消息"。这种非正式沟通的方式不受组织监督，不受渠道限制，沟通成员间可以自由选择适合的沟通渠道。其缺点是：这种沟通难以控制，传递的信息不一定准确，容易被歪曲和曲解，可能影响群体的凝聚力。产学研战略联盟非正式沟通可以活动为载体，组织趣味运动会或组织聚餐，通过放松的方式打破平时产学研战略联盟活动中联盟成员之间的壁垒，使联盟成员彼此充分了解，进而为有效沟通提供参考。

第五节　建设中国产学研战略联盟信任机制的路径选择

一　目前产学研战略联盟信任机制的基本情况

目前中国的产学研合作多以零散项目为主，合作的短期化、一次性特点明显，联盟主体之间未能建立长期持久而稳定的合作关系，因而合作形式比较松散、合作层次较低。

第一，联盟成员的信任关系不稳定。在产学研战略联盟合作过程中，产学研战略联盟主体在初始合作阶段的信任关系更为紧密，在向下传递合作思想和执行的过程中对彼此的信任程度不断递减。在合作过程中，如若资源分配不均衡或存在利益冲突，信任关系难以长久维持，很难自发地达成合作。究其原因，笔者认为是高校、企业与科研机构的合作目标存在差异。一是大部分企业关注的是短期内的经济效益，而高校和科研机构更多地关注基础研究或具有一般意义的理论研究和技术创新，追求学术价值和技术的先进性；二是部分企业侧重关注研发成本与高校、科研机构侧重关注技术先进性具有不一致性；三是部分企业关注的定制化产品研发与高校、科研机构关注的标准化产品研发具有不一致性。

第二，联盟成员之间信息不对称。一方面，中介机构发展不完善。中国科技成果中介服务从无到有，虽然有了一定的发展，但大多功能单一，机构不健全，提供信息服务不及时或缺乏准确性。目前建成的科技中介服务机构影响力小，建设进程缓慢，服务能力有待提高，还不足以满足产学研战略联盟成员合作中有效信息对接的需要。另一方面，线上信息服务平台发展滞后导致企业、高校、科研机构之间合作信息资源流通性不足，寻找合适的合作伙伴较困难。技术供给与技术需求之间的信息未能充分流通与共享，出现企业不知道高校有哪些科研成果，高校不了解企业需求的两难困境，不利于企业、高校、科研机构之间的交流与合作。

第三，现有的政策法规针对性不足。中国尚没有针对产学研战略联盟的专门立法，已有的法律条款多分散在有关的技术创新立法之中，尽管中国技术创新立法已形成一定的体系，但仍存在着诸多问题。首先，技术创新立法不系统。与技术创新有关的一些亟待法律调整的领域还无法可依，例如风险投资、基础研究、科技投入等方面。产学研战略联盟是技术创新的一种重要形式，也是一种风险投资行为，必须有相应的政策法规来调节、规范和推动。其次，现有科技法律可操作性不强，不便于实施和检查监督。国家在税收、信贷、利益、产权、合作纠纷等方面尚未形成一套相应完整的政策、法规体系。中国已经制定和实施了《中华人民共和国促进科技成果转化法》以及《专利法》《合同法》等一系列法律法规，但还很不完善，需要进一步制定和完善有关支持政策，包括科技计划、技术进步、技术创新、技术引进、科技成果转化与产业化政策等。另外，在产学研战略联盟中的人员流动、生活待遇、知识产权、职称评定等方面还缺乏切实可行的政策。

二 部分发达资本主义国家产学研战略联盟信任机制的特点

(一) 法规制度健全

无论是采取"合作教育"模式的美国、采取"官产学研"模式的日本，还是采取"双元制"模式的德国，都对产学研模式进行了法律规范。从产学研合作多方的权利到产学研合作教育的财政支持与拨款制度等方面都有明确的法律条款和基本要求。通过立法，确保政府、企业、学校合作行为的合法性与规范性，可以较好地保证产学研战略联盟信任关系的持续健康发展。任何一种制度和法规的制定与实施，都是一个多向互动、达成共识、共同实施的过程。产学研战略联盟合作活动涉及各级政府及其主管部门，涉及社会的各个部门，其政策法规的制定与实施，必须得到各个方面的认同，形成共识。基于共同的认识，通过政策和法规，明确各自的权利和义务，规范运作方式和行为，健全运行机制和管理模式，从而保障产学研战略联盟合作活动有效开展。美国、德国、日本在产学研合作上，均有着一套完整的制度，现在仍在致力于各项法律规定的修订与完善。

（二）具备成熟的征信和资信评价机构

"综合研究联络会议""研究开发专门委员会""研究协作室""科技信息中心"等中介机构在日本产学研合作过程中起到了非常重要的作用。在德国的征信评价机制中，政府与行业协会同时在信用评价体系建设中发挥重要作用，制定规范、权威的行业信用标准，为科技创新合作提供信用参考。因此，要促进中国产学研战略联盟合作的快速发展，就必须注重产学研合作中介机构的建设，设立专门的产学研合作组织管理协调机构，充分发挥其作用。

（三）注重组织间沟通交流

良好的沟通是产学研战略联盟合作顺畅进行的前提和保证，企业、高校、科研机构三方缺一不可，不能割裂开来。只有联盟成员相互沟通，互为所用，相互促进，才能实现平衡。而日本，可以说是产学研三方沟通协调的典范，日本采取多项措施确保产学研主体紧密合作，各自发挥自己在产学研合作中的长处和作用，达到三者较好的平衡。正是找到了这个平衡点，日本的经济才会一直保持较平稳的增长。而即使是在经济萧条的情况下，良好的沟通也使日本经济有了复苏的希望，最好的例子就是日本经济于 2002 年末和 2003 年出现了复苏迹象。

三 建设中国产学研战略联盟信任机制路径选择

与部分发达资本主义国家不同的是，中国产学研战略联盟中的企业大多数是国企，鉴于中国产学研战略联盟的特点，本文结合实际情况提出建立仅适用于中国产学研战略联盟信任机制的相关建议。

（一）产学研战略联盟产生阶段的信任机制

1. 谨慎选择合作伙伴

产学研战略联盟主体根据项目需要选择信用度较高的组织作为合作伙伴，可以第三方信用等级评定机构对其进行的信用认证为参考。以企业为例，对企业进行信用认证的指标包括资金实力、合作能力、企业文化、有无不良记录等。鉴于中国目前没有完整的产学研战略联盟合作信用体系，联盟主体只有通过自身能力尽可能多地收集相关信息，对合作主体的信誉度进行比较全面彻底的考察，选择合适的合作伙伴进行合作。

2. 合作伙伴之间在目标或利益方面达成共识

由于产学研战略联盟内不同的职能部门、流程之间对目标追求的差异而产生了一些障碍，以企业为例，负责研发工作的部门主要致力于新产品的开发与研究工作，由于衡量其业绩的标准是新产品的高技术含量比重、新产品的技术先进程度等指标，因而其追求的目标是新产品的技术档次；生产制造部门更关注生产的可行性、现有工艺设备能力的发挥以及生产制造成本的降低，因而其追求的目标是低成本、高产出。由于各个部门都倾向于从自己的角度来考虑处理问题，各自强调自己的重要性而要求资源倾斜，忽略了其他部门或流程的作用与配合，相互之间的冲突时有发生。因此，加强对产学研战略联盟中各主体对于目标达成共识也是极为重要的。

3. 签订互利的契约或合同

有效的契约对维护和提升产学研战略联盟成员间的信任具有重要作用。通过保护性合同，或合法的契约来阻止机会主义行为，即对于不合作的行为或违约行为进行惩治，可使联盟成员清楚行为预期，根除投机心理,同时也可提高对其他成员的行为信任度。

(二)产学研战略联盟运行阶段的信任机制

1. 合作伙伴之间进行充分有效地沟通

如果联盟主体在能力、文化、内部结构及经营方式等方面缺乏沟通,问题得不能及时解决,解决问题的成本就会提高。如若在合作过程中产生较大矛盾,合作将很难进行,进而影响到产学研战略联盟的整体绩效。而充分的交流有利于消除误会与隔阂,增进彼此了解与信任,特别是在产学研战略联盟中,成员企业的企业文化、管理模式等均存在差异,更应该进行充分、有效的交流。

2. 合作伙伴之间逐步融合价值取向

产学研战略联盟发展中涉及的文化因素越来越多,文化的作用也越来越重要,不少问题的产生都与产学研战略联盟成员之间的文化冲突有关,甚至因为文化方面的冲突而使产学研战略联盟的发展受阻。在当今时代,人类所创造的文化体系正在发生剧烈变化,人们心理、生理等多方面的影响日益突出显现在文化方面。为了适应这一变化,必须调整产学研战略联盟成员原本只注重各自自身利益的文化价值取向,更多地关注联盟整体效益。

3. 合作伙伴之间最大程度地做到资源互换灵活

在产学研战略联盟发展过程中,主体需要从外部环境获得一些资源,以弥补自己的不足。联盟主体可以与其他主体的资源进行互换,规避短板,获得彼此所需的优势资源,更多情况下,资源互换更容易被各方主体所接受,在此基础上建立起来的关系更为牢固。而在产学研战略联盟的合作活动中,各主体既是供给方,又是需求方,建立在这种关系基础上的合作,其优势远非一般合作伙伴所能比拟。

(三)产学研战略联盟保障阶段的信任机制

一旦联盟中出现不诚实行为,其带来的损失将远远超过彼此信赖时所能带来的收益;再次,信任是一方给予另一方的,而另一方的行为并不是自己能完全控制,每个联盟主体对整个联盟的影响都是部分的,这就涉及联盟中的保障机制问题。

1. 加强法治建设

（1）建立健全法律法规体系

健全的法律保障制度会使产学研战略联盟主体的合作更加有效顺畅，要依靠政策法规的强制性规范和约束各联盟主体的失信和失德行为。产学研项目成功实施需要稳定的法律环境来保证，良好的法律环境可以规范合作主体的行为，使合作中各项活动符合"合法性"要求。例如：产学研战略联盟主体在建立合作关系时，首先都会通过签订合作协议，也就是契约来确定信任关系，制定合理有效的契约是提升信任的一种有效方法。中国已经制定和实施了《中华人民共和国促进科技成果转化法》《专利法》以及《合同法》等一系列法律法规，但还需要进一步制定和完善有关支持政策。

（2）加大奖惩力度

要通过提高欺骗成本、加大惩罚力度，迫使采取欺骗行为的产学研战略联盟主体在获取眼前利益的同时承受更大的远期成本，逼迫各主体必须采取基于相互信任的合作战略。一方面，提高产学研战略联盟主体间的欺骗成本是防止相互欺骗、防止机会主义行为出现的有力武器；另一方面，制定尽可能详细和周密的保护性合同或合法的契约来阻止机会主义行为，对于不合作的行为或违约行为进行惩治。这样的合约条款可使联盟主体清楚行为预期，根除投机心理，同时也因为合同的严格性以及违反合同的严重性而提高对其他联盟主体的行为信任度。如果违背协议和合约受不到任何相应的惩罚，产学研战略联盟各主体就缺乏履行协议和合约的积极性。违约如果成为普遍现象，各方就不会签约，这样高校、企业、科研机构之间就很难建立起互利的联盟关系。

2. 加强中国信用系统的建设

（1）推进信用标准的统一

由于某些信用评定机构对掌握的各方资料互不交流，各自为政，存在着产学研战略联盟某方主体在不同标准下信用等级不一致的现象，因此，应当整合相关信用评估机构，建立起统一的信用评价标准。鉴于各机构信用评定方法和评定等级的差异，可尝试由政府带头，在现有的法律框架下，依托相关组织或部门建立统一的信用评价标准和查询平台，形成一套完整的信用评估制度，统一发布社会组织信用等级规范，保证通用性、实用性，为中国的信用评定工作以及构建产学研战略联盟提供科学、权威的参考。

（2）制定科学的信用评级体系

精准的信用评级制度可以有效降低交易成本、规避机会主义行为的发生、稳定产学研战略联盟主体之间的信任关系。通过信用评级标准把相关主体的组织运行情况、信用记录、合作评价等信息上传，由有关平台生成信用评级，作为产学研战略联盟合作活动和主体评级的重要参考。需要强调的是，信用等级是动态的，不是一成不变的，当有合作活动信息被更新时，将生成成新的信用等级。

（3）鼓励支持第三方中介机构发展

要想使得产学研战略联盟顺利进行，就需要打破阻碍信息自由流动的条条框框，组织和协调好各主体间的关系，形成顺畅的传导网络，并发挥各自的功能，整合信息资源。为此，应该在产学研战略联盟主体之间建立起信息资源平台，汇集和整理有关信息，以便准确、及时地为产学研战略联盟合作活动提供需求信息等支持。产学研战略联盟不仅需要体制、机制、政策上的衔接，还需要中介的黏合，应建立完善的科技中介机构服务体系，发挥中介机构在产学研联盟中的媒介作用。中国应充分认识到中介机构对产学研战略联盟的重要作用，大力发展多类型多层次的科技中介机构，使中介机构成为产学研战略联盟各主体沟通的桥梁。

3. 培育中国信任文化

（1）呼吁产学研战略联盟各主体树立诚信意识

产学研战略联盟主体自身的行为与认知，从根本上决定着信任关系能否建立并长久保持。本书提倡的诚信意识，就是建立在经济活动、经济利益基础上的道德价值观。要想牢固产学研战略联盟主体间的信任，产学研战略联盟主体必须主动培养合作精神并树立主动信任意识，从根源抓起，要对联盟成员进行诚信教育。联盟成员们保持良好的诚信意识，则联盟组织就可以从内而外形成浓厚的诚信氛围，信任水平高，在一定程度上说明联盟间的诚信意识较强，其他有意愿的合作者也更信任联盟的决策行为。

（2）培养产学研战略联盟各主体具备适应市场的信任观念

当前，中国正处于新时代中国特色社会主义市场经济下，但以往经济形态的影响依旧存在，产学研战略联盟的部分主体契约规范意识不强，为追求自身利益最大化而背信违约，这严重破坏了正常的经济秩序，影响了市场经济的发展、繁荣。通过开展信任教育，增强产学研战略联盟主体的诚信意识，引导其经济交往行为，是维持产学研战略联盟主体间信任关系的必然之举。

第八章 产学研战略联盟的利益分配机制

第一节 相关概念解释

一 利益的解释

关于利益这个概念，已经有很多学者给出了定义。

第一种观点：利益是需要。1989 年，沈宗灵在《法理学研究》中提到，利益是人们为了满足生存和发展而产生的各种需要。[1] 1992 年，赵奎礼在《利益学概论》中将利益定义为：人们对周围世界一定对象的需要。[2] 1995 年，王浦劬在《政治学基础》中指出，利益就是基于一定生产获得社会内容和特性的需要。[3] 人们会为了满足自己的需要开展社会活动，去追求利益，脱离了自己本身的需要去谈利益是不合理的。

第二种观点：利益是可以满足主体需求的对象。1985 年，薛永应在《社会主义经济效益概论》中认为，经济利益是在一定社会经济形式中满足主体经济需要的一定数量的社会劳动成果。[4] 1991 年，苏宏

---

[1] 沈宗灵：《法理学研究》，上海人民出版社 1989 年版，第 58 页。
[2] 赵奎礼：《利益学概论》，辽宁教育出版社 1992 年版，第 2 页。
[3] 王浦劬：《政治学基础》，北京大学出版社 1995 年版，第 53 页。
[4] 薛永应：《社会主义经济效益概论》，人民出版社 1985 年版，第 42 页。

章在《利益论》中谈到，利益就是指一定的社会形式中由人的活动实现的满足主体需要的一定数量的客体对象。① 2002年，颜运秋在《公益诉讼理念研究》中提到，利益是对主体的生存和发展具有一定意义的各种资源、条件机制等有益事物的统称。② 能够满足主体需要的对象是利益的组成要素之一，能够满足主体需要的对象成千上万，比如金钱、粮食、荣誉，等等，但是，只有这些对象真正属于该主体才是主体的利益。因此，将利益定义为能够满足主体需要的对象过于狭义，切断了主体与对象的联系。

第三种观点：利益是社会关系范畴。2001年，王伟光在《利益论》中指出，利益就是一定的客观需要的对象在满足主体需要时，在需要主体之间进行分配时所形成的一定性质的社会关系的形式。③ 2001年，张玉堂在《利益论——关于利益冲突与协调问题的研究》中同样认为，只有在社会生活中，且由于社会中其他主体的需要的限制，而造成的人的需要与需要对象之间的矛盾关系才是现实意义上的利益。④

二 产学研战略联盟各主体的利益

产学研战略联盟利益是指企业、高校和科研机构作为一个集体通过相互合作发明出来的增加收益。产学研战略联盟中企业追求的利益主要指经济利润。企业是营利性组织，企业开展的活动是围绕低成本、高收益展开的。企业希望投入经费、厂房、设备等资源，通过产学研战略联盟提升企业的技术和市场竞争优势。创新是企业在优胜劣汰的市场中生存下来的法宝。技术革新决定着企业的发展前景，企业通过与高校、科研机构的合作，来提升技术，提高市场竞争力。产学研战略联盟中高校的利益主要是指提升学术素养、培养学生实践能力、评选职称要求。高校具备的优势是具有扎实的理论基础，而企业

---

① 苏宏章：《利益论》，辽宁大学出版社1991年版，第21页。
② 颜运秋：《公益诉讼理念研究》，中国检察出版社2002年版，第3页。
③ 王伟光：《利益论》，人民出版社2001年版，第74页。
④ 张玉堂：《利益论—关于利益冲突与协调问题的研究》，武汉大学出版社2001年版，第45页。

缺乏技术的理论指引，高校加入产学研战略联盟可以提高学生的实践能力。理论指导实践，而实践是检验真理的唯一标准，理论离开实践是空谈，因此，高校的学生很需要通过产学研战略联盟来增强自己的专业技能，老师则有科研要求和评选职称任务，需要紧密联系实际。产学研战略联盟中科研机构的利益是指提高研究水平。通过产学研战略联盟，科研机构可以提高自己的研究能力，避免闭眼研究，紧密联系市场需求，根据市场需求来搞研究。

三 产学研战略联盟中的利益

产学研战略联盟成员有共同的联盟目标，便有共同的联盟利益。对于企业而言，企业追求的利益为保值及增值。为了提高自身技术创新水平，通过产学研战略联盟，企业能够有效提高市场竞争力。对于高校而言，高校追求的利益是培养与市场需求匹配的人才、传承高校文化、发挥社会服务功能以及提高科学研究水平。对于科研机构而言，通过产学研战略联盟，可以提高科研成果转化率。为了有效保障各主体的利益，需要建立完善的利益分配机制。合理的利益分配机制对于产学研战略联盟各主体而言，能起到很好的激励作用，从而提高联盟效率。对于不同的合作模式，选择合适的利益分配方式，能起到激发联盟各主体动力等作用。

四 产学研战略联盟利益分配机制

产学研联盟的利益分配机制就是指，联盟各成员作为利益主体对联盟运行过程中或者在联盟解体时所形成的利益进行分配的一整套制度或契约安排，是产学研联盟治理机制中的重要组成部分。简而言之，利益分配机制就是分配利益的方法。产学研战略联盟利益分配遵守的原则是资源整合、利益共享、风险共担。资源互补是指联盟成员将各自优势资源整合起来，共同完成技术产业化，提高科技成果转化率。利益共享是指根据设计好的利益分配契约进行利益分配。合理的利益分配契约对联盟发展可以起到推动作用。产学研联盟成员在联盟中往往只关注个人利益，如果没有合理的利益分配机制，联盟成员很可能会为维护个人利益损害其他成员利益，最终导致联盟失败。不同的利益分配方式会产生不同的激励效果，因此，根据不同的产学研战略联盟项目，选择某一种或者混合的利益分配方式可以起到产学研战略联盟成效最大化的效果。

第二节　委托代理理论

美国经济学家伯利和米恩斯提出，委托代理理论是制度经济学契约理论的主要内容之一，委托代理关系是指一个或多个行为主体根据一种明示或隐含的契约，指定、雇佣另一些行为主体为其服务，同时授予后者一定的决策权利，并根据后者提供的服务数量和质量对其支付相应的报酬。2017年，贺一堂等人指出，委托代理理论主要研究的是，在信息不对等和利益冲突的前提下，如何设计最优契约激励代理方。企业委托科研机构从事研发活动，然后将不成熟的科研成果试着投入生产并市场化，如果成功，双方均可享受到研发成果所带来的丰厚利润。该合作是一个"利益共享、风险共担"的过程。[1] 以委托代理理论为基础研究产学研战略联盟，主体之间的关系可以被视为一种委托代理关系，委托方是企业，代理方是高校或科研机构。由于委托方和代理方追求的利益不同，委托方追求利润最大化，以期投入最小成本获得最大收益；代理方追求在同等报酬下，投入成本最小化，因此，委托方与代理方有着利益冲突，利用委托代理理论解决产学研战略联盟的利益分配问题是合理的。为了共同推进中国铝工业技术升级，国内外30多家大型企业作为委托方，中南大学作为代理方，成立了中国铝业联合实验室；中国石化作为委托方与代理方华东理工大学联合研发乙烯APC技术。

---

[1] 贺一堂等：《产学研合作创新利益分配的激励机制研究》，《系统工程理论与实践》2017年第9期。

第三节　产学研战略联盟利益分配方式

一　固定支付方式

(一) 定义

固定支付方式指一部分成员（通常是企业）根据其他成员（通常是学研方）承担的任务和风险，按照事先协议从联盟总收益中支付成员固定的报酬，而企业则得到剩余的部分，同时也承担全部风险。这种利益分配模式接近市场交易模式。

固定支付方式下可以是一次性付清，也可以是分期付清。这种方式比较简单，容易操作，但存在许多不完善的地方，因为在签订合同时，企业很难对此项技术成果所带来的效益做出较为准确的估计，因而在计算价款时，很难体现"风险分担、利益共享"的原则。如果项目成功，企业获益较大，而学研方获利甚微；如果项目失败，学研方的收益有保证，而企业则会损失惨重。

在这种利益分配方式下，学研方一次收取固定报酬，交易达成后，一次性的合作关系即告终止，产方的技术开发、市场开发与学研方无关，未体现风险共担、利益共享及对大学和科研机构的进一步激励和约束，也不利于企业对技术的掌握与改进，势必会增大风险。

(二) 适用条件

固定支付方式适合于技术风险较大、市场收益高的情况。这种情况下采用固定支付方式，企业以预支部分收益的形式分担了技术风险，同时无需按比例将高市场收益分配给研发方，因此，固定支付方式对双方的激励效率较高。[1] 固定支付方式中，学研方提供技术，企业提供资金，一次性付款或者分期付款。这种利益分配方式的优点是简单易操作。但是，由于定价是在技术产业化之前即成果投放市场前进行的，所

---

[1] 黄波、孟卫东、李宇雨：《基于双边激励的产学研合作最优利益分配方式》，《管理科学学报》2011年第7期。

以容易脱离实际的市场情况。一次性付款或分期付款对于很多中小企业是一个挑战，不利于中小企业的技术创新和发展。当政府提供资金支持时，可以减轻企业的资金风险，对于经济实力不强的企业来说，固定支付方式对于产学研各方的激励作用较大。因此，固定支付方式适用于技术转让和联合开发这两种模式。

（三）分类

1、一次总算一次支付。一次总算一次支付是指学研方技术转让后，企业一次总算，一次支付。

2、一次总算分期付款。一次总算分期付款是指学研方技术转让之前，企业支付其定金，待技术转让之后，将剩余费用一次结清。

二 产出分享方式

（一）定义

产出分享方式又叫提成支付方式。产出分享方式指联盟各成员按照一定的比例系数从联盟总收益中分得自己应得的份额。这是一种风险分担、利益共享的分配模式。提成支付方式以产品的销售额为依据，产品的销售额越高，产生的利润就越高，提成按比例在合作各方之间进行分配。产品的销售额充分反映技术所形成产品的经济效益，与开发产品的技术创新水平、技术成熟度、技术可靠性等密切相关。[1] 目前，按销售额提成的模式比较容易被接受并应用，在美国90%以上成果交易方式是按销售额提成。主要有下列原因：销售额是合作创新各方能较准确掌握的核算指标；具有可操作性；销售额标明了产品在市场竞争中的生产力，反映着企业的经济效益；销售额的大小与开发产品的技术创新水平、技术成熟度、技术可靠性等因素密切相关，因而按销售提成较为符合市场运行规律。企业与高校、科研机构的收益按产品或技术的销售额的一定比例支付，这种分配方式是在成果产品化后，由利益驱动将双方捆在一起，实现风险分担、利益共享、互利互惠、共同发展，有利于产

---

[1] 张洋、苗德华、段磊、于强、门长峰：《产学研合作利益分配机制研究——以天津市为例》，《中国高校科技》2012年第10期。

学研联盟的持续发展。

（二）适用条件

产出分享方式则适合于技术风险小、市场收益较高的情况。由于技术风险小，研发方愿意投入较多研发资源，企业就无需分担技术风险，从而降低了其面临的风险，提高了利润，而研发方能按比例分到其应得收益，因此，这种情况下采用产出分享方式对双方的激励效率都高。产出分享方式适用于战略联盟的合作模式。产出分享方式符合客观市场规律，技术产业化后，根据实际市场情况，产学研各主体进行利益分配。企业与学研的技术交易额按产品的一定比例支付，这种分配方式是在成果商品化后，由利益驱动将双方捆在一起，实现风险共担、利益共享、互利互惠、共同发展，有利于产学研合作关系的良性发展。[①]

（三）分类

1. 利润提成。利润提成是指技术产业化后，按照实际销售情况，将利润按比例分配。

2. 产值提成。产值提成是指技术产业化后，依据产值，按比例分配。

3. 销售额提成。销售额提成是指技术产业化后，根据销售额按比例分配。

三　混合方式

（一）定义

混合支付是指产学研联盟技术转让合同的受让方（通常是产方），先支付一定金额作为入门费，然后再按照提成支付的方式支付技术转让方（通常是学研方）费用。通常入门费的金额较低，作为企业对学研方研发经费的补偿。在合作之初学研方就可以获得由合作带来的一部分利益，待产品面向市场之后再以合同中协定的比例支付给学研方提成费。

[①] 梁喜：《不同利益分配方式对产学研联盟创新激励的影响》，《技术经济与管理研究》2016年第8期。

混合支付模式实际上是前两种方式的混合，一部分成员既可以得到一笔固定报酬，同时也可以从联盟总收益中分成。混合支付模式避免了固定报酬模式给产方带来的资金压力，又能将产方和学研方的利益绑在一起，具有很强的实用性。在这种分配方式中，企业一般以资金、设备、厂房等资源入股，学研方不仅直接参与研发工作，而且还以技术、仪器设备和资金入股。因此，联盟的成败与各成员自身的利益紧密地联系在一起，当产学研联盟取得好的经济效益时，就能按比例分享较高的利润，而当发生亏损时，各方均要承担一定的风险。

（二）适用条件

混合方式比较适合于技术风险较小、市场收益也较低的情况。由于存在一定的技术风险，研发方的投资积极性不高，企业应考虑分担部分技术风险以激励研发方；此外，由于市场收益不高，企业向研发方预支的收益以及研发方按比例分到收益都较低，因此，这种情况下采用混合方式对双方的激励效率都高。合作模式为企业出资建设运营的项目以及委托开发模式适用混合方式。混合方式适用于技术较成熟市场有一定风险。

（三）分类

1. 入门费+利润提成。入门费+利润提成是指企业先支付入门费，待技术产业化后，根据利润进行比例分成。

2. 入门费+产值提成。入门费+产值提成是指企业先支付入门费，待技术产业化后，根据产值进行比例分成。

3. 入门费+销售额提成。入门费+销售额提成是指企业先支付入门费，待技术产业化后，根据销售额进行比例分成。

第四节 产学研战略联盟利益分配方式评价

一 固定支付方式

（一）研究和发展阶段

在固定支付模式下，企业方与学研方之间仅限于技术转让等活动，双方的交流频率最低。企业方是技术的购买方,学研方是技术的转让方,相较而言,学研方占据优势。且技术是一种特殊的商品,其价值无法精确衡量。由于技术的特殊属性,又加上学研方对技术的垄断性,契约签订过程中存在"禀赋效应",即企业方无法对研发阶段的成果作出正确的估价,而学研方作为技术的拥有者,对于研究成果的估价必定会高于其实际价值。陈群林在实验中引入中立方估计价值作为参照,结果发现卖方能在短时间内对自身禀赋估价趋于理性,禀赋效应的影响逐渐降低。在产学研技术转让过程中,企业方可借助政府或技术评估中介机构等第三方机构给出对于研发成果的评估值,有效抑制禀赋效应,降低学研方的期望固定支付费用。

在固定支付方式下,技术的转让费是在技术产业化之前结算的,学研方作为技术的转让方有更多的信息优势,容易高估实际技术的市场价值。企业作为技术的购买方,在存在道德风险的情况下,处于信息的劣势方。因此,对于学研方,在研究和发展阶段的动力来源于企业支付的固定支付费用。为了激发学研方的积极性,产学研战略联盟时可以借助第三方进行估价,比如政府或者中介机构。

(二)生产和商业化阶段

在生产和商业化阶段,固定支付方式下产品能否成功推向市场与企业方所做的贡献大小有关,其创新努力水平也与贡献大小有关。在生产和商业化阶段,企业方掌握着生产制造技术,成为了该阶段的主导者。且学研方在此阶段中没有投入,整个过程中企业方投入的成本需根据具体的情况而定。

在固定支付方式下,在生产和商业化阶段只有企业投入,学研方在此阶段不再投入。企业作为产品生产方将产品推向市场方,占着很强的优势。企业在此阶段的投入水平与产品的收益有关。产品的收益越多,企业的投入动力就越高。

二 产出分享方式

(一)研究和发展阶段

在产出分享方式下,在研究和发展阶段中只有学研方投入,企业在此阶段不投入。学研方在此阶段的投入会影响技术成果化的市场收益。因此,产学研各主体之间订立合理的利益分配协议尤为重要,能起到很好的激励作用。

(二) 生产和商业化阶段

在生产和商业化阶段,主要投入方是企业,产品收益很大程度上与企业投入多少有关。利益分配比例由学研方在研发阶段和企业在生产商业化阶段的贡献比决定。

三 混合方式

(一) 研究和发展阶段

在混合方式下,企业在研发阶段需支付入门费,主要投入方为学研方。学研方在研发阶段的投入大于或者等于企业方。支付入门费体现了产学研战略联盟中的风险共担、利益共享原则,可以降低学研方的研发风险。

(二) 生产和商业化阶段

在混合方式下,生产和商业化阶段主要由企业方投入,并将研发出来的技术生产和销售到市场中去。此种利益分配方式的利益分配比例由双方在这两阶段的投入决定。

第五节 产学研战略联盟利益分配方法

一 简化的 MCRS 法

采用 MCRS 法求解 n 个主体合作对策模型的产学研价值链收益分配[1]。首先,我们确定利益分配的上下界,$U_{min} \leq U \leq U_{max}$,然后由点 X_{max} 和 X_{min} 与超平面的交点作为解值,其中

$$U_{imax} = C(N) - C(N-i), \forall_i \in N \quad (8.1)$$

---

[1] 孙华:《产学研合作创新的收益分配机制比较研究》,《企业研究》2012 年第 10 期。

$$U_{imax} = C(N)_i = X_i \tag{8.2}$$

即将参与产学研战略联盟主体的理想收益与未参与产学研战略联盟的单个主体的单独行动收益分别作为利益分配的上下界，那么，产学研价值链收益分配的公式为：

$$U_i = U_{imin} + \frac{U_{imax} - U_{imin}}{\sum_{i \in N}(U_{imax} - U_{imin})}[C(N) - \sum_{i \in N} U_{imin}], \forall_i \in N^1 \tag{8.3}$$

U_i：每个主体的利益分配数；

U_{imax}：联盟成员的理想收益；

U_{imin}：联盟成员单独行动的收益；

N：代表各种合作方式。

二 Shapley 值法

Shapley 值法是由 Shapley 在 1953 年给出的解决多主体组成的联盟博弈的一种公理化的数学方法。Shapley 值法以对称性、有效性及可法性作为其基础公理。对称性指联盟成员的收益与其博弈顺序无关。有效性是指全部参与方分享的收益之和等于相应联盟的全部收益。可法性是指两个独立的参与方，合并的收益值等于各自独立博弈的收益值之和。产学研战略联盟参与方通过对创新要素的优化组合，进行资源共享和风险共担，能够有效降低产学研合作成本，从而获得与不参与产学研战略联盟前相比更高的收益。但是产学研战略联盟成员都是独立的经济实体，都以各自的收益最大化为目标。因此，产学研战略联盟不仅要产生比不进行合作之前更高的收益，而且需要各个参与方的收益均比不参与产学研战略联盟的收益更高。产学研战略联盟成员之间的收益分配问题实际上可以看作多主体合作博弈的收益分配问题，可以用 Shapley 值法进行求解。[①]

[①] 刘啸尘、钱华生：《基于 Shapley 值法的产学研联盟收益分配研究》，《中小企业管理与科技》2020 年第 35 期。

$$\varphi_i(v) = \sum_{i \in s} \frac{(|s|-1)!(n-|s|)!}{n!}[(V(S) - V(S \setminus \{i\}))] \tag{8.4}$$

（1）n，N：假设合作博弈系统内有 n 个成员，由 N = {1, 2, …, n} 表示；

（2）S：不同成员组成不同的联盟，记为 S，S 是 N 的子集；

（3）V(S)：定义在 N 上的一实函数 v 为特征函数，即联盟 S 的收益记为 V(S)；

（4）$\varphi_i(v)$：表示联盟中成员 i 获得的利益；

（5）S \ {i}：表示从集合 S 中删除元素 i 后的集合。

三 最大熵分配法

最大熵分配法适用于解决产学研战略联盟利益分配问题，其原理为：设 n 个主体合作的分配 $\varphi(v) = [\varphi_1(v), \varphi_2(v), \cdots, \varphi_n(v)]$ 中 v 为特征函数，在这里将此问题离散化（可将报酬单位适当缩小，如以 1 元为单位）[①]。记 $P_i = \frac{\varphi_i(v)}{v(I)}$ 则 P_i 可看作 n 个主体合作总效益分给第 i 个主体的概率，其概率分布的熵定义为：

$$H = -\sum_{i=1}^{n} \ln P_i = -\sum_{i=1}^{n} \frac{\varphi_i(v)}{v(I)} \ln \frac{\varphi_i(v)}{v(I)} \tag{8.5}$$

P_i：成员 i 的收益在总利润中所占的比例。

这里，s 为任何一种合作，即 n 个主体合作后的每个主体所得效益或任意 k（k≤n）个主体效益的和应不小于他们单独干或这 k 个主体合作的效益。特别，$\varphi_i(v) \geq v(I)$ 即各成员根据合作分配所得的收入不应小于他单干时的收入。即在约束条件下求使 H 最大的解，此时可将非线性规划问题的求解，转化为求解一系列无约束极值问题，采用非线性规划的制约函数法，因而也称这种方法为序列无约束极小化技术。

---

① 穆喜产、宋素玲、吴云燕、曲维峰：《顾客联盟的利益分配问题研究》，《软科学》2009 年第 1 期。

四 核仁法

核仁法的原理为：如果某分配向量的所有联盟剩余都最小，则这一分配向量就是核仁，即通过核仁法，可以计算出产学研战略联盟利益分配中联盟成员对于联盟方案不满程度的极小值点。[①]

对于核仁法，首先要了解内核这个概念：

$$e(S, x) = V(S) - x(S) \tag{8.6}$$

e (S, x)：代表联盟成员对分配方案的不满程度；

V (S)：代表联盟 S 的收益；

x (S)：代表联盟成员实际获得的收益。

因此，求解利益分配就变成求解以下线性规划：

$$\text{Min}\varepsilon$$
$$\text{s. t} \begin{cases} v(S) = \sum_{i \in S_1} x_i \\ v(S) - \sum_{i \in S_2} x_i \leq \varepsilon \end{cases} \tag{8.7}$$

ε：任意小实数，表示不满意度；

S_1：系统 n 个成员组成的大联盟；

x_i：成员 i 分得大联盟超额利润的值；

S_2：2^n 种不同的联盟构成模式的集合。

五 等 MDP 分配

Dermot Gately 在 1974 年提出了刻画联盟分配方案稳定程度的指标，通过指标定量分析联盟各成员对分配方案的倾向程度。[②]

$$d_i = \frac{\sum_{j \in \{N \setminus i\}} x_j - V(N \setminus i)}{x_i - v_i} \tag{8.8}$$

[①] 于晓辉、周珍、杜志平：《产业集群背景下模糊联盟结构合作博弈的核心》，《系统科学与数学》2019 年第 6 期。

[②] 牛淑娅、曾博、刘文霞等：《基于合作博弈的电动汽车换电站优化配置》，《南方电网技术》2016 年第 12 期。

x_i：成员 i 参与联盟时的收益；

v_i：成员 i 独立行动时的收益；

$\sum_{j\in\{N\setminus i\}} x_j$：成员 i 参与联盟时其他成员的总收益；

$V(N\setminus i)$：成员 i 未参与联盟时其他成员的总收益。

六 Rubinstein 讨价还价模型

在 Rubinstein 讨价还价模型中，过程被描述为参与主体 1 与参与主体 2 进行利益分配，且轮流出价。参与主体 1 提出出价方案 1，参与主体 2 选择接受或拒绝。若参与主体 2 选择接受，则博弈完毕，采用参与主体 1 提出的方案；若参与主体 2 拒绝，则进入下一轮。下一轮，参与主体 2 出价，参与主体 1 考虑接受或拒绝，若参与主体 1 接受，则博弈完毕，采用参与主体 2 提出的方案；若参与主体 1 拒绝，则进入下一轮……直到有一方接受对方的提议为止。[①] 在无限期轮流出价的讨价还价博弈中，其子博弈精炼 Nash 均衡是参与主体 1 奇数阶段出价 (v_1^*, v_2^*)。

$$v_1^* = \frac{1-\delta_{ab}}{1-\delta_{ab}\delta_{ba}}, \quad v_2^* = \frac{\delta_{ab}(1-\delta_{ba})}{1-\delta_{ab}\delta_{ba}} \qquad (8.9)$$

其中 v_1^*、v_2^* 分别是局中人 1 和局中人 2 的均衡分配，δ_{ab}、δ_{ba} 分别表示参与主体 1 和参与主体 2 的折损因子。

第六节　建设中国产学研战略联盟利益分配机制的策略选择

一　产学研战略联盟的合作模式

根据第四章产学研战略联盟构建模式，本节结合产学研战略联盟各

---

① 鲍新中、王道平：《产学研合作创新成本分摊和收益分配的博弈分析》，《研究与发展管理》2010 年第 5 期。

主体的紧密合作程度,将产学研战略联盟合作模式分为三种,分别是委托开发模式、合作开发模式和共建实体模式。

(一)委托开发模式

委托开发模式是指企业根据自身发展需求,委托高校或科研机构进行技术研发与创新的一种合作模式。企业方需要学研方的技术支持,而学研方需要企业方的资源支持。任何一方都难以独立完成任务,此类合作一般由大中型企业与科研成果较为丰富的高校组成,体现了优势互补效应,风险较小。产学研战略联盟初始阶段通常采用这种模式。①

(二)合作开发模式

合作开发模式是指企业、高校以及科研机构利用各自优势,取长补短,互相合作,共同推动技术产业化的一种模式。随着产学研联盟的不断推进,企业根据发展总体战略以及市场需求情况,加大联盟力度。合作开发模式一般是产学研战略联盟进行到中间阶段使用的一种模式。在此种模式中,企业和学研方基本已经掌握了产学研战略联盟的运作规律,对产品或技术研发难易程度、管理制度、联盟风险、利益分配等环节有了基本把握。在合作开发模式下,企业方和学研方提供各自优质资源,例如企业方提供资金、先进设备等资源,学研方提供研发人才、技术知识等资源,这些主体通过不断交流、协调以及合作,共同推进技术产业化,从而提高科技成果转化率。

(三)共建实体模式

共建实体模式是指企业、研究机构、高校建立长期的合作关系,以一定的项目研究和技术难题为纽带,在共建过程中明确相互主体间的责任和义务,如提供资金、设备、科研技术和实验室等,集中各主体的优势资源进行深度合作,共同开发的合作模式。② 企业方和学研方通过建立新的联合经营体,将各方的共享资源聚合在一起,实行统一管理、统

---

① 张建新、孙树栋:《产学研阶段任务与合作模式选择研究》,《生产力研究》2010年第6期。

② 王文岩、孙福全、申强:《产学研合作模式的分类、特征及选择》,《中国科技论坛》2008年第5期。

一规划和统一支配。具体的实体存在形式大致有几下几类：研发基地、技术研究中心、重点实验室、高新技术企业、高新技术产业园等。共建实体模式强调强强联合，各方已经在掌握产学研联盟运行规律的基础上，将单一且短期的联盟逐渐发展成为全面而长期的联盟，从而提高科技成果转化率。

二 不同模式下产学研战略联盟利益分配方式的选择

（一）委托开发模式下的利益分配方式

在委托开发模式下，可以选择的利益分配方式是固定支付方式。技术属于一种无形商品，不同于有形商品，企业方支付技术转让方费用需要考虑多种因素，比如在技术转让时的谈判成本费用、技术的未来使用价值等。委托开发的合作模式其实属于一种事前交易方式，技术转让方即学研方和技术接收方即企业方签订技术转让契约，契约签订好后，风险一般由企业方承担，企业方可以通过选择合理的利益分配方式分担一些风险。因此，适合委托开发模式的利益分配方式是固定支付报酬模式。对于风险较小的项目，例如较成熟的项目、持续周期短的项目以及有一定市场基础的项目，可以选择固定支付报酬方式中的一次总算一次支付。这种方式操作简单，比较适用于风险较小的合作项目。风险不确定的项目，其成败受多种不确定因素影响，无法预估风险，可以选择一次总算分期付款。根据项目实时进展情况，分期支付技术转让费，达到分担风险的效果。

（二）合作开发模式下的利益分配方式

在合作开发模式下，可以选择的利益分配方式是产出分享方式。在实际操作过程中，可以具体选择按销售额提成、按产值提成、按利润提成分配收益。提成比例需要根据实际情况来决定。对于经济效益见效快的项目，可设定较高的提成比例，而对于经济效益见效慢、投资大的项目，可降低提成比例。对于技术潜在价值高的项目，可以提高提成比例。当然，也可以根据技术产业化后的市场销售情况，根据销售额多少分阶段设定不同的提成比例。

(三) 共建实体模式下的利益分配方式

实体模式包括法人实体模式和非法人实体模式，其中以法人实体最为常见。法人实体具有以下优势：首先，以章程的形式将联盟各方订立的协议提交工商登记部门，使其具有高于一般协议的法律效力，解决了联盟法律保障机制薄弱的问题。其次，股权制度使联盟成员可以依据自身的具体情况决定入股方式和入股比例，然后根据入股比例对公司享有股权利益、承担有限责任。这使联盟成员各自的权利和义务得以规范化和制度化。最后，实体模式采用法人治理结构，使联盟组织的管理更加规范和系统，从而切实保护联盟成员利益。在现有的法人实体模式中，股份合作制企业、模拟公司和聘请专业化的经营管理公司三种模式是最主要的构建模式。[①] 共建实体模式下，可以选择的利益分配方式是混合模式。在共建实体模式下，企业方通常以资金、设备、场所等入股，学研方一般以技术、人力、仪器等入股，因此，在进行利益分配方式的选择时，需要根据前期投入比例进行分配，由此可见，混合方式很适合共建实体模式。在该种分配方式下，确定技术投资占总投资的比例是关键，会影响学研方的投入动力，合适的比例可以起到保护学研方动力的效果，有很好的激励作用。如果技术水平不高，该比例可以低一些，如果技术比较有市场前景或者需求较大，该比例可以适当高一些。在此过程中，可以借助中介机构来鉴定技术成果价值，也可以由政府建立专门无形资产评估机构。

[①] 张晓、盛建新、林洪：《我国产业技术创新战略联盟的组建机制》，《科技进步与对策》2009 年第 20 期。

第九章 产学研战略联盟绩效

第一节 产学研战略联盟绩效研究综述

一 产学研战略联盟绩效评价

截至目前,国内外学者对产学研战略联盟绩效已进行了一定的研究探索,20世纪90年代至21世纪初,国外学者主要从不同角度评价产学研战略联盟绩效,Piccaluga 和 Bonaccorsi 最早对产学研战略联盟绩效进行了评价,构建了期望动机的产学研战略联盟绩效评价模型,认为可以通过新产品的数量及研发队伍的构成等指标衡量产学研战略联盟绩效,该评价模型的构建标志着学术界开始关注产学研战略联盟绩效评价这一领域。[①] Mora-Valentin 等人从联盟双方的角度出发,从联盟的整体满意度和联盟关系的持续性两个维度测度了企业和学研机构主观感知的产学研战略联盟绩效。[②] Perkmann 等人从产学研战略联盟生命周期视角出发,从投入、过程活动、产出和影响四个维度构建了一个完整的指标体系,从企业角度进行产学研战略联盟绩效评价。[③] Schwartz 等人从产学

---

① Bonaccorsi A., Picalugadu A., "A Theoretical Framework for the Evaluation of University-Industry Relationships", *R&D Management*, Vol. 24, 1994.

② Mora-Valentin E M, Montoro—Sanchez A, "Guerras-Martin L A. Determining Factors in the success of R&D Cooperative Agreements between Firms and Research Organizations", *Research Policy*, Vol. 33, No. 3, 2004.

③ Perkmann M, Neely A, Walsh K., "How should Firms Evaluate Success in University-industry Alliances? A Performance Measurement System", *R&D Management*, Vol. 41, No. 2, 2011.

研战略联盟项目着手测度联盟绩效①。

国内学者对产学研战略联盟绩效评价的研究从2006年开始兴起，分为评价指标体系研究、绩效评价研究等不同的方向。

第一，对产学研战略联盟绩效评价指标体系的研究，这类研究在产学研战略联盟绩效评价研究中占主要部分。黄泽霞等人最早关注到了产学研战略联盟的绩效评价，在2007年用层次分析法对全国90所重点高校的产学研战略联盟绩效进行了评价。夏凤试图将测量组织绩效的平衡记分卡法引入产学研战略联盟中来，根据平衡记分卡基本框架与原理，构建了产学研战略联盟的平衡记分卡评价模型，并设计了具体的评价指标。② 邓颖翔等人依据Simon的产学研战略联盟绩效评价概念模型发展出针对企业方和高校方的产学研战略联盟绩效评价两套量表。③

2012年开始有学者立足于不同视角进行产学研战略联盟绩效评价指标体系的建立。李庆满等人基于过程管理的视角，建立了指标体系。④ 从2017年开始，学者对产学研战略联盟绩效的研究出现了更宽泛更深层的认识，对于产学研战略联盟绩效评价指标体系的设计也更加具有针对性。如王海军等人扩展了传统的产学研战略联盟主体范围，基于此设计了包括先进性、经济性和可靠性三个维度的"产学研+"战略联盟绩效评价指标体系，并结合海尔集团近年来的四个典型协同创新案例进行了对比验证。⑤ 刘震等人为了识别产学研战略联盟中的绩效偏移问题，构建了包括投入、产出两个维度的协调度评价指标体系。⑥

---

① Schwartz M, Peglow F, Fritsch M, et al., "What Drives Innovation Output from Subsidized R&D Cooperation? Project-level Evidence from Germany", *Technovation*, Vol. 32, No. 6, 2012.
② 夏凤：《基于平衡记分卡的校企合作绩效评价模型》，《职教论坛》，2008年第9期。
③ 邓颖翔、朱桂龙：《产学研战略联盟绩效的测量研究》，《科技管理研究》，2009年第11期。
④ 李庆满、林海松：《产学研战略联盟绩效评价研究——基于联盟过程的模糊积分分析》，《科技进步与对策》2012年第2期。
⑤ 王海军、于兆吉、温馨、成佳：《"产学研+"协同创新绩效评价研究——来自海尔的多案例验证》，《科研管理》2017年第1期。
⑥ 刘震、党耀国、魏龙：《基于改进灰色关联的产学研战略联盟绩效评价模型》，《数学的实践与认识》2020年第9期。

第二，针对不同区域进行产学研战略联盟绩效评价的相关研究。梁耀明等人对广东省 24 个产学研战略联盟项目进行了绩效评价。[①] 孙萍等人构建了辽宁省产学研战略联盟绩效评价指标体系。[②] 刘涛对山东省产学研战略联盟绩效进行了评价，发现山东省产学研战略联盟在发展中存在整体水平不高和地区发展不平衡等问题。[③] 第三，按照主体对产学研战略联盟绩效进行评价的相关研究。杨胜良以农林院校为研究对象，构建了中国农林院校产学研战略联盟绩效评价指标体系。[④] 钟卫基于 84 所研究型大学校企合著数据，对中国研究型大学产学研战略联盟绩效进行了评价。[⑤] 除了以高校为主体，陈勇军等构建了产学研科技创新的技术效率测度模型，对 25 家产学研科研实体的绩效进行了评价。[⑥]

二 产学研战略联盟绩效影响因素

国外学者对产学研战略联盟绩效影响因素的研究，总体上主要分为过程因素和环境因素两个方面，其中环境因素可以分为内部环境因素和外部环境因素，内部环境因素包括伙伴选择因素和主体因素。Lauvas 等人的研究表明，社会接触和共同承诺对促进产学研战略联盟伙伴之间的认知接近起到重要的推动作用。[⑦] Lee 等人的研究表明政府资助随着变

[①] 梁耀明、张叶平、王浩：《产学研战略联盟绩效综合评价研究——基于广东省部院产学研战略联盟项目的实证》，《科技进步与对策》2014 年第 5 期。

[②] 孙萍、张经纬：《基于熵值法的辽宁省产学研战略联盟综合绩效实证分析》，《科技管理研究》2015 年第 9 期。

[③] 刘涛：《山东省地区高等教育产学研绩效评价及影响因素分析》，《山东师范大学学报》（人文社会科学版）2017 年第 3 期。

[④] 杨胜良：《基于 Malmquist 指数的农林院校产学研结合绩效研究——以西北农林科技大学为例》，《西安电子科技大学学报》（社会科学版）2012 年第 3 期。

[⑤] 钟卫：《合著数据表征的中国研究型大学产学研战略联盟绩效评估》，《科技进步与对策》2016 年第 14 期。

[⑥] 陈勇军、张飞涟、刘尚：《基于随机前沿分析的产学研科技创新技术效率研究》，《科技进步与对策》2015 年第 24 期。

[⑦] Lauvas, Thomas, Steinmo, Marianne, "The Role of Proximity Dimensions and Mutual Commitment in Shaping the Performance of University-industry Research Centres", *Innovation-Organization & Management*, Vol. 29, No. 8, 2019.

量的变化对产学研战略联盟起到不同的调节作用。[1] 外部环境包括资本因素和政策环境因素，Steinmo 等人以 15 个创新项目为样本，研究了产学研战略联盟中具有不同程度经验的企业，如何依靠不同的社会资本实现联盟的成功。[2] 过程因素可以分为联盟的模式、强度和管理因素，知识的创造、转移和共享因素，以及组织学习因素，Lakpetch 和 Lorsuwannarat 的研究结果表明联盟伙伴属性和关系质量直接影响知识转移绩效，联盟伙伴的互补性不会对知识转移绩效产生影响。[3] Johnson 等人扩展了组织知识创造理论，并且在产学研战略联盟项目的组织背景下对该理论进行检验，选取了 25 个产学研战略联盟项目作为样本，该理论对提高知识转移效率有重要作用。[4]

2015 年后，国内学者对产学研战略联盟绩效影响因素的研究取得了丰富成果。朱少英等对产学研战略联盟管理、联盟能力、关系质量和联盟绩效之间的关系进行验证，结果表明，它们之间呈正相关。[5] 李明星等人用元分析法对产学研战略联盟绩效影响因素进行系统分析，并将其分为企业层面、组织层面和政府层面。[6] 张秀峰等人以广东省产学研战略联盟项目为例分析了融资约束、政府补贴与产学研战略联盟绩效的关系，研究结果显示，政府补贴通过调节融资约束给企业带来的限制，

---

[1] Lee H K, Youm H D, Kim S J, et al., "Factors Affecting University-industry Cooperation Performance: Study of the Mediating Effects of Government and Enterprise Support", *Journal of Science and Technology Policy Management*, Vol. 7, No. 2, 2016.

[2] Steinmo, Marianne, Rasmussen, Einar, "The Interplay of Cognitive and Relational Social Capital Dimensions in University-industry Collaboration: Overcoming the Experience Barrier", *Research Policy*, Vol. 47, No. 10, 2018.

[3] Lakpetch, P., & Lorsuwannarat, T., "Knowledge Transfer Effectiveness of University-industry Alliances", *International Journal of Organizational Analysis*, Vol. 20, No. 2, 2012.

[4] Johnson W H A, Johnston D A., "Organisational Knowledge Creating Processes and the Performance of University-industry Collaborative R&D Projects", *International Journal of Technology Management*, Vol. 27, No. 1, 2004.

[5] 朱少英、徐渝：《产学研联盟管理影响联盟绩效机理的实证研究》，《软科学》2016 年第 6 期。

[6] 李明星、苏佳璐、胡成、李泽宇、温明：《产学研战略联盟创新绩效影响因素元分析研究》，《科技进步与对策》2020 年第 6 期。

间接影响产学研战略联盟绩效。① 马文聪等人指出，伙伴匹配性涉及目标协同性、文化相融性和创新资源/能力互补性三个方面，其研究表明，这三个方面对合作绩效均具有显著的正向影响作用。② 王丽平等人经实证研究表明，组织距离与产学研战略联盟绩效呈负相关关系，价值共创在组织距离和产学研战略联盟绩效之间发挥着调节作用。③ 张秀峰等人将企业生命周期划分为幼年、少年、青年、中年和老年五个阶段，从价值链视角研究了企业生命周期对产学研战略联盟创新绩效的影响，结果表明企业生命周期与联盟新绩效之间呈现倒"U"形关系，在产品创新阶段，企业生命周期与新产品和新工艺创新绩效之间关系不显著，与成果转化绩效之间呈现倒"U"形关系。④ 卢艳秋等人构建了网络惯例、组织间学习影响产学研战略联盟绩效的理论模型，通过实证研究得出，在产学研战略联盟中网络惯例对联盟绩效的影响呈倒"U"形关系。⑤

三 提高产学研战略联盟绩效

李成龙等人建立了产学研战略联盟互动的知识创新模型，提出了提高产学研知识创新绩效的途径。⑥ 史国栋从主体、政策、机制及文化四个层面追溯了中国产学研战略联盟绩效低的根源，并给出了改进的建议。⑦ 刘和东等人以高新技术企业为对象，构建产学研战略联盟要素、机制和绩效关系的理论框架，从而找到了提升产学研战略联盟绩效的路

---

① 张秀峰、陈光华、海本禄：《融资约束、政府补贴与产学研战略联盟创新绩效》，《科学学研究》2019年第8期。
② 马文聪、叶阳平、徐梦丹、朱桂龙：《"两情相悦"还是"门当户对"：产学研战略联盟伙伴匹配性及其对知识共享和合作绩效的影响机制》，《南开管理评论》2018年第6期。
③ 王丽平、栾慧明：《组织距离、价值共创与产学研战略联盟创新绩效》，《管理学报》2019年第5期。
④ 张秀峰、陈光华、胡贝贝、杨国梁：《企业生命周期对产学研战略联盟创新绩效的影响》，《中国科技论坛》2015年第6期。
⑤ 卢艳秋、叶英平：《产学研战略联盟中网络惯例对创新绩效的影响》，《科研管理》2017年第3期。
⑥ 李成龙、吴瑞岩：《基于知识视角的产学研耦合互动创新研究》，《科技进步与对策》2011年第21期。
⑦ 史国栋：《提升产学研联盟创新绩效的障碍与对策》，《中国高等教育》2014年第2期。

径,即提高学研方科技成果转化率→选择合理的联盟模式→提高联盟绩效。① 方炜等人对产学研战略联盟创新网络演化过程进行动态演化模拟,针对差异性的初始状态寻找网络演化的最优策略,最后针对如何提高绩效提出了建议。②

综合以上对产学研战略联盟绩效评价、影响因素等方面的综述,国内外学者丰富了产学研战略联盟绩效评价指标体系,拓展了研究方法,推动了相关理论的发展。综合目前产学研战略联盟绩效研究成果来看,已有研究基本上是从企业、高校或产学研战略联盟项目出发进行绩效评价,很少有人把政府投入纳入指标体系对产学研战略联盟绩效进行综合比较研究,对产学研战略联盟绩效的评价多集中于全国范围或某单一的省市、自治区,很少有对产学研战略联盟区域绩效进行比较评价,在中国知网数据库检索到仅有的 5 篇有关产学研战略联盟区域绩效研究中,有 3 篇是对产学研战略联盟绩效影响因素的研究,[3][4][5] 有 1 篇是分析产学研战略联盟区域差异,[6] 只有 1 篇是对区域产学研战略联盟绩效进行比较。

第二节 产学研战略联盟绩效相关理论

一 投入产出理论

投入产出理论的渊源可以追溯到 1846 年重农学派魁奈的《经济

---

[1] 刘和东、钱丹:《产学研战略联盟绩效的提升路径研究——以高新技术企业为对象的实证分析》,《科学学研究》2016 年第 5 期。

[2] 方炜、戴晟、程鹏枭:《产学研协同创新网络演化策略、驱动因素与创新绩效》,《管理现代化》2019 年第 4 期。

[3] 陈光华、王烨、杨国梁:《地理距离阻碍跨区域产学研战略联盟绩效了吗?》,《科学学研究》2015 年第 1 期。

[4] 陈光华、杨国梁:《边界效应对跨区域产学研战略联盟创新绩效的影响研究——来自广东省的证据》,《研究与发展管理》2015 年第 1 期。

[5] 蒋伏心、华冬芳、胡潇:《产学研协同创新对区域创新绩效影响研究》,《江苏社会科学》2015 年第 5 期。

[6] 李世杰、董冰、杨文新、王鑫:《我国区域产学研战略联盟绩效评价及其空间特征分析》,《河南科学》2016 年第 11 期。

表》、马克思的再生产理论和瓦尔拉斯的一般均衡理论。1936年，哈佛大学教授瓦西里·列昂惕夫基于数学经济学派瓦尔拉斯和帕累托的一般均衡理论和数学方法思想，提出了投入产出理论。他在《美国经济体系中投入与产出的数量关系》一文中提出投入是指进行社会生产活动的消耗，包括初始投入要素的最初消耗和生产部门间产品的中间消耗两个方面，产出是指社会生产活动所产生的物质商品和劳务。[①] 到1953年出版专著《美国经济结构》时，他将投入产出方法予以进一步发展，并编制了美国经济投入产出表。投入产出理论是基于经济系统内的投入与产出之间的数量依存关系，考察国民经济各部分间的技术经济联系，帮助人们发现问题、寻找规律的理论。该理论又称产业关联理论，在国民经济大系统中，任何产业都不是孤立存在和发展的，产业之间一定存在各种以投入产出为纽带、以供给与需求为实际形态的技术经济联系，从而使许多产业彼此相互依存、制约与促进。投入产出理论所涉及的大部分主体，既是要素的供给者，又是产品的需求者，扮演供给者角色时，该主体通过向其他主体提供要素，以确立它在某一产业链条中的地位，扮演需求者角色时，该主体通过消费其他主体的产品来展现它在某一产业链条中的作用。

各产业间的技术经济联系内容十分广泛，其中包括：

产品和劳务联系，通常是指在社会再生产中，产业之间彼此向对方提供产品或劳务，在这种关系中，一个产业的产出即为另一个产业的投入。产业间这种产品和劳务的投入产出比例均衡，是确保产业部门间协调发展的前提条件；生产技术联系，是指产业间在生产工艺和操作技术等方面有一定的技术关联关系。产业间具备技术、工业等方面的相似性，或是有着相似的生产流程，使用相似的生产工具、采取类似的管理技术等，都可以称它们有技术关联关系。技术进步会促使产业间投入产出比例发生变化，进而产业结构可能也会相应发生变动；劳动就业联系，是指某一个产业的发展会增加新的劳动就业机会，从而会带动相关

---

① 张中华：《金砖国家国际贸易隐含碳测算及中国对策研究》，博士学位论文，北京理工大学，2017年。

产业的发展,并增加相关产业的劳动就业机会,这也是投资乘数在就业中发挥的作用。①

产学研战略联盟中的企业、高校和科研机构都可以归为国民经济大系统中的不同产业类型,通过不同的联系方式产生各种各样的技术经济联系,由于各主体性质不同、所处领域不同,产学研战略联盟中各主体的关系以及联盟与市场、联盟与社会的技术经济联系是不容易考察的,但通过考察投入产出之间的数量依存关系可以帮助联盟成员发现一些有价值的问题。正如投入产出理论所提到的,产学研战略联盟中的各主体既是要素的供给者,也是产品的需求者。以高校为例,高校向企业提供知识、理论指导和人才支持,同时,高校也需要企业的资金支持和技术支持才能使创新得以持续。当高校扮演供给者角色时,高校通过向企业提供要素,确立它在产学研战略联盟中不可或缺的主体地位,当扮演需求方角色时,高校通过吸收企业所提供的要素并加以转化,推动联盟发展,从而展现其在产学研战略联盟中的作用。

在中国的产学研战略联盟发展中,大部分的资金都来自国家,因此各主体更容易忽视绩效问题,在联盟过程中疏于对投入资金的管理,产出成果较少。提高投入产出效益比是产学研战略联盟发展的关键,也是推动国家科技创新体系发展的必然,产学研战略联盟应该树立正确绩效观,通过分析产学研战略联盟的投入产出,为产学研战略联盟创新结果预测、产学研战略联盟计划和相关政策制定提供理论依据。投入产出理论为产学研战略联盟绩效研究提供了理论基础,本书在投入产出理论的指导下,建立产学研战略联盟绩效框架,构建产学研战略联盟的绩效评价指标体系等,并进一步展开详细研究。

二 绩效管理理论

绩效管理理论来源于西方国家的管理实践,20世纪70年代前期,绩效评估作为管理手段被各领域所重视。但是,因为评估系统具有封闭

---

① 苏东水:《产业经济学》,高等教育出版社2005年版。

性，采取的评估手段和所评估的内容都比较单一，随着社会的高速发展，出现的问题日益复杂化，利益关系越发多元化，传统的绩效评估方法不符合组织的背景和文化，无法满足组织的管理需求，也不利于组织战略目标的达成。组织分散、结构不合理和员工生产效率低等问题越发凸显，这意味着绩效评估这一管理手段还不足以提高组织的管理水平。在这样的背景下，西方学术界开始拓展绩效评估的概念，强调绩效评估的管理功能，并于20世纪70年代后期，美国管理学家奥布里·丹尼尔斯首次提出了绩效管理这一概念，随后发展了一系列绩效管理理论，这些理论的核心是组织在开展绩效管理工作时，不能忽视组织的战略目标和文化背景，更不能忽视组织员工的工作目标，要以组织使命和核心价值观为指引，在组织愿景和战略的基础上，围绕组织的管理目标，即组织在战略、管理和开发方面的目的，实施绩效计划、监控、评价和反馈等行为，帮助组织员工了解计划，帮助他们解决工作中遇到的困难，从而提高个人和组织绩效，最终使组织实现效率和效果的双赢。绩效管理过程包括绩效计划、绩效实施与管理、绩效评估、绩效反馈、绩效改进五个步骤，绩效管理就是对这五个步骤的循环往复。

从产学研战略联盟视角来看绩效管理可以得出如下结论：绩效管理是指产学研战略联盟为实现联盟目标和任务，通过联盟负责人与联盟成员的持续有效沟通，经过计划、实施、评价和反馈这一程序的不断循环，改善联盟绩效，进而提高产学研战略联盟绩效的管理过程。[①] 虽然绩效管理理论引入我国的时间较短，但对于其重要性人们已达成共识，无论是公共机构还是私营机构都意识到了绩效管理对于提高组织绩效和组织管理水平的重要性。但是，在产学研战略联盟中将绩效管理等同于绩效评估的现象依然存在，产学研战略联盟绩效管理仍有很大的提升空间，联盟在绩效管理过程中也会遇到许多困难，需要绩效管理理论为产学研战略联盟绩效研究提供充分的理论指导。

---

① 李敬锁：《国家科技支撑计划农业领域项目绩效评价研究》，博士学位论文，中国农业科学院，2015年。

三　价值共创理论

价值共创是 Prahalad 和 Ramaswamy 于 1995 年在《竞争的未来》一书中第一次提出的，它的前身是营销领域中的"共同创造"，经过在价值创造领域广泛应用后演化成价值共创，引起学术界的广泛关注。[1] Vargo 和 Lurch 将价值共创理论扩展到面向服务的逻辑层面，认为消费者在使用企业所提供的产品和服务时与企业共同创造价值。[2] 后来该学者对服务主导逻辑下的价值共创给予了补充和扩展，提出价值共创的行动主体包括所有涉及的角色，各行动主体整合和交换各自的资源与要素，进而形成服务生态系统。[3] Ranjan 更新了价值共创的内涵，指出价值共创是两个及两个以上自愿主体通过个性化合作实现双方价值的交互过程。[4]

目前价值共创理论主要有两个分支，一是基于消费者体验的价值共创理论，该理论的核心是企业与消费者的接触过程实际上是相互交流与对话，这种互动是他们共同体验服务、进行价值创造的基础，并且双方都可以在互动中得到自己所期望的价值。[5] 二是基于服务主导逻辑的价值共创理论，该理论的核心是所有的经济从某种程度来讲都是服务经济，参与价值共创的主体不只是企业和顾客等，而是参与服务生态系统的关键要素，它们整合资源，交换服务，共同投入到价值共创过程中。

在产学研战略联盟中，联盟绩效的实现需要各主体共同合作，价值共创理论表明各主体积极参与、进行资源交换与整合，实现共同创造价

---

[1] Prahalad C. K., Ramaswamy V., "Co-opting Customer Competence", *Harvard Business Review*, Vol. 78, No. 1, 2000.

[2] Vargo S L, Lusch R F., "Evolving to a New Dominant Logic for Marketing", *Journal of Marketing*, Vol. 68, No. 1, 2004.

[3] Vargo S L, Lusch R F., "Institutions and Axioms: An Extension and Update of Service-dominant Logic", *Journal of the Academy of Marketing Science*, Vol. 44, No. 1, 2016.

[4] Ranjan K R, Read S., "Value Co-creation: Concept and Measurement", *Journal of the Academy of Marketing Science*, Vol. 44, No. 3, 2016.

[5] C. K. Prahalad, "Ramaswamy V Co-creation Experiences: The Next Practice in Value Creation", *Journal of Interactive Marketing*, Vol. 18, No. 3, 2004.

值。在产学研战略联盟中，各主体从自身价值追求出发，积极参与到联盟的合作创新中，并且将各自的创新资源和创新要素进行对接及整合，从而实现共同创新、达成共赢。这一动态融合过程便是价值共创。价值共创的多元主体间并非是孤立的，而是相互依存的，在此基础上，各主体开展了互惠性互动，并且整合各方资源，挖掘多方价值，从而实现信息链、价值链和技术链的完善。[1] 在这样的合作下，可以实现各方制度和情感的联合，减少风险，增强交互程度，各主体在参与价值共创的过程中，重视伙伴的意见，愿意向伙伴提供信息，有利于激发各主体进行创新的活力和积极性。在产学研战略联盟中，进行人力、物力、市场信息和政策等创新要素的融合，需要的便是这种创新活力和积极性，促使联盟关系建立，促进对于知识的学习和吸收，成果的转移和市场化，提高产学研战略联盟绩效。

第三节 产学研战略联盟绩效基本影响因素

本节以联盟目标为科技创新的产学研战略联盟的研究对象。

一 从科技创新阶段到中试阶段的基本影响因素

（一）主体自身因素

1. 主体能力

知识吸收能力，是指各主体对于外部新知识和技术的识别、获取、消化和应用能力，是各主体寻求合作创新的基础。[2] 主体的吸收能力决定着主体获取知识技术的深度和广度，能否有效利用所获取的知识和技术，能否在产学研战略联盟中与各主体有效互动。主体吸收能力强，获

---

[1] Cummessone, Melec, "Marketing as Value Co-Creationthrough Network Interaction and Resource Integration", *Journal of Business Market Management*, Vol. 4, No. 4, 2010.

[2] Shaker A. Zahra, Gerard George, "Absorptive Capacity: A Review, Reconceptualization, and Extension", *Academy of Management Review*, Vol. 27, No. 2, 2002.

取外部知识的有效性便高,创新动力则更强,从而提高产学研战略联盟绩效。

创新能力。高校或科研机构创新能力的强弱,决定着其给企业传递知识和技术的深度和广度。首先,创新能力强的高校或科研机构通常拥有丰富的知识储备,并能够充分地理解和掌握知识,在与企业联系的时候,能够发现自身与企业的知识差距,进而选择适当的表达和交流方式,消除沟通障碍,促进知识转移,从而能更好地实现供需匹配。[1] 其次,创新能力强的高校或科研机构,具备更优质的研究人员,能够研发出更尖端的科技成果,可以更大限度地满足企业的技术需求,因此更有利于吸引企业,有利于科技成果的转化。同样,企业创新能力的高低也会影响产学研战略联盟绩效。企业创新能力越高,外部与其合作交流的意愿越强,则企业获取和吸收外部知识的机会越多,在不断地获取和吸收外部知识的积累下,企业获取和吸收外部知识的能力会有所提高,这一方面会增加企业与高校和科研机构的沟通效率,加深沟通深度,另一方面,有利于企业对内外知识进行重新组合,以激发企业的持续创新能力,以上都有利于推动产学研战略联盟绩效的提升。

2. 主体规模

在主体规模中,企业规模差异比较明显,所以,此处着重阐述企业规模对产学研战略联盟绩效的影响。不同规模的企业拥有不同的优势和特点,选择的产学研战略联盟模式不同,侧重的研究领域也不同,大规模企业通常具备充足的资金、优质的人才、高端的设备以及科学完善的管理系统,抗风险能力较强,也更容易获取外部信息,它们更愿意通过知识转移、研究支持等联盟模式,从事基础研究和前沿研究,以加强在非核心技术方面的知识和技能,提高自身的竞争力。小规模企业在管理灵活度、组织柔性程度和信息沟通等方面具备一定优势,但资金、设备和技术是它们的短板。因此,小企业倾向于通过技术转移、合作研究等联盟模式从事企业核心业务技术相关研究,以增强在核心技术方面的知

---

[1] 朱婧祎、李北伟、季忠洋:《区域产学合作创新绩效空间演化及影响因素研究》,《工业技术经济》2020年第3期。

识和技能。基于不同目的的产学研战略联盟，选择不同规模的企业会对产学研战略联盟绩效产生不同影响。

3. 主体特征

企业家精神。在产学研战略联盟中，具备企业家精神的领导者更加尊重知识和人才，十分注重对科技创新的投入和科研人员的培养，有利于提高科研人员技术创新的积极性，从而间接影响产学研战略联盟绩效。具备企业家精神的组织成员勇于冒险，勇于承担责任，更加具有社会责任感，他们认为自身承担着社会使命，这种使命感会给予他们动力投身于产学研战略联盟，有利于产学研战略联盟绩效的提高。

企业战略开放程度。对于企业战略的开放程度如何表示，国内外学者进行了不同的研究，Katila 和 Ahuja 用企业从外部获取知识的知识源数量多少来表示，研究表明，企业战略开放程度越高，企业能获取的外部资源越丰富，越有利于企业基础研发能力的提升，从而有利于产学研战略联盟绩效的提高。[1] 黄菁菁认为，企业的战略开放程度应由人才的流动性和研发伙伴的多样性来表示，并认为企业的战略开放程度对产学研战略联盟绩效的影响呈现多重性，因为人才流动和伙伴多样性虽然有利于产学研战略联盟的构建和知识的扩散，能够使联盟获得更多的外部资源[2]，但企业在培养新的人才和转化外部知识时所花费的成本会给产学研战略联盟带来一定的负担，黄菁菁的研究表明，企业战略开放程度对产学研战略联盟绩效的负面影响大过正面影响。[3] 虽然各学者的研究结果不同，但对于企业战略开放程度会对产学研战略联盟绩效产生影响已达成共识。

主体文化价值。产学研战略联盟是由不同主体参与的，便意味着存在不同的文化和不同的价值取向。在产学研战略联盟各主体中，具有创

---

[1] Katila RA. Ahuja G., "Something Old, Something New: A Longitudinal Study of Search Behavior and New Product Intro-duction", *Academy of Management Journal*, Vol. 45, No. 6, 2002.

[2] Cassiman Bruno, Veugelers Reinhilde, "In Search of Comple-menta-rily in Innovation Strategy: Internal R&D and External Knowledge Acquisition", *Management Science*, Vol. 52, No. 1, 2006.

[3] 黄菁菁：《产学研协同创新效率及其影响因素研究》，《软科学》2017 年第 5 期。

新进取型、和谐支持型和官僚保守型三种文化,其中,呈现创新进取型文化的主体具备较强的创新意识,学习欲望也比较强烈,能够在产学研战略联盟中扮演一个积极配合的角色;呈现和谐支持型文化的主体重视内部环境和外部环境的信息交换,对外部环境和内部环境的信息交流能起到促进作用。这两种文化都有利于产学研战略联盟的运行和联盟活动的开展。呈现官僚保守型文化的主体有着等级森严、分工明确的特点,能否在产学研战略联盟中相互融合、积极配合,取决于其上级的态度,这种文化可能会影响产学研战略联盟的顺利运行。

(二)资金投入

现有研究普遍认为,产学研战略联盟中资金投入对联盟绩效产生正向影响。相关主体投入资金占比越多,产学研战略联盟的投入质量越高。资金投入越多,相关主体会更期待通过联盟获得更大的成果产出和利益,这会使主体在联盟过程中投入更多资源,如人力、知识、时间等,同时会提高对产学研战略联盟内部管理的重视程度,带来产学研战略联盟科研管理流程的科学化和管理水平的提升。产学研战略联盟内部的管理情况越好,越有可能吸引更多的投入,有利于产学研战略联盟的绩效的提高。

(三)主体关系特征

1. 主体间联系强度

随着产学研战略联盟的深度发展,高校和科研机构与企业的联结关系会发生一定的变化,这种或深或浅的联结关系会对产学研战略联盟绩效产生不同的影响。联盟主体之间的联结关系强,有助于提升各主体之间的信任程度,并且各主体也会抱有较高的互惠预期,在产学研战略联盟中倾向于将更多的精力投入到创新活动,而非风险控制和联盟关系的维护。因此,它们的知识共享意愿更强,可以促进隐性知识的转移,知识交流的效率也会更高,为产学研战略联盟的高绩效奠定稳定的基础。同时这种较强的联结关系意味着主体之间的互动更加频繁,频繁的互动有利于异质性组织间形成共同的技术范式和组织惯例,在这种范式和惯例下,各主体之间的沟通效率可以大大提升,能够降低主体间交流的时间成本。理解偏差产生的试错成本，以及信息传递成本等，同样有利于产学研战略联盟绩效的提高。

2. 联盟模式

产学研战略联盟模式的选择是各主体在考虑自身科技创新能力、基础条件以及所处的信息位置基础上，对可能产生的风险和收益进行衡量和分析后做出的选择。联盟模式会直接影响产学研战略联盟绩效。高校、科研机构和企业的实力各不相同，文化和价值观也存在一定差异，他们参与产学研战略联盟都是为了实现利益最大化。因为差异的存在，各主体在选择产学研战略联盟模式时会有不同的偏好，只有选择合适的联盟模式，才有利于实现各主体的诉求。不同的联盟模式具有不同的利益分配方式，在按股分配方式下，产学研战略联盟的紧密度和稳定性明显高于按销售额提成的方式。因此，所选择的联盟模式合适度越高，各主体对利益分配方式的认可度越高，便会将时间花费在解决科技创新的相关问题上，减少因利益分配冲突产生的内耗。[①] 实证研究表明，选择合作开发模式的产学研战略联盟，存活率明显高于选择技术转让模式和委托开发模式的产学研战略联盟。

（四）联盟制度因素

制度因素包括工资制度、人才培养制度和联盟运行制度等，合理科学的工资制度可以调动各主体内员工的积极性，并且保证这种积极性能够持续下去，从而达到人尽其用的目的，科学的人才培养制度能够提升员工的责任感，增强组织的凝聚力，并且能够提高员工的综合素质，完善员工的知识体系，在产学研战略联盟中发挥着不可替代的作用。规范化的运行制度可以保证产学研战略联盟的有序运转，减少中途夭折的风险，以上都会对产学研战略联盟绩效产生直接或间接的影响。

（五）联盟经验

根据组织学习理论，当一个组织具备丰富的联盟经验时，可以更加

---

① 郭斌：《知识经济下产学研战略联盟的模式、机制与绩效评价》，北京科学出版社2007年版。

科学地管理好当下的联盟活动,有利于促进联盟绩效的提高。[1] 也可将其看成一种经验溢出效应,即把之前的经验移植到当前的活动中[2]。因此在产学研战略联盟中,过去的联盟经验有助于各主体更好地参与今后的联盟创新活动,提高产学研战略联盟绩效。

(六) 政府支持和引导

政府支持是影响产学研战略联盟绩效的重要因素之一,政府支持主要分为资金支持和政策支持。在产学研战略联盟中,政府投入可以降低企业、高校和科研机构的成本,使产学研战略联盟从科技创新到中试,再到科技成果转化阶段,都有充分的、可持续的资金支持,缓解资金短缺问题,降低联盟风险,从而可以调动各主体的积极性,起到鼓励产学研战略联盟科技创新的作用。[3] 产学研战略联盟是国家战略层面上的要求,政府通过给予政策上的引导和支持,一方面,可以有效促进资金、设备和人才等创新资源和要素在联盟主体之间有序流动,优化资源配置,形成创新合力,减少交易成本;另一方面,可以为产学研战略联盟营造一个有利于创新的政策环境和法律环境,充分体现国家的重视程度,以上都有利于产学研战略联盟绩效的提高。

二 从中试阶段到成果转化阶段的基本影响因素

(一) 利益分配机制

产学研战略联盟利益分配机制是否合理是影响联盟绩效的关键因素之一。合理的利益分配机制能够使联盟各主体感受到自身的付出可以得到满意的回报,会提升各主体的积极性,增强其投身科技成果转化的主观能动性,从而有利于联盟任务的完成,缩短产学研战略联盟目标实现的周期,以节约成本。若产学研战略联盟利益分配机制不合

---

[1] Gammohb S., Voss K. E., "Alliance Competence: The Moderating Role of Valence of Alliance Experience", *European Journal of Marketing*, No. 5, 2013.

[2] Zollo M., Reuer J. J., "Experience Spillovers across Corporate Development Activities", *Organization Science*, No. 6, 2010.

[3] 林黎:《我国区域产学研创新的协同度研究:以重庆市为例》,《科技管理研究》2018 第 15 期。

理，则会引起联盟成员之间的比较，因而产生冲突，这种因机制不合理导致的冲突很难调和，一旦发生会导致联盟运行不顺畅，尤其是科技成果的中试、转化受阻，研发出的科技成果无人愿意转化，严重的还会因利益分配不合理导致联盟成员关系破裂，最终致使产学研战略联盟走向失败。

(二) 知识产权保护机制

知识产权是一种无形的资产，也是产学研各主体进行科技创新的动力。每一项知识产权都凝聚着大量的人力和物力，是许多科研人员花费大量心血和时间，经历各种复杂的过程所研发出来的，一旦知识产权被盗，或是不能够被合理分配，甚至归属不明，所有资金和人力的投入都将付诸东流，这不仅会很大程度降低各主体成果转化的积极性，甚至会影响到产学研战略联盟的稳定性，科技成果转化动力不足和联盟的不稳定都会对产学研战略联盟绩效产生不利影响。

(三) 科技成果的价值

产学研战略联盟研发出的科技成果的价值高低会直接影响产学研战略联盟绩效。科技成果价值的高低可由科技成果的实用性、时效性、科学性、可操作性、创新程度和水平等指标来衡量。科技成果价值低，意味着其应用面窄，有效时间短，或是由于缺少配套技术无法操作等，价值低的科技成果很难转化为生产力，从而会影响产学研战略联盟绩效。

(四) 市场发展水平

市场发展水平会对产学研战略联盟绩效产生一定影响。首先，当一个区域市场发展水高时，它的对外开放程度也会较高，能够促进创新资源在区域间自由流动，实现资源的优化配置；其次，较高的市场发展水平意味着它能够为产学研战略联盟提供较完备的科技创新平台，有利于供需信息的畅通传递，更高效地实现供需匹配，推动科技与经济相结合。最后，市场发展水平较高意味着知识产权保护水平较高，能够减少机会主义行为，确保产学研战略联盟的创新积极性。

(五) 科技成果转化水平

科技成果转化水平能够体现出科研活动在多大程度上满足社会需求，

以及科技在促进经济发展过程中的贡献。科技成果转化水平高意味着多样化且完备的科技平台，成熟的科技成果示范基地，完备的科研人才队伍及高素质的人才，强大的技术支持单位和较多的国际合作单位，较强的引进和推广新产品、新技术的能力等，这些都是产学研战略联盟获得高绩效所不可或缺的。科技成果转化水平低意味着大量科研成果仅存在于实验室中，无法转化为经济产出，从而影响产学研战略联盟绩效。

（六）科技中介机构

科技中介机构主要包括生产力促进中心、科技评估中心、科技金融机构、科技成果转化机构等为产学研战略联盟提供专业化支持的机构，它是产学研战略联盟沟通创新成果与市场之间的桥梁。成熟且完备的科技中介机构能够在科技成果转化阶段提供高水平的服务，在产学研战略联盟中发挥重要作用，科技中介机构服务专业化程度的高低、不同性质科技中介机构服务能力的差异等会影响科技成果从中试阶段到成果转化阶段的进程和效率，进而对产学研战略联盟绩效产生影响。

第四节　产学研战略联盟绩效的理论模型

本书在第四章产学研战略联盟构建模式中，对产学研战略联盟模式的划分进行了详细分析，可以将产学研战略联盟依据合作方式、主体地位、政府作用等划分为不同模式，以主体地位为分类标准时，产学研战略联盟可以被分为政府主导模式、企业主导模式、高校和科研机构主导模式。本书以高校主导的产学研战略联盟为研究对象，构建产学研战略联盟绩效理论模型，解剖联盟绩效。根据目前高校产学研战略联盟状况，提出高校产学研战略联盟绩效框架，如图9-1所示，高校产学研战略联盟绩效框架共有四个部分，分别是高校产学研战略联盟主体及其关系、外部环境、联盟实施过程和联盟产出。联盟主体包括高校、科研机构和企业，企业包括国有企业、大型民营企业和中小微企业，都是在党的领导下和社会主义市场经济体制下培养起来的企业，高校侧重于知识

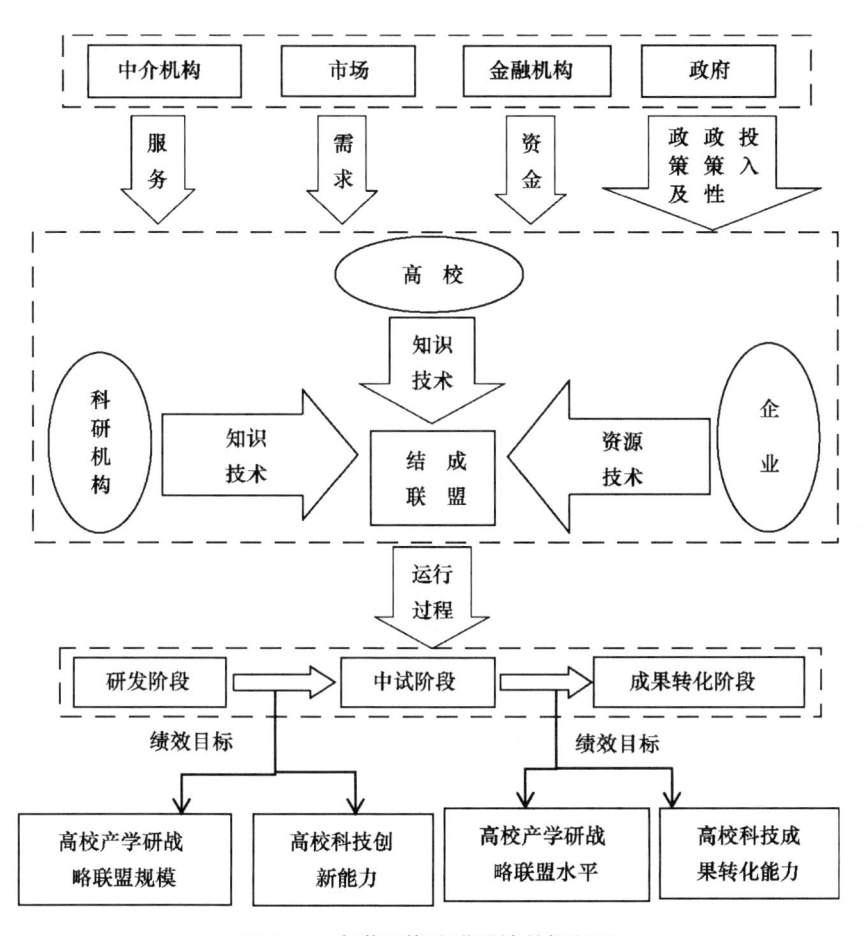

图 9-1　产学研战略联盟绩效框架图

和技术研究，科研机构侧重于技术和产品开发，[①] 企业侧重于产品开发和市场化。高校产学研战略联盟的外部环境包括中介机构、市场、金融机构和政府，政府包括中央政府和地方政府。中介机构为高校产学研战略联盟提供部分运行条件，市场需求是高校产学研战略联盟的形成基础，政府会通过政策和政策性投入引导高校产学研战略联盟，金融机构为高校产学研战略联盟提供部分资金。高校产学研各主体需要满足一定

---

① 姚潇颖、卫平、李健：《产学研战略联盟模式及其影响因素的异质性研究——基于中国战略新兴产业的微观调查数据》，《科研管理》2017 年第 38 期。

的联盟条件：主体条件，包括联盟团队、文化因素和各主体可提供的资源；自然条件，包括联盟运行机制、合作平台和地理位置；社会条件，包括学术地位、各方的信任、文化背景上的相似性和包容性。① 这些条件会影响联盟主体之间的相互交流和认知。在满足联盟条件的基础上各主体达成联盟意向，签署联盟协议，然后进入高校产学研战略联盟的运行过程。运行过程包括研发阶段、中试阶段和成果转化阶段，在联盟运行过程中，各方拿出自己的优质资源进行交换和合作，以提高高校产学研战略联盟绩效，实现高校产学研战略联盟的绩效目标，即提高高校产学研战略联盟规模、高校科技创新能力、高校产学研战略联盟水平和高校科技成果转化能力。

第五节　产学研战略联盟绩效评价指标体系

根据产学研战略联盟绩效评价体系构建的系统性原则，在总结以往研究文献的基础上，结合理论分析，综合考虑产学研战略联盟的投入和产出和产出质量这类的隐性绩效，本书设计了高校产学研战略联盟规模、高校产学研战略联盟水平、高校科技成果转化能力和高校科技创新能力四个一级指标，并分设二级指标，如表9-1所示。

表9-1　　**高校产学研战略联盟绩效评价指标体系**

一级指标	二级指标
高校产学研战略联盟规模	高校 R&D 人员人均企业科研经费（千元）
	高校 R&D 经费中的企业资金（千元）
	高校 R&D 人员人均政府科研经费（千元）
	高校 R&D 经费中的政府资金（千元）

---

① 张力、聂鸣：《促成衍生公司产生的因素：产学研战略联盟视角》，《科研管理》2009年第30期。

续表

一级指标	二级指标
高校科技创新能力	高校 R&D 人员年均发明专利授权数（件）
	高校 R&D 人员年均发表科技论文数（篇）
	高校 R&D 人员年均国外发表论文数（篇）
高校产学研战略联盟水平	国家技术发明奖项目数（项）
	国家科技进步奖项目数（项）
	国家自然科学奖项目数（项）
高校科技成果转化能力	高校 R&D 人员年均转让许可专利数（件）
	高校转让及许可专利每件平均收入（千元）
	形成国家或行业标准数（项）

一 高校产学研战略联盟规模

（一）高校 R&D 人员人均企业科研经费

高校 R&D 人员指高校中从事基础研究、应用研究和试验发展三类活动的人员，其中包括研究机构的 R&D 人员。

高校 R&D 人员人均企业科研经费指 R&D 经费投入中从校外企业单位获得的科研经费与 R&D 人员总数之比。即高校 R&D 人员每人每年得到的来自企业单位的科研经费。

（二）高校 R&D 经费中的企业科研经费

高校 R&D 经费中的企业科研经费指高校 R&D 经费投入中从企业单位获得的科研经费。

（三）高校 R&D 人员人均政府科研经费

高校 R&D 人员人均政府科研经费指高校 R&D 经费投入中来自政府的资金与 R&D 总经费之比。即高校 R&D 人员每人每年得到的来自政府的科研经费。

（四）高校 R&D 经费中的政府资金

高校 R&D 经费中的政府资金指高校 R&D 经费中来自各级政府部门的各类资金（包括财政科学技术拨款、科学基金、教育等部门事业费以及政府部门预算外资金）。政府虽然不是高校产学研战略联盟的主体，但是，高校产学研战略联盟规模、高校科技创新能力、高校产学研战略联盟水平和高校科技成果转化能力都与政府的持续投入有关，高校产学研战略联盟的大部分科研经费都是来自政府的持续投入，单纯研究市场是无法反映真实情况的，高校产学研战略联盟规模可以用高校 R&D 人员人均企业科研经费、高校 R&D 经费中的企业资金、高校 R&D 人员人均政府科研经费、高校 R&D 经费中的政府资金四个指标表征。①

二　高校科技创新能力

（一）高校 R&D 人员年均发明专利授权数

高校 R&D 人员年均发明专利授权数指高校 R&D 人员每人每年经国内外专利行政部门授权的发明专利件数。发明专利是前所未有的第一个发明或创造，具有一定的创新性，因此能够反映高校产学研战略联盟的科技创新能力。

（二）高校 R&D 人员年均发表科技论文数

高校 R&D 人员年均发表科技论文数指高校 R&D 人员每人每年在学术刊物上以书面形式发表的最初的科学研究成果数量。科技论文需要同时满足三个条件：是首次发表的研究成果；作者的结论和试验能被同行重复并验证；发表后科技界能引用，因此这一指标可以反映高校产学研战略联盟的科技创新能力。

（三）高校 R&D 人员年均国外发表论文数

高校 R&D 人员年均国外发表论文数指高校 R&D 人员每人每年在国外发表的论文数。在国外发表论文代表研究成果在国际上受到承认，有一定的国际水平，因此能体现出高校产学研战略联盟的科技创新能力。

以上三项指标共同反映出高校产学研战略联盟的科技创新能力。

---

① 李修全、玄兆辉、杨洋：《从中美高校知识流动对比看我国高校科技成果转化特点》，《中国科技坛》2014 年第 12 期。

三 高校产学研战略联盟水平

（一）国家技术发明奖项目数

国家技术发明奖项目指国家授予运用科学技术知识研制出新产品、工艺、材料及其系统等重大技术发明的中国公民，技术发明是指利用自然规律首创并成功地用于改造客观世界的技术新成果。它一般是与生产有关的新技术，如在国民经济某一技术领域中提供了新的、先进的、效益好的新技术。

（二）国家科技进步奖项目数

国家科学技术进步奖授予在技术研究、技术开发、技术创新、推广应用先进科学技术成果、促进高新技术产业化，以及完成重大科学技术工程、计划等过程中做出创造性贡献的中国公民和组织。

（三）国家自然科学奖项目数

国家自然科学奖授予在数学、物理学、化学、天文学、地球科学、生命科学等基础研究和信息、材料、工程技术等领域的应用基础研究中，阐明自然现象、特征和规律、取得重大科学发现的中国公民。

这三个国家的权威奖项是从创新的领域、水平和贡献程度综合考量，颁发给取得创造性或有重大科学发现的研究人员，代表了国家对其水平的认可，因此，以上三项指标可以反映出高校产学研战略联盟的合作水平。

四 高校科技成果转化能力

（一）高校 R&D 人员年均转让许可专利数

高校 R&D 人员年均转让许可专利数指高校 R&D 人员每人每年转让专利所有权或允许专利技术由被许可单位使用的件数。

（二）高校转让及许可专利每件平均收入

高校转让及许可专利每件平均收入指高校平均每件专利转让所有权或允许专利技术被许可单位使用而得到的收入。

（三）形成国家或行业标准数

形成国家或行业标准数指在自主研发或自主知识产权基础上形成的

国家或行业标准的数量。

以上三项指标既能看出高校科技成果转化数量，也能看出高校科技成果转化质量，因此可以共同反映高校科技成果转化能力。

第六节　产学研战略联盟绩效比较实证分析

本书选取北京市作为中心城市，选取天津市、河北省、内蒙古自治区和山西省为周边省、市、区，以此作为对照组进行研究，下文以及图表中均用京、津、蒙、冀、晋表示。

现将一级指标高校产学研战略联盟规模用 S 表示，它的二级指标高校 R&D 人员人均企业科研经费、高校 R&D 经费中的企业资金、高校 R&D 人员人均政府科研经费、高校 R&D 经费中的政府资金分别用 S1、S2、S3、S4 表示；将一级指标高校科技创新能力用 I 表示，它的二级指标高校 R&D 人员年均发明专利授权数、高校 R&D 人员年均发表科技论文数、高校 R&D 人员年均国外发表论文数分别用 I1、I2、I3 表示。将一级指标高校产学研战略联盟水平用 L 表示。它的二级指标国家技术发明奖项目数、国家科技进步奖项目数、国家自然科学奖项目数分别用 L1、L2、L3 表示；将一级指标高校科技成果转化能力用 T 表示，它的二级指标高校 R&D 人员年均转让许可专利数、高校转让及许可专利每件平均收入、形成国家或行业标准数分别用 T1、T2、T3 表示；论文中所列数据均由《高等学校科技统计资料汇编》以及《中国科技统计年鉴》整理或计算得到。

一　高校产学研战略联盟规模的比较

京及其周边省、市、区的高校产学研战略联盟规模如表 9-2 所示，津、蒙、冀和晋的高校 R&D 经费中的企业资金和政府资金与京的差距悬殊，相比之下，京的高校产学研战略联盟规模远大过其周边省、市、区，蒙的高校产学研战略联盟规模与京差距最大，津的高校产学研战略联盟规模与京差距最小。

表 9-2　　　　　　　　　高校产学研战略联盟规模

二级指标	省份	2013	2014	2015	2016	2017
S1 (千元)	京	79.31	84.92	79.25	82.20	83.59
	津	69.78	76.27	73.34	70.67	67.77
	蒙	8.82	9.11	13.47	2.86	17.21
	冀	33.89	33.44	28.74	53.95	20.90
	晋	22.86	21.50	16.12	36.76	14.56
S2 (千元)	京	5759591	6560724	6399312	6362199	7055807
	津	1592854	1784364	1800158	1653447	1625212
	蒙	68517	70916	92221	87200	136632
	冀	721036	780833	793654	786204	681132
	晋	324923	303032	245442	273471	244643
S3 (千元)	京	184.55	172.34	165.93	199.47	181.63
	津	85.90	74.54	87.33	102.18	113.96
	蒙	43.30	47.75	53.69	9.00	43.08
	冀	34.07	36.49	32.61	67.40	37.82
	晋	41.56	60.00	45.99	95.29	50.26
S4 (千元)	京	13402048	13314261	13397459	15438253	15331396
	津	1960741	1743907	2143496	2390765	2732769
	蒙	336560	371896	367426	274107	341994
	冀	724826	851816	900662	982314	1232323
	晋	590705	845772	700219	708976	844623

二　高校科技创新能力的比较

高校科技创新能力如表 9-3 所示，在高校 R&D 人员年均发明专利授权数方面，津、蒙、冀和晋与京的差值较平稳，但从最终计算结果来看差距仍然在逐步拉大。

在高校 R&D 人员年均发表科技论文数量方面，津、蒙、冀和晋与京的差距虽有波动，但总体呈下降趋势，与京的差距有所缩小。

在高校 R&D 人员年均国外发表论文方面，津、蒙、冀和晋与京的差距虽有波动，但总体呈上升趋势，与京的差距越来越大。

表 9-3　　　　　　　　高校科技创新能力

二级指标	省份	2013	2014	2015	2016	2017
I1（件）	京	0.078	0.077	0.072	0.085	0.112
	津	0.042	0.041	0.042	0.050	0.070
	蒙	0.008	0.007	0.011	0.013	0.022
	冀	0.018	0.018	0.017	0.024	0.046
	晋	0.021	0.030	0.029	0.038	0.053
I2（篇）	京	1.56	1.49	1.47	1.53	1.51
	津	1.18	1.23	1.33	1.28	1.19
	蒙	1.70	1.69	2.09	0.54	1.89
	冀	1.46	1.25	1.11	2.48	1.15
	晋	0.94	1.04	1.02	2.48	1.18
I3（篇）	京	0.380	0.402	0.432	0.509	0.566
	津	0.363	0.405	0.449	0.499	0.526
	蒙	0.180	0.158	0.136	0.049	0.249
	冀	0.194	0.212	0.183	0.468	0.212
	晋	0.186	0.209	0.214	0.510	0.258

三　高校产学研战略联盟水平的比较

京及其周边省、市、区的高校产学研战略联盟获奖情况如表 9-4 所示，津、蒙、冀和晋高校产学研战略联盟获奖数目过低，甚至为 0，与京差距悬殊。

表 9-4　　　　　　　　高校产学研战略联盟水平

二级指标	省份	2013	2014	2015	2016	2017
L1（项）	京	15	11	14	15	13
	津	2	3	1	1	2
	蒙	0	0	0	0	2
	冀	1	0	0	0	1
	晋	0	0	1	0	0
L2（项）	京	51	32	42	48	42
	津	4	5	9	5	2
	蒙	2	0	0	2	1
	冀	1	3	0	2	0
	晋	0	3	2	0	0
L3（项）	京	9	18	9	9	9
	津	0	0	0	0	0
	蒙	0	0	0	0	0
	冀	0	1	0	0	0
	晋	0	0	0	0	0

四　高校科技成果转化能力的比较

京及其周边地区的高校科技成果转化能力如表 9-5 所示，在高校 100 名 R&D 人员年均转让许可专利数方面，津、蒙、冀和晋与京的差值在五年内总体呈现上升趋势，并且在 2013 年，津、冀和晋的数值都高于京，2014 年，津和冀的数值都高于京，但 2015—2017 年津、蒙、冀和晋与京差距越来越大，且在 2013—2017 年，京的高校 100 名 R&D 人员年均转让许可专利数呈上升趋势，冀和晋呈下降趋势，2013—2016 年，津的高校 100 名 R&D 人员年均转让许可专利数呈下降趋势。

在高校转让及许可专利每件平均收入方面，津、蒙、冀和晋与京的差值总体呈上升趋势，并且在总趋势上，京呈上升趋势，津、蒙和冀都呈下降趋势。

在形成国家或行业标准数方面，津、蒙、冀和晋与京的差值过于悬殊，且津的数值除 2015 年以外都为 0。

表 9-5　　　　　　　　高校科技成果转化能力

二级指标	省份	2013	2014	2015	2016	2017
T1	京	0.27	0.26	0.37	0.96	0.51
	津	0.36	0.38	0.16	0.20	0.46
	蒙	0.01	0.00	0.20	0.00	0.01
	冀	0.40	0.30	0.12	0.39	0.32
	晋	0.52	0.15	0.28	0.39	0.15
T2	京	58.88	70.66	94.18	69.62	115.10
	津	11.83	15.09	7.43	7.38	5.68
	蒙	20.00	0.00	6.43	5.00	18.00
	冀	19.03	23.48	8.63	10.09	7.95
	晋	4.30	21.43	8.72	14.55	7.92
T3	京	125	100	193	265	81
	津	0	0	23	0	0
	蒙	5	1	3	0	1
	冀	2	3	7	5	8
	晋	0	4	7	1	2

五　政府科研经费的投入对高校产学研战略联盟绩效的影响

（一）政府科研经费投入对高校科技创新能力的影响

1. 政府科研经费的投入与高校 R&D 人员年均发明专利授权数比较

京及其周边省、市、区的高校产学研战略联盟规模如表 9-2 所示，为了使比较结果更客观，此处选用高校 R&D 人员人均政府科研经费，结合表 9-2、表 9-3 可以发现，在高校 R&D 人员年均发明专利授权数总趋势上，津、冀、晋的高校 R&D 人员年均发明专利授权数都是随着政府科研经费投入的增加而增加，京、蒙是随着政府科研经费投入的减少而增加。

2. 政府科研经费的投入与高校 R&D 人员年均发表科技论文数比较

结合表 9-2、表 9-3 可以发现，在高校 R&D 人员年均发表科技论文数总趋势上，京及周边省、市、区的折线波动情况除程度不同，折线图与政府科研经费投入基本吻合，且京、津、蒙、冀和晋的高校 R&D 人员年均发表科技论文数最高点年份都与政府科研经费投入的最高点年份重合，在总趋势上，京、津、晋的高校 R&D 人员年均发表科技论文数与政府科研经费的投入都呈正比，冀的数量随着政府科研经费投入的增加而下降，蒙的数量随政府科研经费投入的减少而增加。

3. 政府科研经费的投入与高校 R&D 人员年均国外发表论文数比较

结合表 9-2、表 9-3 可以发现，在高校 R&D 人员年均国外发表论文数总趋势上，京及其周边省、市、区与政府科研经费投入的折线波动情况除程度不同，折线图基本吻合。津、冀、晋的高校 R&D 人员年均国外发表论文数随着政府科研经费投入的增加而增加，京和蒙的数量随着政府科研经费投入的减少而增加。

(二) 政府科研经费的投入对高校产学研战略联盟水平的影响

结合表 9-2、表 9-4 可以看出在高校产学研战略联盟水平的总趋势上，京高校产学研战略联盟水平与政府科研经费的投入呈正比，随着政府科研经费投入的减少，蒙的高校产学研战略联盟水平反而提高。随政府科研经费投入的增加，津、冀、晋的高校产学研战略联盟水平降低。

(三) 政府科研经费的投入对高校科技成果转化能力的影响

1. 政府科研经费的投入与高校 R&D 人员年均转让许可专利数比较

结合表 9-2、表 9-5 可看出在高校 R&D 人员年均转让许可专利总趋势上，津的数量与政府科研经费的投入呈正比，京的高校 R&D 人员年均转让许可专利数随着政府科研经费投入的减少而增加。京、津、蒙和冀的高校 R&D 人员人均政府科研经费最高的年份，与高校 R&D 人员年均转让许可专利件数最多的年份都重合。由于专利转让有一定的滞后性，虽然冀、晋人均转让许可专利件数随政府科研经费投入的增加而减少，但都在政府投入增加后的一至两年有明显上升。

2. 政府科研经费的投入与高校转让及许可专利每件平均收入比较

结合表 9-2、表 9-5 可看出在高校转让及许可专利每件平均收入总趋势上，晋和蒙的收入与政府科研经费的投入呈正比，京的收入随着政府科研经费的减少而增加，且增加幅度较大，津和冀随着政府科研经费投入越来越多，高校转让及许可专利每件平均收入越来越少。

3. 政府科研经费的投入与形成国家或行业标准数比较

结合表 9-2、表 9-5 可以看出，在形成国家或行业标准数总趋势上，京、蒙、冀、晋与政府科研经费的投入呈正比，其中京远高于周边省、市、区。津随着政府科研经费投入的增加，只有 2015 年数量较多，其余年份均为零。

六　市场需求对高校产学研战略联盟绩效的影响

(一) 市场需求对高校科技创新能力的影响

1. 企业科研经费的投入与高校 R&D 人员年均发明专利授权数比较

企业科研经费投入的多少实际上反映着市场需求的多少，结合表 9-2、表 9-3 可以发现，在高校 R&D 人员年均发明专利授权方面，京、蒙与企业科研经费投入呈正比，津、冀、晋都是随企业科研经费投入的减少而增加。

2. 企业科研经费的投入与高校 R&D 人员年均发表科技论文数比较

结合表 9-2、表 9-3 可以发现，在高校 R&D 人员年均发表科技论文数方面，冀和蒙与企业科研经费的投入呈正比，京随企业科研经费的增加而减少，津和晋随企业科研经费投入的减少而增加。

3. 企业科研经费的投入与高校 R&D 人员年均国外发表论文数比较

结合表 9-2、表 9-3 可以发现，在高校 R&D 人员年均国外发表论文数方面，京和蒙与企业科研经费的投入呈正比，津、冀、晋都是随着企业科研经费投入的减少而增加。

(二) 市场需求对高校产学研战略联盟水平的影响

结合表 9-2、表 9-4 可以发现,津、蒙、冀、晋的高校产学研战略联盟水平都与企业科研经费投入呈正比。京随着企业科研经费投入的增加,高校产学研战略联盟水平降低。

(三) 市场需求对高校科技成果转化能力的影响

1. 企业科研经费的投入与高校 R&D 人员年均转让许可专利数比较

结合表 9-2、表 9-5 可以发现,在高校 R&D 人员年均转让许可专利方面,京、冀、晋均与企业科研经费的投入呈正比,蒙随着企业科研经费投入的增加,转让许可专利数减少,津随着企业科研经费投入的减少,转让许可专利数反而上升。

2. 企业科研经费的投入与高校转让及许可专利每件平均收入比较

结合表 9-2、表 9-5 可以发现,在高校转让及许可专利每件平均收入方面,京、津、冀与企业科研经费的投入呈正比,晋随着企业科研经费投入的减少而增加,蒙随着企业科研经费投入的增加而减少。

3. 企业科研经费的投入与形成国家或行业标准数比较

结合表 9-2、表 9-5 可以发现,在形成国家或行业标准数方面,津随企业科研经费投入的减少总趋势保持不变,冀和晋随着企业科研经费投入的减少而增加,京和蒙是随着企业科研经费投入的增加而减少。

第七节 对提高中国产学研战略联盟绩效的探索

一 存在的问题及原因分析

(一) 产学研战略联盟政策体系不健全

产学研战略联盟涉及企业、高校和科研机构等各类主体的合作与竞争,自主创新能力提升、关键技术攻克、产业结构优化升级、高质量人才培养等目的的实现,需要运用各种政策工具,整合优化资源,引导各主体发挥优势。在中国产学研战略联盟发展过程中,中央和地方政府在宏观调控和政策上给予一系列扶持,使得产学研战略联盟不断成长。但已有的政策未能做到灵活、及时、准确的调整,目前也还没有建立起促进产学研战略联盟发展的专项法律,以及完善的金融、产业、科技和教育政策体系。由于缺乏完善的政策体系,产学研战略联盟难以实现从以项目联合攻关为主到以知识、资产为纽带,形成长期、紧密、市场化联盟合作的转变,无法产出较高的绩效。

(二)政府在产学研战略联盟中发挥的作用不够

在传统的产学研战略联盟模式中,政府一直扮演引导者或驱动者的角色,[1]在产学研战略联盟的科学技术研发阶段、创新成果的中试阶段和科技成果转化阶段,政府参与方式固化,更多的是投入资金、进行平台建设和提供政策支持,没有根据产学研战略联盟形式变化调整自身发挥作用的方式,比如在以公共项目为依托的产学研战略联盟中,政府没有深入参与到具体环节和程序进行了解、跟进和细节指导,对于投入的资金也没有进行事先的绩效预估和事中事后的绩效考评,这样的参与方式,不符合新时代中国特色社会主义市场经济体制下产学研战略联盟的需求。我国产学研战略联盟参与主体绝大部分是公办性质,大部分资金来源于政府,所以各主体绩效意识相对薄弱,加上各主体产学研战略联盟能力不均衡,如果政府不能结合各主体的性质和产学研战略联盟的形式,灵活调整自身发挥作用的方式,产学研战略联盟各主体将无法自主提高行动质量,高效利用资金,也缺乏统筹全局的意识和能力。

(三)产学研战略联盟科技成果转化能力弱

科技成果转化能力弱阻碍了产学研战略联盟绩效的提高,上一部分的实证研究也表明,高校的产学研战略联盟科技成果转化能力较弱。追

---

[1] 常路、汪旭立:《高校及科研院所机构协同创新绩效的影响因素研究——基于社会网络的视角》,《科技管理研究》2019年第14期。

溯其原因，第一，主要是由于科技成果质量不高，虽然科技成果数量在逐年上涨，但真正符合市场需求的成果少之又少，许多成果都是为了评职称等目的快速产出，并非经过系统化的研究自然而然地面世，此类成果综合质量低，实用性差，大多被束之高阁。第二，高质量成果也会因为科技服务体系不健全，缺乏进入产业化与市场化的中介通道和风险基金支持，滞留在实验室阶段或中试阶段。

(四) 产学研战略联盟缺少协调性管理组织

缺少统一的管理组织是产学研战略联盟绩效低的原因之一。首先，产学研战略联盟各主体的目标各不相同。企业作为营利性主体，首要目标是能够研发出优质的科技创新成果，投入规模化生产，以获取最大化的经济效益。高校和科研机构侧重于增加科研经费和培养人才。在联盟主体目标不同的情况下，如果没有统一的管理组织从全局层面协调和管理各方行为，尤其在出现目标相悖的情况时，各主体容易以自身利益为重，缺少全局意识，无法将各方优势相结合发挥整体作用，最终导致产学研战略联盟绩效低。其次，在产学研战略联盟中，各主体是不同性质、不同类型的组织，高校和科研机构是事业单位，企业是私营机构，他们内部的部门设置不同，运行和管理方式不同，主管部门也不同，各自内部的决策机制、资源配置机制等都有所差异，在这样的情况下，如果没有统一的组织进行工作安排、信息收集、整合与传递，会出现各主体的权责不明确，以及信息不对称，影响产学研战略联盟绩效。

二 对策建议

(一) 完善产学研战略联盟政策体系

完善的政策体系在产学研战略联盟发展中发挥着不可替代的作用，多主体关系的复杂性、联盟目标的多样性以及联盟合作的现实困境，迫切需要政府为其提供充分的政策协调和保障，激发联盟各主体的积极性，提高资源的整合程度和利用效率，提升产学研战略联盟绩效。首先，完善产学研战略联盟相关法律法规，对联盟程序、联盟主体要求、知识产权归属、利益分配方式等作出明确规定，为产学研战略联盟提供标准规范。其次，应从财政税收政策、产业化实施配套政策等方面提供支持，根据社会和经济发展需要，制定和完善相关的产业政策、科技政策和教育政策，帮助能力强的企业、高校和科研机构实现突破，扶持能力弱的企业、高校和科研机构快速成长，制定科学的金融和税收政策引导民间资金和风险投资，同时完善技术创新、知识产权保护、科技成果转化及产业化等科技支持政策，为产学研战略联盟提供充分的政策保障，对于已有政策需要及时、灵活、准确地进行调整。

（二）更好地发挥政府在产学研战略联盟中的作用

进一步提升产学研战略联盟绩效，仅靠政府或企业增加资金投入远远不够，政府需灵活调整在产学研战略联盟中发挥作用的方式，基于不同联盟阶段的特点各主体的性质，采取多元、灵活且系统的参与方式，更好地发挥自身作用。

在产学研战略联盟主体的选择上，政府需以均衡发展为目标，努力缩小地区发展水平上的差距，要求水平高、能力强的地区帮扶水平低、能力弱的地区，同时也应该对落后地区给予扶持，让落后地区从力所能及的项目着手，有能力和资格参与到产学研战略联盟中，在联盟中提升自身的能力，创造高绩效，避免出现强者愈强，弱者愈弱的结果。

在科技成果研发和中试阶段，政府应该完善内部机制建设，建立产学研战略联盟工作推进机制，设立专门负责产学研战略联盟的部门或工作小组，并将责任一一落实到具体人员，随时进行项目实地调研和考察，把握联盟项目的进展情况，从不同主体出发，挖掘联盟需求和风险点，及时同产学研各主体共同解决项目进展中遇到的难题，做好风险防范。

在科技成果转化阶段，政府应利用好职能优势，积极参与项目落地，推动科技成果面向紧迫的国家需求和市场需求快速转化。中央政府需要进行宏观层面的规划，地方政府要积极落实，及时了解产学研战略联盟进展情况。首先应详细了解和掌握科技成果的优缺点、应用领域、应用条件和应用价值，同时与企业共同捕捉市场需求信息，熟悉市场当下环境，把握市场动向，使科技成果转化顺利展开。其次，在科技成果市场化后，需及时了解市场反馈信息，与产学研各主体共同研究对策和改进方案，对科技成果改进实施方案提出建设性指导意见。

(三) 建立产学研战略联盟协调性管理组织

为了实现产学研战略联盟的高绩效，必须建立一个新的、跨越组织界限的柔性化组织，对产学研战略联盟进行协调管理。在产学研战略联盟中，这一组织的具体工作内容涉及明确各主体在联盟中的权利和责任、产学研战略联盟进程安排、联盟中的管理、目标协调等，组织内部机制包括绩效考评机制、沟通与协调机制、激励与约束机制、资源共享与成果分配机制等。各主体在产学研战略联盟中遵循管理组织的标准，通过该组织的协调管理，实现产学研各方目标与总体目标的协调，最大化地发挥整体作用；通过机制设计，实现各主体间的顺畅沟通，减少信息不对称，避免资源浪费，提高联盟主体绩效意识。

(四) 提高产学研战略联盟科技成果转化能力

提升科技成果转化能力要从多方面努力，首先，要改革高校、科研机构的科研考核体系和职称评价体系，将科技成果的质量作为考评标准，避免他们盲目地追求数量或为了完成任务走形式，促使科技成果的质量得到提升，符合转化标准。其次，加大各级财政支持，构建投融资体系，带动银行、保险、风险投资等各类资本对科技成果转化项目的投入，避免因资金不足使科技成果转化项目夭折。最后，引导行业协会、专业学会等专业力量建设科技中介机构，鼓励科技中介模式和服务方式创新。同时以外包等方式由第三方建设信息交流平台，提供产学研对接服务，构建促进技术研发、人才培养、成果转化等一体化的信息服务平台，为产学研战略联盟提供政策咨询、知识产权保护咨询、融资咨询等服务，帮助联盟成员及时了解市场需求，捕捉新的市场机遇，一方面使产学研战略联盟主动研发符合市场需求的技术和产品；另一方面使现有成果快速与市场需求对接，促进科技成果转化率的不断提升。

第十章　产学研战略联盟中政府的责任

第一节　产学研战略联盟政策的演进历程

一　部分发达资本主义国家产学研战略联盟政策的演进历程

（一）美国产学研战略联盟政策的演进历程

美国是产学研战略联盟的起源地，1862年美国国会通过的《莫里尔赠地法案》标志着产学研战略联盟在实践中的正式出现。1942年，美国政府实施的"曼哈顿"计划拉开了产学研战略联盟发展的序幕。1946年，美国职业协会最早发表了《合作教育宣言》，首次定义了产学研合作教育，主张把理论学习与实践经历结合起来。1950年，国会设立了"国家科学基金"，这标志着美国开始从国家层面推动产学研战略联盟的发展。1980年，美国先后通过了《史蒂文森－威德勒技术创新法》和《拜杜法案》，由Birch Bayh和Robert Dole提出的《拜杜法案》，是产学研战略联盟理论与实践发展中的又一个重要里程碑。根据《拜杜法案》，由美国政府资助的研究项目产生的专利权归属权可由政府变为高校、科研机构，这使得私人部门享有联邦资助科研成果的专利权成为可能。除此之外，《拜杜法案》极大地推动了有关产学研战略联盟的理论研究，研究领域不再局限于农业，而是扩展到包括工业在内的全部产业领域。1986年，美国颁布了《联邦技术转移法案》，这是美国首部针对技术转移专门制定的政策,该法案支持联邦科研机构与州政府及企业的科研机构进行合作研究,目的是加快技术转移和产业化。随后又先后于 1989 年颁布了《国家竞争力技术转移法案》、1996 年颁布了《国家技术转移促进法》、2000 年颁布了《技术转让商业化法》,这些法案颁布的目的是明确知识产权的归属和利益分配方式,保证参与联盟的主体可以获得充分的知识产权。这一方面可以保护联盟主体的积极性;另一方面有利于技术成果的快速转化。

(二) 日本产学研战略联盟政策的演进历程

日本十分重视官产学研战略联盟的发展,20 世纪 50 年代,日本开始对产学研战略联盟进行战略规划,于 1955 年成立了"日本生产性本部",并在其组织内部专门设立了"产学协作委员会",用以推进财经界与学术界以及政府之间的合作。1960 年,日本内阁会议通过的《国民收入倍增计划》强调要特别重视产学研战略联盟,加强教育、研究、生产三者之间的有机联系。为了加强在基础学科领域方面的创新,1981 年,通产省制定了《创造性科学技术推进制度》和《下一代产业基础技术研究开发制度》,其核心内容是保证政府、企业、高校的相结合,充分发挥各自的优势,这两项制度代表着日本"官产学"三位一体的科研体制的正式确立。为了促进企业和高校之间的联盟,1983 年,日本文部省实施了《国立学校与民间企业等的共同研究制度》,这为民间企业与高校之间的联盟提供了制度基础。此后,高校与民间企业在科研领域的联盟合作逐渐展开。为了促进高校与企业进行技术交流,1986 年日本政府设立了《研究交流促进法》,支持企业享用高校研究机构和研究中心的资源。这一政策的出台标志着结成产学研战略联盟有了法律保障。1995 年日本制定了《科学技术基本法》,改善了产学研战略联盟的环境,也为日本此后的产学研战略联盟多次重大改革提供了契机。1998 年 4 月,日本颁布了《高校技术转移促进法》,这是第一部促进产学研战略联盟发展的法律法规。2000 年日本出台了《产业技术强化法》,通过在高校内部设立专门的技术转移机构,将高校的发明专利转化为新兴产业中急需的专业技术,同时分配给研究人员一部分收益,以此深度完善产学研战略联盟制度。

(三) 德国产学研战略联盟政策的演进历程

19世纪初,德国高校与企业等已开展紧密的科技合作。1951年,国家重建科学基金会,为研究计划提供资金,促进产学研战略联盟和人才培养。1986年,德国颁布《关于生产与科研相结合》,鼓励企业与科研机构、高校进行产学研战略联盟。2006年国家层面首次提出中长期发展战略《德国高科技战略》,政府将支持引导中小企业从事高科技研发创新置于战略中心地位,2010年颁布《国家高技术战略2020》,继续加强政府、企业以及科研机构之间的合作,加速转化创新成果。2013年,德国正式推出了《德国工业4.0战略计划实施建议》,该建议突出强调了"官产学研"结合的目标实施战术途径。

从国外的产学研战略联盟政策中可以看出,美国政府十分重视对于产学研战略联盟主体知识产权的保护和科技成果的转化,日本政府不仅是产学研战略联盟的组织者和指挥者,也是产学研战略联盟活动的推进者和参与者。德国政府重视对产学研战略联盟的发展方向提供战略指导。

二 中国产学研战略联盟政策的演进历程

中国对企业、高校和科研机构等主体的组织和管理在政策中的体现始于20世纪80年代,但当时未形成产学研这一专业术语。1988年中国政府颁布了《国务院关于深化科技体制改革若干问题的决定》,明确指出科研机构与企业可以进行多种方式的合作,二者可以通过互相承包、租赁、参股、兼并,实行联合经营,或是科研机构进入企业等。这一决定为产学研战略联盟的发展指明了方向。1992年,国家经济贸易委员会、教育部和中国科学院联合组织实施"产学研联合开发工程",这是中国第一个针对产学研活动的专门性政策。1994年6月,国家经济贸易委员会、国家教育委员会、中国科学院、财政部等共同成立了产学研联合开发工程领导小组,这标志着产学研战略联盟正式从民间进入官方领域。1993年,中国颁布《科学技术进步法》,提出要建立促进科学技术与经济有效结合的发展机制，第一次以法律形式鼓励产学研战略联盟发展。为了实现科学技术向现实生产力的转化，在同一年，《中共中央、国务院关于加强技术创新，发展高科技，实现产业化的决定》提出，要将引导各种技术创新服务机构、技术经纪机构以及技术评估机构等，作为加速科技成果转让的基础。1995年，中国颁布《中共中央关于加速科学技术进步的决定》，在鼓励科研机构、高等院校以多种形式进入企业的同时，大力鼓励大中型企业积极与科研机构、高等学校开展多种形式的联盟。1996年，中国颁布了《科技成果转化法》，它在有关产学研战略联盟产出成果的知识产权保护和利益分配政策中最具有代表性。1997年10月，教育部颁布了《关于开展产学研合作教育"九五"试点工作的通知》，正式提出了产学研战略联盟的教育计划。2000年，国家经贸委发布《关于加速实施技术创新工程形成以企业为中心的技术创新体系的意见》，2002年，颁布了《国家产业技术政策》，两部政策共同促进以企业为主体，高校和科研机构广泛参与的产学研战略联盟机制的形成，为增强自主创新能力，并为建设创新型国家提供强有力支撑。2004年，科技部和财政部印发《应用技术研究与开发资金管理暂行办法》，国家将科技部归口管理的科技三项费用从原"科技三项费用"中分离出来，更名为"应用技术研究与开发资金"，专项用于支持国家科技攻关计划和科技产业化环境建设及科技成果的转移扩散，这一规定加大了对产学研战略联盟的资金支持。2008年，国务院颁布《国家知识产权战略纲要》，强调要实施国家知识产权战略，大力提升知识产权创造、运用、保护和管理能力，对产学研战略联盟知识产权管理和保护给出了更具体的规定。2021年，国家印发《产学研合作协议知识产权相关条款制定指引》，目的是促进产学研战略联盟和知识产权转移转化，做好产学研战略联盟中的知识产权归属与处置工作，降低相关法律风险。2022年，科技部等六部门印发《关于加快场景创新以人工智能高水平应用促进经济高质量发展的指导意见》，鼓励开展场景创新的产学研战略联盟，形成政府、企业、科技界协同合作的人工智能场景创新体系，提高科研工作的市场化导向，激活科研人员创新潜力。

以上一系列政策体现了中国政府在产学研战略联盟发展的各个方面都承担着重要责任，相比于外国，中国政府在产学研战略联盟中的责任范围更广，无论在科学技术层面、经济层面还是教育层面的产学研战略联盟发展中，中国政府都发挥着主导作用。

第二节　相关理论概述

一　利益相关者理论

利益相关者理论是一个关于企业管理的命题，被广泛用到社会管理和政府管理的研究之中。1963年，美国斯坦福高校研究所最早将利益相关者定义为："利益相关者是这样一个团体，如果没有他们的支持，企业就不可能生存。"[①] 1983年，经济学家弗里曼在《战略管理：利益相关者管理的分析方法》一书中将利益相关者定义为："利益相关者是能够影响一个组织目标的实现，或者受到一个组织实现其目标过程影响的所有个体和群体。" 1994年，美国学者Clarkson从专用性投资角度来界定利益相关者，他认为，利益相关者是在企业生产和管理中投注了特定的人力资本、财物资本和一些有价值的物质，这个过程会产生效益与风险。[②] 20世纪90年代，利益相关者被广泛引入到公共管理研究与实践中。我国政府在公共管理之中也注重将利益相关者纳入权衡要素，例如，我国2001年颁布的《投资项目可行性研究指南》就主张将利益相关者作为项目管理和项目评估的重要指标之一。我国学者认为，利益相关者有几层要义：受到管理影响的利益相关者都有权利参与决策和执行；管理者有服务于利益相关者的责任；管理目标是实现利益相关者的利益最优化而非单一主体利益的满足。

利益相关者理论能够指导产学研战略联盟的利益主体划分，帮助政

[①] 孙晓：《利益相关者理论综述》，《经济研究导刊》1994年第2期。

[②] Clarkson, "M. A Risk-based Model of Stakeholder Theory", Proceedings of the Toronto Conference on Stakeholder Theory, No.18, 1994.

府明确界定责任。产学研战略联盟是一个由政府、企业、高校和科研机构等多种类型的主体构成的组织,组织成员有着共同目标,联盟中的每一个主体都能够影响联盟目标的实现,同时也被联盟实现目标的过程所影响,因此可以说,联盟中的每一个主体都是利益相关者。尤其是在我国,政府在产学研战略联盟的构建和运行过程中投入大量资金,承担大部分风险,成为产学研战略联盟的利益相关者之一。各利益主体在产学研战略联盟的构建和运作中提出自己的利益诉求,政府希望推动产学研战略联盟创新,实现科技进步;高校希望理论培养结合实践工作,优化办学培育方案,培养出更符合市场需求的人才;科研人员所组成的科研团队希望能够将已有的科研成果转化为生产力,进而带来收益;企业希望能够解决科技创新中的技术难题,进一步创造利润空间。在联盟过程中,不同的利益诉求会导致联盟主体之间的矛盾和冲突,增加协调成本,也会带来利益分配难题,协调这些需求和矛盾是政府责任的一部分。利益相关者理论认为,企业是一个契约联结体,同样,产学研战略联盟也是一个契约联结体,利益相关者理论对相关者之间稳定关系的建立、相关者利益的维护以及行动过程中减少因信息不对称带来的成本等,政府协调企业、高校和科研机构等主体之间的关系,保护各主体的积极性等责任的落实提供了理论指南。

二 市场失灵理论

市场失灵是指因市场缺陷而引起的资源配置的无效率。具体包括两种情况:一是市场机制无法将社会资源予以有效配置;二是市场经济无法解决效率以外的非经济目标。出现该现象的原因有几个:不完全竞争、信息不对称、外部性和公共物品属性。其典型具体表现为:第一,市场经济的外部性。外部性有两种主要情况,即外部经济与外部不经济。在产学研战略联盟中经常出现的情况是外部经济,它是指某一经济活动或某一项目所产生的效益被与该项目无关的人所享有。第二,公共产品的供给不足。市场进行有效资源配置的前提是消费者偏好能够在市场中反映出来。公共产品属于社会性需求,是社会的共同利益和共同需要，具有非竞争性和非排他性。这种物品或服务的消费者偏好在市场中无法反映出来，尽管某些公共产品也能通过市场机制来提供，完全依靠市场体系，消费者往往得不到符合社会需求的供应量。当市场失灵时便需要政府发挥"有形的手"的作用，通过提供经济发展的基础结构、组织公共产品和服务的供给、保护并维持市场竞争、用公共政策干预以保持宏观经济稳定等方式来弥补市场失灵。

在中国，产学研战略联盟所研发的科技产品具有公共产品的属性，比如用于维护公共安全的新技术等，市场机制不能完全有效地对其进行供需调节，会引起科技产品的供给不足或过度使用，需要政府对其进行适当干预，组织此类公共产品和服务的供给。

产学研战略联盟中典型的外部性表现为，由于新技术或新产品的研发需要投入大量的人力、物力、财力和信息等成本，一些厂商不愿承担高成本投入。当科技市场中有产学研战略联盟研发出新技术或产品时，其他竞争者便可能从中得到启示，模仿该技术或开发出更具有竞争性的技术来，这就导致了"搭便车"行为，对于这种情况，需要政府提供基本必需的制度和规则，如界定和产权保护、契约的执行等。

在产学研战略联盟中，信息不对称的情况多集中于科技成果转化阶段，技术的拥有者充分了解其技术的真正优点和缺点，而技术的需求者对技术的优点和缺点掌握得并不完整。此外，技术的特殊性更强化了这种信息的不对称性，使交易成本大大增加，交易发生难度增加。当技术的需求者完全了解该技术时，技术的价值就会大大降低，如果他不能完全了解该技术，则不知该如何给技术定价。就技术交易而言，信息不对称会严重影响交易的进行，使得纠纷和冲突时有发生，阻碍产学研战略联盟的科技成果顺利转化，甚至会出现逆向选择。此时需要政府发挥作用，市场失灵理论可以指导政府在产学研战略联盟中如何作为，以减少信息的不对称。

如果完全由市场机制发挥作用，会出现市场失灵的现象，由于政府与市场之间存在互补关系，政府应承担起为产学研战略联盟提供技术交易市场、知识产权交易中心、公共信息平台、技术评估机构等服务体系建设的责任，为引导科技市场健康而有序的发展方向而努力，其中，对于市场失灵的判断和政府行为的选择都需要市场失灵理论作为指导。

三 政府责任理论

政府是整个社会政治和经济的主要引导者，因而政府的一切活动无不与责任密切相关。政府责任应以"责任"为其核心概念，以责任体系的构建、责任的履行为基本价值理念。政府责任理论起源于英国议会弹劾制度，旨在约束政府滥用权力。它最早是由英国学者在研究本国责任政府和有效政府制度时提出来的。1887年威尔逊在《行政学研究》中对政府工作人员的责任进行了研究，随着政治、经济制度的变迁，逐渐演变成政府责任理论。政府责任理论正式形成于20世纪90年代末。现代政府的责任来源于社会契约和主权在民的民主理念。公民和政府间的关系，源于权利的委托与代理，因此，作为被委托者的政府，必须向委托者公民负责。这是现代国家和政府运作的基本逻辑和基础。在科技领域、教育领域、生产领域，这种关系仍然存在，于是政府就有了指导产学研战略联盟发展的责任。

政府责任无论是从能力作用角度还是职责作用角度来讲，可以看作政府在一定的时期内，依据法律的规定，在社会管理的过程中应当履行的职责和功能。简单来讲，就是政府应该做什么，不应该做什么，发挥什么作用的问题。即积极主动地为人民负责，政府违法或不当行使职权时，应当为自己的行为承担法律责任，实现义务和权利的统一，做到有法可依，有法必依，违法必究。政府责任具体可以分为以下四类：

法律责任，是指由国家法律明确规定，由国家强制力来保证实施，由国家授权的机关依法对相关部门进行责任追究，政府发生违法行为或不当执法时，也要接受法律的制裁和惩罚。在产学研战略联盟中，政府的责任体现为，为产学研战略联盟发展提供完备的法律环境，使产学研各主体在有序的规则下开展联盟活动，政府对产学研战略联盟的责任履行中如果有违法行为，要依法接受相应处罚。

社会责任，主要体现为政府对社会公共事务的管理。社会公共事务涉及面广，包括平衡公共利益、健全社会管理、维护社会秩序等，社会责任也是政府对于社会需求的期望和回应。随着经济和教育的飞速发展，中国公民关注的议题越来越广泛，产学研战略联盟涉及企业、高校和科研机构的发展，也涉及国家科技创新体系和教育体系的发展，承载着社会公众多方面的需求和期望，这对政府提出了更高要求。

行政责任，是指如果行政主体违反了行政法律法规，应当承担法律后果。在产学研战略联盟中，政府对联盟主体关系的协调或资金投入等行为，都属于行政法律法规管制范围。

经济责任，是指政府对经济活动可以做出一定干预，干预的手段多种多样，可以综合运用经济手段、法律手段和行政手段，也可以运用一种手段，但其最终目的都是要推动经济发展、提高居民生活水平。管理社会经济事务，是政府经济责任的主要内容，产学研战略联盟服务于国家的经济发展，因此促进产学研战略联盟的有序发展是政府经济责任的一部分。

第三节　产学研战略联盟对政府的需要

一　需要政府提供法律保障

产学研战略联盟作为一种"充满联系的活动"不可能自行产生，只有在一定的物质条件和相对完善的保障机制下，才能正常运行和发展。[①] 首先，企业、高校和科研机构各主体需要确保联盟行为在法律允许范围内，不与现有法律条款冲突，这需要政府出台明确的法律允许和支持产学研战略联盟行为。其次，当产学研战略联盟主体签订联盟契约后，如何保证违背条款者能够受到相应的规制，需要政府提供一定的法律保障，使产学研战略联盟出现主体违约情况时能够有法可循。最后，产学研战略联盟产出知识产权后会面临科技市场中的"搭便车"行为，

---

① 蓝晓霞：《美国产学研协同创新保障机制探析》，《高等工程教育研究》2004年第4期。

对于联盟某一方泄露技术秘密或非法厂商侵权行为等威胁，需要政府提供完善的知识产权保护环境，同时知识产权的归属、使用和转移需要有较为详细具体的统一规定作为参照，以确保相关程序能够有序运行。

二　需要政府提供资金支持

产学研战略联盟的发展及联盟创新能力的提升需要大量的、可持续的稳定资金投入。产学研战略联盟的科技创新活动周期较长，从开始研发到新产品新技术面世的每一个阶段，充足且持续的资金投入都是产学研战略联盟活动得以继续进行的最基本保障，在联盟活动过程中还会遇到各种理论困境和技术难题，只有有一定经济投入作为支撑，才能最大化实现产学研战略联盟的成果产出。仅凭联盟中企业、高校和科研机构投入和筹集的资金，不足以确保资金数量的充足和资金链的持续稳定，需要政府提供一定量的资金作为支撑，同时需要政府进行资金的筹集。

三　需要政府提供促进产学研战略联盟发展的政策环境

产学研战略联盟中的各主体只是社会环境中某个领域的主体，其关注点和关注的范围具有一定的局限性，因此需要政府通过一定的政策进行方向性的引导。例如，产学研战略联盟应着重发力于基础研究领域、高科技创新领域，还是产业发展领域，关系到一个国家的战略规划与资源布局，需要政府科技政策的引领。其次，产学研战略联盟各主体的动力有一部分是内生的，另一部分则需要外部激励诱发产生，各主体的内生动力要得到保护，外生动力需要得到科学激励和维持，以促使产学研战略联盟健康稳定发展，这使得产学研战略联盟对政府的财税、金融、价格等方面的政策产生了需求。

四　需要政府提供产学研战略联盟发展服务体系

（一）信息服务网络

产学研战略联盟活动过程的本质是信息、知识、物质和人才等差异化优势资源的交换，资源充分交换的前提首先是资源拥有者和资源需求者的信息能够被顺畅传递。其次，双方需要一个能够相互交流的平台，除交流需求之外，在资源交换过程中，各资源交换方也希望可以有更多选择，在可选择范围内进行择优，以使自身资源的价值得到最大发挥。以上体现了产学研战略联盟对政府提供信息服务网络的需求。

（二）科技成果转化平台

产学研战略联盟产出的科技成果最终的归宿应是实现转化，通过产业化流向市场。科技成果转化是一个成果、资金、人才、信息、管理、基础设施、市场等多要素共同作用的过程，[①] 要素的优化组合和高效配置需要依托一定的科技成果转化平台，一个健全的科技成果转化平台可以有效整合科技资源，促进政府、企业、高校、科研机构、中介机构、金融机构等主体有效对接，实现科技成果的交流、展示、交易以及落地转化。建设科技成果转化平台的任务如果完全交给市场，很容易出现因"搭便车"心理导致的科技成果转化平台供给不足等现象，因此还需政府助力加以建设。

第四节　部分发达资本主义国家产学研战略联盟中的政府责任

在各国产学研战略联盟发展中，政府主体所承担的责任有所差异的。由于美国是典型的市场经济型国家，十分重视市场在资源配置中的作用，因此，美国政府采取的是不干预策略。在德国产学研战略联盟发展过程中，以政治联邦制和市场经济为基础，政府是实施产学研战略联盟发展战略的有力推动者，而作为产学研战略联盟组成部分的高校与科研机构也都拥有着相对独立的决策权，这种混合治理结构决定了联邦政府只能采取弱干预策略。日本政府则采取强干预策略，在产学研战略联盟发展过程中发挥着引领和主导作用，对产学研战略联盟活动进行有效

---

① 邱超凡：《建设"五位一体"的科技成果转化平台》，《高科技与产业化》2016年第3期。

的宏观控制，同时对重点领域进行重点扶持和积极引导。①

一　美国产学研战略联盟中的政府责任

美国政府在产学研战略联盟方面，发挥着引导、促进和保障作用，注重制定相关的政策法规、不断改革宏观管理体制和组织机制，在法律框架下，给产学研战略联盟塑造一个宽松的市场环境。具体来讲，政府会通过一系列税收举措，刺激产业部门增加研发投入；通过对联盟各主体知识产权的保护，促进研发成果商业化，如《国家技术转移促进法的制定》；还会通过协调企业、高校和科研机构等各主体间的关系，来促进产学研战略联盟的形成，在《国家合作研究法》中，美国政府改变了以反托拉斯法限制企业之间合作的传统规定，转而允许企业间进行竞争前的合作研发，尤其是建立战略联盟伙伴关系，如由若干高校和企业组成的技术转移联盟。此外，美国政府成立了专门的机构，以促进产学研战略联盟的发展。1993年，美国成立了国家科学技术委员会（NSTC），填补了一直以来没有专门科研管理部门的空白。在国家科学技术委员会中，总统承担委员会的主席一职，政府各个部门的领导参与委员会的管理，享有实际权力。

二　日本产学研战略联盟中的政府责任

日本政府是产学研战略联盟的主体之一，为产学研战略联盟提供资金支持和较为完备的政策保障和制度保障，建立了专门的服务机构和信息服务系统。政策方面，日本颁布的政策相比美国更加细化，不仅在《科技政策大纲》中强调产学研战略联盟的重要性，提出了加强产学研战略联盟的措施，在《科学技术基本计划》中把产学研战略联盟作为基本国策，还制定了《研究交流促进法》对产学研战略联盟各主体的研究交流活动进行法律指导。关于产学研战略联盟项目的税收优惠，日本政府制定了一部专门法律《产学官合作促进税制》。

---

① 王珍珍、甘雨娇：《创新驱动发展的模式及路径选择：美、德、日的比较与借鉴》，《中国科技坛》2017年第7期。

日本政府十分重视产学研战略联盟的制度与机构建设。1958年，日本文部省设立了委托研究制度，支持和鼓励企业以合同形式委托高校或国立研究机构进行研究开发。1981年，日本科技厅和通产省确立了产学研三位一体的科研体制。1983年，文部省建立了"国立学校与民间企业等的共同研究制度"，为了促进企业与高校的联盟，还在学术国际局设置"研究协作室"。

此外，日本政府还十分重视建立产学研战略联盟信息服务系统，为产学研战略联盟发展提供信息化服务。自20世纪90年代起，日本政府将整合资源、构建一体化网络平台视为工作重点，有计划地建立产学研战略联盟信息服务系统。此任务由中央政府设立的两家专门机构承担，分别是1957年设立的科学技术信息中心（现在为科学技术振兴机构），该机构的核心职能是进行科学技术信息基础建设，以及1973年设立的国立信息学研究所。两大机构始终致力于科技和学术信息的搜集和整理，为科研机构和高校提供信息服务。由于存在教育、学术信息流通不畅的问题，日本政府于20世纪70年代设了国立信息学研究所，负责学术信息的收集和整理，该机构还建起了21世纪新型学术信息网（SI-NET），此网站汇集了全国高校和国会图书馆学术藏书及杂志信息、高校学术研究成果，并开通了与英美等发达国家的学术信息网络链接业务，为产学研战略联盟提供了丰富的信息。

三 德国产学研战略联盟中的政府责任

德国政府通过较为完备的政策体系推动产学研战略联盟发展。2014年，德国发布第三版《新高科技战略》，提出了创新核心领域、协同创新与技术转移、创新环境优化、中小企业发展、加强创新交流五方面的创新发展规划。在协同创新与技术转移规划中，鼓励在高校周边进行产学研战略联盟。在此基础上，德国联邦教育与研究部、经济事务与能源部分别建立了一系列推动产学研战略联盟发展的政策，例如促进高校和企业联盟的"研究园区"计划，主要致力于创新创业与概念验证的"EXIST"计划，欧盟地平线计划中的"科研成果验证计划"，以及推动中小企业发展的"ZIM"和"ERP"计划等,① 德国联邦政府的一系列科研计划在产学研战略联盟的体系下执行,例如可再生能源计划、海洋计划、信息技术等都依靠产学研战略联盟。此外,德国政府会组织一些重大联合项目,对产学研战略联盟的研究开发体系进行宏观管理,如德国联邦研究部主导的技术协作中心和技术协作网建设等。

四 经验借鉴

(一)建立有利于促进和保障产学研战略联盟的政策

通过对美国、日本和德国产学研战略联盟中政府的责任对比研究,得出以下结论及启示:在产学研战略联盟发展较为成功的三个国家中,都离不开政府完备的政策体系支持,通过完备的政策体系,企业、高校和科研机构三个主体不仅可以获得国家整体发展方向的指引,在产学研战略联盟中的行为受到一定约束,各主体的合法权益也得到了保障。除此之外,三个国家通过政策细则的制定和落实,促进产学研战略联盟伙伴关系的形成和技术成果的转移,确定知识产权的最终归属和科技产出的相关利益分配等问题,规避可能出现的道德风险和知识产权纠纷,十分值得我们学习和借鉴。

(二)将产学研战略联盟作为基本国策

产学研战略联盟的发展需要政府注重发展规划的战略性和长远性。目前中国在国家层面已经制定的一系列政策和法规,其层面依然不够高,大部产学研相关政策指导分散出现在其他政策中,缺少将产学研战略联盟作为一个整体的长远规划。产学研战略联盟作为一个整体不可能只局限于部分领域,而是涉及全局的战略性领域,日本将产学研战略联盟发展作为基本国策,德国联邦政府制定的一系列科研计划都要在产学研战略联盟的体系下执行,这都是将产学研战略联盟作为战略性领域的体现。因此,要想真正推动产学研战略联盟的发展,需要将产学研战略联盟提升到全局性的政策层次,将其作为提高国家综合能力的战略,从

---

① 傅茜、聂风华:《多位一体的创新集群发展模式——德国亚琛工业高校产学研合作模式的研究与启示》,《中国高校科技》2019 年第 3 期。

国家宏观战略角度设计专门政策。

（三）设置专门的政府管理机构

产学研战略联盟的发展及其相关平台、信息服务系统等的建设，都需要政府设置专门机构或部门进行落实。目前中国产学研战略联盟的相关责任部门是不成体系的，各相关部门对于责任的落实缺少清晰完整的规划，尤其是不少地方政府仍片面追求产值规模和增长速度，对促进产学研战略联盟发展只是停留在一般号召上。因此，从中央到地方进行成体系的产学研战略联盟发展机构或部门设置，针对不同任务进行清晰合理的职责分配，使每项职能和任务都落实到具体的部门或机构十分必要。

第五节　中国政府在产学研战略联盟中的责任

一　中央政府在产学研战略联盟中的责任

（一）在战略层面提升产学研战略联盟的地位

中央政府将产学研战略联盟提高到国家战略层面，是产学研战略联盟发展的前提。从战略层面对产学研战略联盟进行规划，不仅可以引起高校、企业、科研机构对产学研战略联盟的高度重视，同时也可以引导各级地方政府将促进产学研战略联盟发展摆在地方发展目标的先位，更有利于中央政府各部门对产学研战略联盟发展方向进行规划。在战略层面提升产学研战略联盟的定位，首先，需要国家完善产学研战略联盟相关法律法规。其次，需要国家将产学研战略联盟列入国家发展的五年规划，在规划中，为产学研战略联盟制定具备战略性、全局性和实践性的部署，设定指导方针和主要目标，目标要有系统性，不能单一地针对某一个领域，或缺乏联系地针对某几个领域进行考虑，既要有短期目标，也要有长期目标，更要考虑到国家和经济的发展方向和战略方向，对长期和短期目标进行协调。最后，必须将产学研战略联盟政策提升至国家战略性、全局性政策层面。

(二) 为产学研战略联盟提供基础性制度

长期以来,产学战略联盟的随意性、临时性、单向性都是严重制约其发挥更大作用的重要障碍。追溯其原因,是由于产学研战略联盟缺乏基础性制度的指导。中央政府作为最高层级的政府主体,其宏观调控的职能决定了其在产学研战略联盟中的主要责任应该是提供支持、鼓励产学研战略联盟的相关基础性制度,通过基础性制度的供给,为产学研战略联盟设定规则。基础性制度供给主要通过立法实现,中央政府应完善产学研战略联盟相关法律法规,对产学研战略联盟组织的性质、法律地位、联盟成立及解体程序、联盟方权利义务等各方面以法律形式给出具体规定,划定各主体在产学研战略联盟中的行为界限,使产学研战略联盟具有一致性、规范化的规则。

(三) 激发中央直属企业、高校、科研机构各主体活力

中央直属的科研机构、部属高校和中央的国有企业是产学研战略联盟的主力军和带头者,这些主体在产学研战略联盟中作用的充分发挥,对国有企、事业单位绩效的提高和创新能力的提高有重要意义,同时能带动地方企业、高校和科研机构的发展,因此,中央政府的首要发力点在于管理好中央直属的科研机构、部属高校和中央的国有企业,即调动他们在产学研战略联盟中的动力,发挥出更大的能量,研发出更多有自主知识产权的核心产品和技术,能让他们积极与地方主体合作,辐射带动地方发展,提高中国产学研战略联盟的整体发展水平和效率。根据政府责任理论,政府活动的正常有序开展,必须以正确授权为基础,授权就意味着责任在组织内和个体间的分配。有效的责任分配需做到清晰明确,即明确每一个机构、组织、部门以及个人的职责,既要避免不同机构、组织、部门、个人之间责任的交叉和重复,也要防止出现无主体负责的责任真空状况。同时应注意权利与责任的对等和一致,不能出现有责无权、有权无责,或是权责大小不一的状况。

中央政府对中央直属企业、高校、科研机构各主体活力的激发,要求中央政府设立协调性的产学研管理机构和负责人,明晰管理机构和负责人的具体责任,使党和国家的意志变成可操作的方案,能够被顺利执

行，盘活国家现有资源，实现效用最大化。中央的产学研管理机构主要职能为，识别产学研战略联盟中的刚性需求和问题，以需求和问题为基础，对产学研战略联盟发展中的知识资源建设、主体建设、环境建设和人才建设等不同领域进行政策制定和传达，通过基本条件的满足，激发中央直属产学研各主体的活力。在国务院内部可以设立国家产学研战略联盟发展委员会，以协调各中央部委工作。

(四) 为地方政府制定指导性的政策

地方产学研战略联盟的发展离不开中央政府的政策扶持和引导，中央政府制定良好的指导政策可以促进地方产学研战略联盟的开展和地方企业、高校、科研机构绩效的提升。因此政府要充分发挥其在产学研战略联盟中的引导作用。首先，中央政府不仅要在整体的经济、科技、教育计划中制定关于产学研战略联盟的整体性政策，还需要制定有利于产学研战略联盟发展的专门性政策，对地方政府的政策制定给出方向性指导，促进地方制定符合中央要求的政策，带领地方发展。其次，中央政府应制定政策促进中央直属的科研机构、部属高校和中央的国有企业与地方的高校、科研机构和企业进行联盟，以中央力量带动地方发展。

二 地方政府在产学研战略联盟中的责任

(一) 完善地方性政策法规

首先，地方政府需要制定符合地方产学研战略联盟发展的财政政策、税收政策、金融政策，激发企业、高校和科研机构的联盟动力，促使产学研战略联盟的形成。

其次，制定适合地方发展的科技政策和产业政策，引导产学研战略联盟明确发展方向。

最后，建立协调政策体系，地方政府通过制定产学研战略联盟主体关系的协调政策，调节产学研战略联盟活动之间的矛盾，规范各主体之间的关系，指导产学研战略联盟活动的发展。例如制定产学研战略联盟相关的地方性法规和行为规范，通过规范各主体在联盟中的行为，使各主体间的关系和谐发展，引导产学研战略联盟持续、健康成长。

地方政府在制定产学研政策时需要注意以下几点：第一，地方政府在制定产学研政策时，必须在中央相关政策的指导下进行。第二，一切从实际出发。地方政府应在充分掌握地方科技、经济、教育等领域的发展情况和需求的基础上，将国家的科技、经济和政治发展方针与当地实际情况相结合，制定出符合地区发展要求的产学研政策。第三，地方政府所制定的产学研政策，应能够促进产学研各主体以及地方各领域的统筹发展。产学研战略联盟涉及到生产、教学和科研等不同领域，它的发展会受到教育水平、科研能力和经济发展水平等相关因素的制约，因此，地方政府在制定产学研政策时，要将科研、教育和地方经济有机结合，促进各领域的相互联系、相互配合。

（二）构建合理的投融资体系

地方政府在产学研战略联盟的投融资方面承担着主要责任。产学研战略联盟作为一个资金密集型合作模式，在发展过程中需要有大量资金支撑，充足的资金可以调动产、学、研各主体的积极性，使产学研战略联盟具有更强的稳定性。在我国，科研经费不足、企业研发经费缺乏、实验场地和设备紧缺等问题经常成为阻碍产学研战略联盟发展的主要因素。因此，第一，地方政府应提高对地方产学研战略联盟的重视程度，加大对地方产学研战略联盟发展的投资力度。一方面，在产学研战略联盟的研究、中试、科技成果转化等各个环节增加资金投入。另一方面，地方政府需根据地方的实际情况，对符合当地发展目标和能够促进地方经济发展的产学研战略联盟专门给予优惠政策或资金扶持。第二，地方政府应引导企业增加资金投入，拓展多元化的资金渠道。地方政府能够为产学研战略联盟投入的资金有限，只有发挥财政杠杆的引导作用，通过各种渠道引导企业投资，才能最大程度地保证产学研战略联盟发展中资金支持的可持续性。地方政府还需要开辟多种资金来源渠道，引导银行业、证券业、保险业等各种金融机构投资和参与产学研战略联盟。第三，地方政府应正确引导和鼓励产学研战略联盟风险投资。通过建立健全产学研战略联盟风险投资机制，引导地方产学研战略联盟项目进入市场进行资金筹集。

（三）完善产学研中介服务体系

在产学研战略联盟中，产学研中介服务机构能够提供准确及时的科技信息、专业的技术咨询等服务，提高产学研战略联盟的质量和水平，降低联盟风险，同时加速科技成果转化。根据政府责任理论和市场失灵理论，目前中国仅依靠市场建立的产学研中介服务机构不能够满足产学研战略联盟发展需求，政府有责任推动产学研中介服务机构的建设。首先，地方政府应加大力度建立产学研中介服务机构，也要鼓励和号召高校、企业、科研机构通过多元化筹资渠道共同筹资，推动产学研中介服务机构的构建，同时调动相关科技协会、非营利机构向产学研战略联盟提供中介服务，汇集社会各方力量，共同促进科技中介服务体系的完善。其次，地方政府要加强对已有产学研中介机构的扶持，通过为产学研中介服务机构提供设备设施和资金支持、引进相关专业人才，促使产学研中介服务机构更加完善。最后，地方政府应组织建立产学研中介服务机构信息库，建立健全中介服务评价标准。在中介服务机构信息库中，建立产学研中介服务机构信用档案，完善信用信息。中介服务信息库要针对产学研中介服务过程中的每一个环节进行信息收集，归纳、整理，并定期向社会公开。地方政府要优先扶持服务评分高、信誉度高的产学研中介服务机构。以产学研战略联盟发展需求为导向，以机制创新为动力，培育和扶持一批能够推动产学研战略联盟发展、服务能力强、专业水平高、信用良好的产学研中介服务机构。

（四）完善产学研战略联盟中的信用体系

产学研战略联盟持续运行的基本要求是相互信任。有效的信用信息共享机制和科学规范的信用评价体系，是产学研战略联盟降低交易成本，增加信任度的基础。首先，地方政府应加强法律法规建设，进一步完善包括技术合同法、知识产权保护法等在内的法律法规体系，制定完备的技术市场管理法规条例，把对技术市场的管理纳入法治化轨道。同时加强执法，加大对技术市场欺诈行为的打击力度。其次，把企业与科技人员信用建设纳入整个社会信用体系建设之中。通过推动信用服务体系的建立和完善，在社会上树立起讲信用受益、不讲信用受惩罚的信用评价和约束机制，以此来监督和约束企业与科技人员的行为。

（五）加强科技资金使用的评价监督

地方政府应设立科技资金监督机制和产学研战略联盟各主体对政府资金运用的评价机制，配合财政信息化大平台建设，实现对科技资金运行的实时动态监督，使科技资金评价监督机制得到充实，范围得到拓展，逐步对科技资金运行的事前、事中、事后实施全过程的评价和监督。此外，成立由政府资金资助的市场化第三方评价监督机制，综合市场力量和社会力量，及时对资金使用各环节进行监督和评估，防止将政府资金用于其他活动，提高科技资金的利用率。

（六）推动构建区域内产学研战略联盟有利环境

产学研战略联盟的发展，有赖于地方政府积极发挥自身的服务职责。地方政府通过为产学研战略联盟提供良好的硬件设施保障和营造良好的外部氛围，为各地方产学研战略联盟发展构建有利环境。科技研发平台作为联盟环境的主要部分，是汇聚高校、科研机构、企业等多方主体创新资源进行科学研究、技术创新、工艺设计以及中间试验的重要载体，为研究和解决世界一流的科学前沿问题、国家急需的战略性问题、行业产业共性技术难题提供了主要场所。科技研发平台包括重点实验室、工程研究中心、技术研究院、创新技术基地以及中试平台等，地方政府需要同时考虑国家发展方向与目标任务，地区经济、社会、产业发展的实际需求，结合地区的总体战略规划，为地区科技研发平台的构建提供合理建议和资金支持。在产学研战略联盟的外部氛围营造中，地方政府要加大微博、微信等新媒体平台对产学研战略联盟模式、意义、作用以及产学研政策法规的宣传力度，促进地方企业、高校、科研机构以及社会各界对产学研战略联盟的认识，推动社会各领域关注并加入产学研战略联盟。

（七）构建科技成果转化平台

根据约瑟夫·熊彼特（Joseph Alois Schumpete）的经典创新理论，企业家开展技术创新活动的目的在于获取剩余价值和商业利润。同样，产学研战略联盟的最终目标也是实现科技成果转化。中试完成并不代表联盟活动的结束，科研成果只有转化成现实的生产力才能实现其价值。借助科技成果转化平台产学研战略联盟可以搜集市场信息、监测需求动态、反馈转化情况以便及时调整和改进战略。可见，科技成果转化平台是科技研发平台的延伸，是连接技术与产品的纽带。地方政府作为地方产学研战略联盟的主导者，可以以高校科技园区、企业孵化器、生产力促进中心、技术产权交易机构等为依托，建设连接技术与市场的成果转化平台。地方政府还需要大力发展互联网信息技术，增强产学研战略联盟发展的信息化基础，结合大数据、人工智能、互联网、云计算、物联网等前沿技术，加速打造多元化科技成果转化平台，使更多科技创新成果实现市场应用和商业价值。

参考文献

中文著作

钱诗金：《竞合：企业合作伙伴抉择宝典》，中国经济出版社 2010 年版。

沈宗灵：《法理学研究》，上海人民出版社 1989 年版。

史占中：《企业战略联盟》，上海财经大学出版社 2001 年版。

苏东水：《产业经济学》，高等教育出版社 2005 年版。

苏宏章：《利益论》，辽宁大学出版社 1991 年版。

陶爱祥：《低碳经济视角下的产学研协作问题研究》，南京东南大学出版社 2012 年版。

王浦劬：《政治学基础》，北京大学出版社 1995 年版。

王伟光：《利益论》，人民出版社 2001 年版。

薛永应：《社会主义经济效益概论》，人民出版社 1985 年版。

颜运秋：《公益诉讼理念研究》，中国检察出版社 2002 年版。

张德干、宁红云：《虚拟企业联盟构建技术》，科学出版社 2010 年版。

张玉堂：《利益论——关于利益冲突与协调问题的研究》，武汉大学出版社 2001 年版。

赵奎礼：《利益学概论》，辽宁教育出版社 1992 年版。

中文译作

[丹麦]伦德瓦尔：《创新是一个相互作用的过程：从用户与生产者的相互作用到国家创新体制》，多西、弗里曼、纳尔逊，西尔弗伯格、

苏蒂合编：《技术进步与经济理论》，钟学义、沈利生等译，经济科学出版社 1992 年版。

［法］亨利·法约尔：《工业管理与一般管理》，周安华等译，中国社会科学出版社 1982 年版。

［美］贝塔朗菲：《一般系统论》，秋同、袁嘉新译，社会科学文献出版社 1987 年版。

［美］冯·诺伊曼/摩根斯顿：《博弈论与经济行为》，王宇、王文玉译，生活·读书·新知三联书店 2004 年版。

［美］亨利·埃兹科维茨、勒特·雷德斯道夫：《大学和全球知识经济：大学、产业、政府关系的三螺旋》，夏道源等译，江西教育出版社 1999 年版。

［美］杰弗里·菲佛、杰勒尔德·R. 萨兰基克：《组织的外部控制：对组织资源依赖的分析》，闫蕊译，东方出版社 2006 年版。

［美］迈克尔·波特：《国家竞争优势》，李明轩、邱如美译，中信出版社 2007 年版。

［美］迈克尔·波特：《竞争优势》，夏忠华主译，中国财政经济出版社 1988 年版。

［美］诺斯：《经济史中的结构与变迁》，陈郁、罗华平等译，上海三联书店、上海人民出版社 1994 年版。

［美］切斯特·巴纳德：《经理人员职能》，王永贵译，机械工业出版社 2007 年版。

［美］托马斯．谢林：《冲突的战略》，赵华等译，华夏出版社 2006 年版。

［美］约翰．S. 布鲁贝克：《高等教育哲学》，王承绪等译，浙江教育出版社 1988 年版。

［美］约瑟夫·熊彼特：《资本主义、社会主义和民主主义》，绛枫译，商务印书馆 1970 年版。

［日］细谷俊夫：《技术教育概论》，肇永和、王立精译，清华大学出版社 1984 年版。

[英] 克里斯托夫·弗里曼：《技术政策与经济绩效：日本国家创新系统的经验》，张宇轩译，东南大学出版社 2008 年版。

[英] 肯·宾默尔：《博弈论与社会契约：公正博弈》，潘春阳、陈雅静、陈琳译，上海财经大学出版社 2016 年版。

[英] 托马斯·莫尔：《乌托邦》，戴镏龄译，商务印书馆 1982 年版。

中文论文

鲍新中、王道平：《产学研合作创新成本分摊和收益分配的博弈分析》，《研究与发展管理》2010 年第 5 期。

鲍新中、王道平：《产学研合作创新成本分摊和收益分配的博弈分析》，《研究与发展管理》2010 年第 5 期。

曹霞、于娟、张路蓬：《不同联盟规模下产学研联盟稳定性影响因素及演化研究》，《管理评论》2016 年第 2 期。

常路、汪旭立：《高校及科研院所机构协同创新绩效的影响因素研究——基于社会网络的视角》，《科技管理研究》2019 年第 14 期。

常征、范瀚文、张聆晔：《基于修正 Shapley 值模型的航运联盟利益分配》，《上海海事大学学报》2022 年第 1 期。

陈菲琼、范良聪：《基于合作与竞争的战略联盟稳定性分析》，《管理世界》2007 年第 7 期。

陈光华、王烨、杨国梁：《地理距离阻碍跨区域产学研战略联盟绩效了吗?》，《科学学研究》2015 年第 1 期。

陈光华、杨国梁：《边界效应对跨区域产学研战略联盟创新绩效的影响研究——来自广东省的证据》，《研究与发展管理》2015 年第 1 期。

陈恒、初国刚、侯建：《基于系统动力学的产学研合作培养创新人才动力机制研究》，《管理学报》2018 年第 4 期。

陈剑涛：《战略联盟的稳定与战略联盟合作伙伴的选择》，《商业研究》2004 年第 19 期。

陈勇军、张飞涟、刘尚：《基于随机前沿分析的产学研科技创新技术效率研究》，《科技进步与对策》2015 年第 24 期。

陈云：《产学研合作相关概念辨析及范式构建》，《科学学研究》2012 年第 8 期。

程凯：《企业合作关系中的信任问题分析》，《中州学刊》2001 年第 2 期。

褚淑贞、黄艳：《企业战略联盟及其伙伴选择》，《理论探索》2004 年第 3 期。

戴彬、屈锡华、李宏伟：《基于综合集成方法的产业技术创新战略联盟风险识别研究》，《科技进步与对策》2011 年第 22 期。

戴建华、薛恒新：《基于 Shapley 值法的动态联盟伙伴企业利益分配策略》，《中国管理科学》2004 年第 4 期。

邓颖翔、朱桂龙：《产学研战略联盟绩效的测量研究》，《科技管理研究》2009 年第 11 期。

丁堃：《产学研合作的动力机制分析》，《科学管理研究》2000 年第 6 期。

段引：《有效沟通在企业管理中的作用与策略》，《四川劳动保障》2021 年第 1 期。

方卫华：《创新研究的三螺旋模型：概念、结构和公共政策含义》，《自然辩证法研究》2003 年第 11 期。

方炜、戴晟、程鹏枭：《产学研协同创新网络演化策略、驱动因素与创新绩效》，《管理现代化》2019 年第 4 期。

冯学华：《国内外产学研合作动力机制面面观》，《科技导报》1997 年第 2 期。

傅茜、聂风华：《多位一体的创新集群发展模式——德国亚琛工业高校产学研合作模式的研究与启示》，《中国高校科技》2019 年第 3 期。

盖锐、余杨：《国外产学研合作模式分析》，《江苏社会科学》2009 年第 1 期增刊。

葛秋萍、汪明月：《产学研协同创新技术转移风险评价研究——基于层次分析法和模糊综合评价法》，《科技进步与对策》2015 年第 10 期。

桂萍：《企业研发联盟 O-SCP 风险源分析》，《科技管理研究》2008 年第 12 期。

郭斌：《知识经济下产学研战略联盟的模式、机制与绩效评价》，北京科学出版社 2007 年版。

郭斌：《知识经济下产学研战略联盟的模式、机制与绩效评价》，北京科学出版社 2007 年版。

郭伟、马有才：《基于产业集群中合作关系的信任机制演化博弈研究》，《生产力研究》2020 年第 10 期。

海峰、李必强、冯艳飞：《集成论的基本范畴》，《中国软科学》2001 年第 1 期。

贺一堂、谢富纪、陈红军：《产学研合作创新利益分配的激励机制研究》，《系统工程理论与实践》2017 年第 9 期。

后小仙、余瑞：《基于合作伙伴关系的产学研联盟利益分配机制分析——以安徽为例》，《商业经济》2010 年第 21 期。

胡天佑：《产学研结合相关概念辨析》，《高校教育管理》2013 年第 4 期。

华东、史安娜：《博弈理论视角下中药产业技术创新战略联盟信任机制的构建》，《中国药房》2021 年第 20 期。

黄波、孟卫东、李宇雨：《基于双边激励的产学研合作最优利益分配方式》，《管理科学学报》2011 年第 7 期。

黄菁菁：《产学研协同创新效率及其影响因素研究》，《软科学》2017 年第 5 期。

姜照华、李桂霞：《产学研联合：科技向生产力的直接转化》，《科学学研究》1994 年第 1 期。

蒋伏心、华冬芳、胡潇：《产学研协同创新对区域创新绩效影响研究》，《江苏社会科学》2015 年第 5 期。

蓝晓霞：《美国产学研协同创新保障机制探析》，《高等工程教育研究》2004 年第 4 期。

李柏洲、罗小芳：《基于 Shapley 值法的产学研合作型企业原始创新收益分配研究》，《运筹与管理》2013 年第 4 期。

李擘:《基于直觉模糊的企业战略联盟风险评价》,《统计与决策》2016年第11期。

李成龙、吴瑞岩:《基于知识视角的产学研耦合互动创新研究》,《科技进步与对策》2011年第21期。

李岱素:《产学研战略联盟合作机制系统研究》,《科技进步与对策》2009年第16期。

李桂霞、姜照华:《产学研联合科技向生产力的直接转化》,《科学学研究》1994年第1期。

李建军:《产学合作——高科技产业发展之路》,山东科学技术出版社2005年版。

李林蔚:《合作优势互补与联盟风险规避的前因及其效应研究》,《科学学与科学技术管理》2019年第7期。

李明星、苏佳璐、胡成、李泽宇、温明:《产学研战略联盟创新绩效影响因素元分析研究》,《科技进步与对策》2020年第6期。

李庆满、林海松:《产学研战略联盟绩效评价研究——基于联盟过程的模糊积分分析》,《科技进步与对策》2012年第2期。

李世杰、董冰、杨文新、王鑫:《我国区域产学研战略联盟绩效评价及其空间特征分析》,《河南科学》2016年第11期。

李巍、花冰倩:《合作博弈框架下产学研协同创新的利益分配策略研究——社会网络分析视角》,《商业研究》2016年第9期。

李修全、玄兆辉、杨洋:《从中美高校知识流动对比看我国高校科技成果转化特点》,《中国科技坛》2014年第12期。

李焱焱、叶冰、杜鹃、肖引、桑建平:《产学研联盟模式分类及选择思路》,《科技进步与对策》2004年第10期。

李煜华、柳朝、胡瑶瑛:《基于博弈论的复杂产品系统技术创新联盟信任机制分析》,《科技进步与对策》2011年第7期。

梁喜:《不同利益分配方式对产学研联盟创新激励的影响》,《技术经济与管理研究》2016年第8期。

梁耀明、张叶平、王浩:《产学研战略联盟绩效综合评价研究——基于广东省部院产学研战略联盟项目的实证》,《科技进步与对策》2014年第 5 期。

林黎:《我国区域产学研创新的协同度研究:以重庆市为例》,《科技管理研究》2018 第 15 期。

刘富春、曾宪军:《产学研合作的类别浅析》,《经济师》2005 年第 7 期。

刘和东、钱丹:《产学研战略联盟绩效的提升路径研究——以高新技术企业为对象的实证分析》,《科学学研究》2016 年第 5 期。

刘慧慧:《虚拟营销组织动态联盟的信任机制及收益分配机制分析》,《商业经济研究》2015 年第 14 期。

刘雷:《建设项目动态联盟投标风险评价研究》,《科研管理》2010 年第 2 期。

刘伦钊:《高等学校产学研联合的动力机制分析》,《理工高教研究》2005 年第 5 期。

刘娜娜、王效俐、韩海彬:《高校科技创新与高技术产业创新耦合协调发展的时空特征及驱动机制研究》,《科学学与科学技术管理》2015 年第 10 期。

刘琴:《产学研协同创新合作过程的风险与防范》,《石油科技论坛》2017 年第 6 期。

刘松年:《影响产学研合作的理论问题研究》,《科技进步与对策》2012 年第 2 期。

刘涛:《山东省地区高等教育产学研绩效评价及影响因素分析》,《山东师范大学学报》(人文社会科学版)2017 年第 3 期。

刘晓冰:《面向动态联盟的伙伴企业选择决策方法及系统》,《工业工程》2001 年第 4 期

刘啸尘、钱华生:《基于 Shapley 值法的产学研联盟收益分配研究》,《中小企业管理与科技》2020 年第 35 期。

刘须群、陈星:《产学研合作问题研究综述》,《江西社会科学》2002 年 12 期。

刘彦:《日本以企业为创新主体的产学研制度研究》,《科学学与科学技术管理》2007年第2期。

刘震、党耀国、魏龙:《基于改进灰色关联的产学研战略联盟绩效评价模型》,《数学的实践与认识》2020年第9期。

柳卸林、高雨辰、丁雪辰:《寻找创新驱动发展的新理论思维——基于新熊彼特增长理论的思考》,《管理世界》2017年第12期。

卢艳秋、叶英平:《产学研战略联盟中网络惯例对创新绩效的影响》,《科研管理》2017年第3期。

吕海军、甘志霞:《我国军民两用高技术产业创新的现状问题及政策建议》,《科技进步与对策》2005年第11期。

马文聪、叶阳平、徐梦丹、朱桂龙:《"两情相悦"还是"门当户对":产学研战略联盟伙伴匹配性及其对知识共享和合作绩效的影响机制》,《南开管理评论》2018年第6期。

穆喜产、宋素玲、吴云燕、曲维峰:《顾客联盟的利益分配问题研究》,《软科学》2009年第1期。

宁靓、岳琳、王水莲:《产学研协同融合与科技成果转化绩效——合作关系认知的调节作用》,《科技管理研究》2023年第1期。

牛淑娅、曾博、刘文霞等:《基于合作博弈的电动汽车换电站优化配置》,《南方电网技术》2016年第12期。

秦雪锐、陈永清、张同建:《产学研知识产权合作风险互惠性治理研究》,《技术经济与管理研究》2022年第1期。

邱超凡:《建设"五位一体"的科技成果转化平台》,《高科技与产业化》2016年第3期。

史国栋:《提升产学研联盟创新绩效的障碍与对策》,《中国高等教育》2014年第2期。

苏敬勤:《产学研合作创新的交易成本及内外部化条件》,《科研管理》1999年第5期。

孙华:《产学研合作创新的收益分配机制比较研究》,《企业研究》2012年第10期。

孙萍、张经纬：《基于熵值法的辽宁省产学研战略联盟综合绩效实证分析》，《科技管理研究》2015年第9期。

孙淑生、李必强：《试论集成论的基本范畴与基本原理》，《科技进步与对策》2003年第10期。

孙晓：《利益相关者理论综述》，《经济研究导刊》1994年第2期。

台双良、李婷、李夕：《基于TRA的建设项目发包人与承包人的信任模型研究》，《工程管理学报》2016年第8期。

唐雯、李志祥：《产业技术创新战略联盟风险的模糊综合评估研究》，《科技管理研究》2014年第12期。

童向荣、任子仪：《信任和效用关系约束的联盟结构生成》，《电子与信息学报》2021年第7期。

汪戎、顾江洪：《信任及其经济意义：研究现状与趋势》，《思想战线》2011年第6期。

王冰、顾远飞：《簇群的知识共享机制和信任机制》，《外国经济与管理》2002年第5期。

王处辉、梁官宵：《农村社会子代阶层向上流动对父代社会资本再生产的作用——基于多案例的实证研究》，《河北学刊》2019年第5期。

王海花、谢富纪、胡兴华：《企业外部知识网络视角下的区域产学研合作》，《工业技术经济》2012年第7期。

王海军、于兆吉、温馨、成佳：《"产学研+"协同创新绩效评价研究——来自海尔的多案例验证》，《科研管理》2017年第1期。

王静：《组织信任机制与社会信用体系建设路径》，《社会科学家》2018年第12期。

王丽平、栾慧明：《组织距离、价值共创与产学研战略联盟创新绩效》，《管理学报》2019年第5期。

王玲、张义芳、武夷山：《日本官产学研合作经验之探究》，《世界科技研究与发展》2006年第4期。

王文岩、孙福全、申强：《产学研合作模式的分类、特征及选择》，《中国科技论坛》2008年第5期。

王雪岩：《产学研联盟模式及选择策略研究》，《中国高校科技与产业化》2005 年第 11 期。

王珍珍、甘雨娇：《创新驱动发展的模式及路径选择：美、德、日的比较与借鉴》，《中国科技坛》2017 年第 7 期。

吴秋明、李必强：《集成管理学——现代企业管理一门新兴的学科》，《企业管理》2004 年第 4 期。

吴婷、李德勇、吴绍波、陈谦明：《基于开放式创新的产学研联盟知识共享研究》，《情报杂志》2010 年第 29 期。

吴兆明、冯臻、衣鹁：《产教融合背景下高职院校校企合作信任机制构建》，《江苏科技信息》2017 第 35 期。

武贵龙：《积极探索新型产学研合作机制》，《中国高等教育》2008 年第 20 期。

夏凤：《基于平衡记分卡的校企合作绩效评价模型》，《职教论坛》2008 年第 9 期。

夏维力、李晓歌：《校企合作创新网络信任与知识转移的演化关系研究》，《软科学》2015 年第 1 期。

肖灵机、汪明月、万玲：《基于 PFMEA 修正的产学研协同创新合作项目全寿命风险评价》，《南昌航空大学学报》（自然科学版）2015 年第 4 期。

徐静、冯锋、张雷勇、杜宇能：《中国产学研合作动力机制研究》，《中国科技论坛》2012 年第 7 期。

徐梦丹、朱桂龙、马文聪：《产学研协同创新动力机制分析——基于自组织特征视角》，《技术经济与管理研究》2017 年第 6 期。

薛克雷、潘郁、叶斌等：《产学研协同创新信任关系的演化博弈分析》，《科技管理研究》2014 年第 21 期。

颜杰：《促进产学研联盟知识转移与转化的建议》，《中国财政》2012 年第 21 期。

杨德和、钱道中、邹桂根：《产学合作的动力机制与运行机制初探》，《高等工程教育研究》1992 年第 3 期。

杨东升、张永安：《冲突分析理论在产学研合作中的应用》，《研究与发展管理》2007年第6期。

杨慧：《现代社会的信任重构》，《中国特色社会主义研究》2020年第2期。

杨七中、马蓓丽：《组织间资本共享：经济范式创新和机制框架研究》，《社会科学》2021第4期。

杨胜良：《基于Malmquist指数的农林院校产学研结合绩效研究——以西北农林科技大学为例》，《西安电子科技大学学报》（社会科学版）2012年第3期。

杨震宁、杜双、侯一凡：《目标期望与实现匹配效应如何影响联盟稳定——对中国高技术产业联盟的考察》，《管理世界》2022年第12期。

杨震宁、吴晨：《规避技术战略联盟运行风险：自主合作还是政府扶持？》，《科研管理》2021年第5期。

杨宗仁：《产学研合作的定义、渊源及合作模式演进研究》，《生产力研究》2015年第8期。

姚潇颖、卫平、李健：《产学研战略联盟模式及其影响因素的异质性研究——基于中国战略新兴产业的微观调查数据》，《科研管理》2017年第38期。

殷群、贾玲艳：《产业技术创新联盟内部风险管理研究——基于问卷调查的分析》，《科学学研究》2013年第12期。

于晓辉、周珍、杜志平：《产业集群背景下模糊联盟结构合作博弈的核心》，《系统科学与数学》2019年第6期。

于兆吉、周松涛、王海军：《基于比较优势理论的产学研协同创新动力机制研究》，《沈阳工业高校学报》（社会科学版）2015年第5期。

翟美荣、郑文范、马康：《系统论与过程论双重视角下产学研合作机制探析》，《科技管理研究》2013年第11期。

张家琛：《产学研技术联盟伙伴利益分配风险补偿研究》，《统计与决策》2013年第6期。

张建新,孙树栋:《产学研阶段任务与合作模式选择研究》,《生产力研究》2010 年第 6 期。

张力、聂鸣:《促成衍生公司产生的因素:产学研战略联盟视角》,《科研管理》2009 年第 30 期。

张美珍、杨乃定、张延禄:《产学研合作项目风险识别与评价研究》,《科技管理研究》2019 年第 12 期。

张瑞、周万坤、陈倩竹:《组织信任与知识共享行为的演化博弈分析》,《科研管理》2020 年第 10 期。

张小飞、张豫生:《论企业战略联盟合作伙伴选择的基本原则》,《同济大学学报》(社会科学版) 2002 年第 10 期。

张晓、盛建新、林洪:《我国产业技术创新战略联盟的组建机制》,《科技进步与对策》2009 年第 20 期。

张秀峰、陈光华、海本禄:《融资约束、政府补贴与产学研战略联盟创新绩效》,《科学学研究》2019 年第 8 期。

张秀峰、陈光华、胡贝贝、杨国梁:《企业生命周期对产学研战略联盟创新绩效的影响》,《中国科技论坛》2015 年第 6 期。

张洋、苗德华、段磊、于强、门长峰:《产学研合作利益分配机制研究——以天津市为例》,《中国高校科技》2012 年第 10 期。

张瑜、菅利荣、刘思峰等:《基于优化 Shapley 值的产学研网络型合作利益协调机制研究——以产业技术创新战略联盟为例》,《中国管理科学》2016 年第 9 期。

张中昇:《政产学研合作平台模式探索与研究》,《中国高校科技与产业》2009 年第 10 期。

郑士源:《合作博弈理论的研究进展——联盟的形成机制及稳定性研究综述》,《上海海事大学学报》2011 年第 4 期。

钟卫:《合著数据表征的中国研究型大学产学研战略联盟绩效评估》,《科技进步与对策》2016 年第 14 期。

周春彦、亨利·埃茨科威兹:《三螺旋创新模式的理论探讨》,《东北大学学报》(社会科学版) 2008 年第 4 期。

周晓芝、于桂玲、李萍、蔡伟、刘伟:《产学研协同创新知识产权风险评价指标体系研究》,《会计之友》2020年第12期

周正、尹玲娜、蔡兵:《中国产学研协同创新动力机制研究》,《软科学》2013年第7期。

朱婧祎、李北伟、季忠洋:《区域产学合作创新绩效空间演化及影响因素研究》,《工业技术经济》2020年第3期。

朱少英、徐渝:《产学研联盟管理影响联盟绩效机理的实证研究》,《软科学》2016年第30期。

朱少英、徐渝:《产学研联盟管理影响联盟绩效机理的实证研究》,《软科学》2016年第6期。

左健民:《产学研合作的动力机制研究》,《学海》2002年第6期。

学位论文

车卡佳:《高校高新技术企业的发展模式研究》,博士学位论文,华中科技大学,2004。

陈浩:《基于知识联盟的政产学协同人才培养模式与机制研究》,博士学位论文,浙江大学,2015。

陈解放:《合作教育的理论及其在中国的实践》,博士学位论文,华东师范大学,2002。

杜利:《我国职业教育发展的理论与实证研究》,博士学位论文,武汉理工大学,2008。

李敬锁:《国家科技支撑计划农业领域项目绩效评价研究》,博士学位论文,中国农业科学院,2015年。

张廷:《社会资本视角下的地方高校协同创新研究》,博士学位论文,华中科技大学,2013。

张中华:《金砖国家国际贸易隐含碳测算及中国对策研究》,博士学位论文,北京理工大学,2017年。

外文论文

Abonaccorsi, Apiccalugadu, "A theoretical framework for the evaluation of university-industrrelationships", *R&D Management*, Vol. 24, No. 4, 1994.

Adrian Slywotzky and Richard Wise, "Three keys to groundbreaking growth: a demand innovation strategy, nurturing practices, and a chief growth officer", *Strategy & Leadership*, Vol. 31, No. 5, 2003.

Aggelos Tsakanikas and Nicholas S. Vonortas Yannis Caloghirou, "University-Industry Cooperation in the Context of the European Framework Programmes", *Technology Transfer*, 2001, 26 (2-3).

Akbar Y. H. and Tracogna A., The sharing economy and the future of the hot l industry: Transaction cost theory and platform economics, International Journal of Hospitality Management, Vol. 71, 2018.

Al-Tabbaa O. and Ankrah S., Social capital to facilitate 'engineered' university-industry collaboration for technology transfer: A dynamic perspective, Technological Forecasting and Social Change, Vol. 104, 2016.

Belderbos R. and Carree M., Lokshin B., "Cooperative R&D and firm performance", *Research policy*, 2004, Vol. 33, No. 10, 2004.

Belkhodja O. and Landry R., "The Triple-Helix collaboration: Why do researchers collaborate with industry and the government? What are the factors that influence the perceived barriers?", *Scientometrics*, Vol. 70, No. 2, 2007.

Bonaccorsi A., Picalugadu A., A Theoretical Framework For The Evaluation Of University-IndustryRelationships, R&D Management, Vol. 24, 1994.

Bryan Borys and David B. Jemison, "Hybrid Arrangements as Strategic Alliances: Theoretical Issues in Organizational Combinations", *The Academy of Management Review*, Vol. 14, No. 2, 1989.

Băcilă M. F. and Gică O. A., Strategic Alliances between Companies and Universities: Causes, Factors and Advantages, Small Business Economics, 2004.

Caldera A. and Debande O., "Performance of Spanish universities in technology transfer: An empirical analysis", *Research policy*, Vol. 39, No. 9,

2010.

Carayannis E. G. and Alexander J., eds., "Leveraging knowledge, learning, and innovation in forming strategic government-university-industry (GUI) R&D partnerships in the US, Germany and France", *Technovation*, Vol. 20, No. 9, 2000.

Cassiman Bruno, Veugelers Reinhilde, "In Search of Comple-menta-rily in Innovation Strategy: Internal R&D and External Knowledge Acquisition", *Management Science*, Vol. 52, No. 1, 2006.

Clarkson, "M. A risk-based model of stakeholder theory", *Proceedings of the Toronto Conference on Stakeholder Theory*, No. 18, 1994.

Coase R. H., "The problem of social cost", *The journal of Law and Eco-nomics*, Vol. 56, No. 4, 1960.

Cohen W. M. and Levinthal D. A., "Adsorptive capacity: A new perspective on learning", *Administrative Science Quarterly*, Vol. 35, No. 1, 1990.

Cummessone, Melec, "Marketing as Value Co-Creationthrough Network Interaction and Resource Integration", *Journal of Business Market Management*, Vol. 4, No. 4, 2010.

C. K. Prahalad, "Ramaswamy V Co-creation experiences: The next practice in value creation", *Journal of Interactive Marketing*, Vol. 18, No. 3, 2004.

D. Rahm, J. Kirkland, and B. Bozeman, *University-Industy R and D Collaboration in the United States, the United Kingdom and Japan*, The Netherlands: Kluwer Academic Publishers, 2000.

Ferreira M. P. and Pinto C. F. and Serra F. R., "The transaction costs theory in international business research: a bibliometric study over three decades", *Scie-ntometrics*, Vol. 98, No. 3, 2014.

Foss N. J. and Weber L., "Moving opportunism to the back seat: Bounded ratio-nality, costly conflict, and hierarchical forms", *Academy of Management Review*, Vol. 41, No. 1, 2016.

Franzoni F., "Underinvestment vs. overinvestment: Evidence from price reaction to pension contributions", *Journal of Financial Economics*, Vol. 92, No. 3, 2009.

GAMMOHB S., VOSS K. E., "Alliance competence: the moderating role of valence of alliance experience", *European Journal of Marketing*, No. 5, 2013.

Gregory E. Osland and Attila Yaprak, "Learning through strategic alliances: processes and factors that enhance marketing effectiveness", *European Journal of Marketing*, No. 3, 1995.

Haken H., Wunderlin A. and Yigitbasi S. "An introduction to synergetics", *Open Systems & Information Dynamics*, Vol. 3, No. 1, 1995.

Henry Etzkowitz, Loet Leydesdorff, "The dynamicsof innovation: from national systemsand "mode2" to a Triple Helix of university-industry-government relations", *ResearchPolicy*, 2000, (29).

Isabel Maria Bodas Freitas and Rosane Argou Marques and Evando Mirra de Paula e Silva. University-industry collaboration and innovation in emergent and mature industries in new industrialized countries, Research Policy, Vol. 42, No. 2, 2013.

James A. Severson, "Models of University-Industry Cooperation", *Industry-Academia-Government Collaboratio n*, 2005, (2): 1-6.

Jean-Pierre Aubin, "Cooperative Fuzzy Games", *Mathematics of Operations Research*, Vol. 6, No. 1, 1981.

Johnson W. H. A., Johnston D. A., "Organisational knowledge creating processes and the performance of university-industry collaborative R&D projects", *International Journal of Technology Management*, Vol. 27, No. 1, 2004.

Joseph A. Ruling, "Work-based learning: Valuing practice as an educational event", *New Directions for Teaching and Learning*, No. 124, 2010.

Kamien M. I., Schwartz N. L., "Market Structure and Innovation", *The

Economic Journal, Vol. 92, No. 368, 1982.

Katila R. A. Ahuja G., "Something Old, Something New: A Longitudinal study of search behavior and new product intro-duction", *Academy of Management Journal*, Vol. 45, No. 6, 2002.

Kazumasa kawasaki, "University-Industry Research Collaborations of Small-MediumEnterprises-An Insight from Japan", *IETE TECHNICAL REVIEW*, 2009, 26 (2).

Lakpetch, P., & Lorsuwannarat, T., "Knowledge transfer effectiveness of university-industry alliances", *International Journal of Organizational Analysis*, Vol. 20, No. 2, 2012.

Lam A., "What motivates academic scientists to engage in research commercialization: 'Gold', 'ribbon' or 'puzzle'?", *Research policy*, Vol. 40, No. 10, 2011.

Lauvas, Thomas, Steinmo, Marianne, "The role of proximity dimensions and mutual commitment in shaping the performance of university-industry research centres", *Innovation-Organization & Management*, Vol. 29, No. 8, 2019.

Lee H. K., Youm H. D., Kim S. J., et al., "Factors affecting university-industry cooperation performance: Study of the mediating effects of government and enterprise support", *Journal of Science and Technology Policy Management*, Vol. 7, No. 2, 2016.

Leydesdorff L. and Fritsch M., "Measuring the knowledge base of regional innovation systems in Germany in terms of a Triple Helix dynamics", *Research policy*, Vol. 35, No. 10, 2006.

Leydesdorff L. and Sun Y., "National and international dimensions of the Triple Helix in Japan: University-industry-government versus international coauthorship relations", *Journal of the American Society for Information Science and Technology*, Vol. 60, No. 4, 2009.

Loet Leydesdorff, Martin Meyer, "The Triple Helix of university-industry-government relations", *Scientometrics*, 2003, 58 (2).

Mora-Valentin E. M., Montoro — Sanchez A., Guerras-Martin L. A., "Determining factors in the success of R&D cooperative agreements between firms and research organizations", *Research Policy*, Vol. 33, No. 3, 2004.

Mowery D. C., Oxley J. E. and Silverman B. S., "Strategic alliances and interfirm knowledge transfer", *Strategic Management Journal*. 1996.

Nonaka I., Takeuchi H. The knowledge creating company: how Japanese companies create the dynamics of innovation. *New York*; *Oxford*; *London*. 1995.

Owen-Smith J. and Powell W. W., "The expanding role of university patenting in the life sciences: assessing the importance of experience and connectivity", *Research Policy*, Vol. 32, No. 9, 2003.

O'Gorman C., Byrne O. and Pandya D., "How scientists commercialise new knowledge via entrepreneurship", *The Journal of Technology Transfer*, Vol. 33, No. 1, 2008.

Park H. W., Hong H. D. and Leydesdorff L., "A comparison of the knowledge-based innovation systems in the economies of South Korea and the Netherlands using Triple Helix indicators", *Scientometrics*, Vol. 65, No. 1, 2005.

Patel P. and K. Pavitt, "National innovation system: why they are important, and how they might be measured and compared", *Economics of Innovation and New Technology*, Vol. 3, No. 1, 1994.

Paul Hong、Jungsik Jeong, "Supply chain management practices of SMEs: from a business growth perspective", *Journal of Enterprise Information Management*, Vol. 19, No. 3, 2006.

Perkmann M., Neely A., Walsh K., "How should firms evaluate success in university-industry alliances? A performance measurement system", *R&D Management*, Vol. 41, No. 2, 2011.

Pfeffer J. and Davis-Blake A., "Understanding organizational wage structures: A resource dependence approach", *Academy of Management Journal*, Vol. 30, No. 3, 1987.

Prahalad C. K. , Ramaswamy V. , "Co-opting Customer Competence", *Harvard Business Review*, Vol. 78, No. 1, 2000.

Ranjan K. R. , Read S. , "Value co-creation: concept and measurement", *Journal of the Academy of Marketing Science*, Vol. 44, No. 3, 2016.

Rodica · Branzei, Dinko · Dimitrov and Stef · Tijs, "CONVEX GAMES VERSUS CLAN GAMES", *International Game Theory Review*, Vol. 10, No. 4, 2008.

Salahuddin, "Strategic Alliance", *Business&Economic Review*, 1988.

Santoro M. D. and Chakrabarti A. K. , "Firm size and technology centrality in industry-university interactions", *Research policy*, Vol. 31, No. 7, 2002.

Santoro M. D. , Chakrabarti A. K. , " Firm size and technology centrality in industry-university interactions", *Research policy*, Vol. 31, No. 7, 2002.

Schwartz M. , Peglow F. , Fritsch M. , et al. , "What drives innovation output from subsidized R&D cooperation? — Project-level evidence from Germany", *Technovation*, Vol. 32, No. 6, 2012.

Shaker A. Zahra, Gerard George, "Absorptive Capacity: AReview, Reconceptualization, and Extension", *Academy of Management Review*, Vol. 27, No. 2, 2002.

Sharon G. Levin and Paula E. Stephan, "Research Productivity Over the Life Cycle: Evidence for Academic Scientists", *The American Economic Review*, Vol. 81, No. 1, 1991.

Shin J. C. , Lee S. J. and Kim Y. , "Knowledge-based innovation and collaboration: a triple-helix approach in Saudi Arabia", *Scientometrics*, Vol. 90, No. 1, 2012.

Steinmo, Marianne, Rasmussen, Einar, "The interplay of cognitive and relational social capital dimensions in university-industry collaboration: Overcoming the experience barrier", *Research Policy*, Vol. 47, No. 10,

2018.

Stephan P. E. and Everhart S. S., "The changing rewards to science: The case of biotechnology", *Small Business Economics*, Vol. 10, No. 2, 1998.

Tang T. Y., Fisher G. J. and Qualls W., "Interfirm alliance configuration as a strategy to reduce shareholder risks" *Journal of Business Research*, Vol. 69, No. 3, 2016.

Taylor P. D. and Jonker L. B., "Evolutionarily Stable Strategy and Game Dynamics", *Mathematical Bioscienees*, Vol. 40, 1978.

Teece, "Competition, Corporation and Innovation", *Journal of Economic Behavior and Organization*, 1992.

Thursby M., Thursby J. and Gupta-Mukherjee S., "Are there real effects of licensing on academic research? A life cycle view", *Journal of Economic Behavior & Organization*, Vol. 63, No. 4, 2007.

Uargo S. L., Lusch R. F., "Institutions and axioms: an extension and update of service-dominant logic", *Journal of the Academy of Marketing Science*, Vol. 44, No. 1, 2016.

Ulrich D. and Barney J. B., "Perspectives in organizations: resource dependence, efficiency, and population", *Academy of Management Review*, Vol. 9, No. 3, 1984.

Vargo S L, Lusch R F., "Evolving to a New Dominant Logic for Marketing", *Journal of Marketing*, Vol. 68, No. 1, 2004.

Williamson O. E., "The economics of organization: The transaction cost approach", *American journal of sociology*, Vol. 87, No. 3, 1981.

Williamson O. E., "Transaction-cost economics: the governance of contractual relations", *The journal of Law and Economics*, Vol. 22, No. 2, 1979.

ZOLLO M, REUER J J., "Experience Spillovers across Corporate Development Activities", *Organization Science*, No. 6, 2010.

外文著作

Brian Tjemkes and Pepijn Vos and Koen and Buegers, Strategic Alliance

Management. Taylor and Francis, 2022.

Capizzo Luke, Harrison Virginia, "Theorizing CSA's impact on nonprofit stewardship: New challenges for ethical corporate partnerships and issue engagement", *Public Relations Review*, Vol. 49, No. 1, 2023.

Dynamics of Synergetic Systems: Proceedings of the International Symposium on Synergetics, Bielefeld, Fed. Rep. of Germany, September 24–29, 1979, Springer Science & Business Media, 2012.

Etzkowita H., The triplehelix: university-industry-government innovation in action, London and New York: Routledge, 2018. 3.

Freeman C. Technology Policy And Economic Performance: Lessons From Japan, London: Pinter Publishers, 1987.

F. List, S. Colwell. National system of political economy, JB Lippincott & Company, 1856.

Liddle Joyce, Shutt John, Addidle Gareth, Newman Jack, Gilbert Nigel, "The role of the private sector in subnational governance: Learning lessons from England's local enterprise partnerships", *Local Economy: The Journal of the Local Economy Policy Unit*, Vol. 37, No. 1, 2022.

Lundvall. National Innovation Systems: towards a theory of Innovation and Interactive Learning, Pinter, London, 1992.

Mansfield E.: Industrial research and technological innovation: An econometric analysis, New York: Norton Press, 1968

Robert M. Solow: Growth Theory: An Exposition, Oxford: Clarendon Press, 1970.

Williamson, O. E., 1975, Markets and Hierarchies: Analysis and Antitrust Implic ations, New York: The Free Press.